DAS
CRAFT-BIER
Buch

DIE NEUE
BRAUKULTUR

VON SYLVIA KOPP

gestalten

INHALT

GIB MIR CRAFT

VON SYLVIA KOPP

Craft-Bier ist in aller Munde – oder sollte dort möglichst oft sein. Es sind mutige Biere von unabhängigen Brauern, die etwas Unverwechselbares und Schönes kreieren wollen. Etwas, das sich keinem Kompromissgeschmack unterordnet. Craft-Bier ist am besten mit „kunstfertig Gebrautes" zu übersetzen, ein Gegenentwurf zu den homogenisierten Massenprodukten der Industrie. Die Bewegung begann in den Achtzigerjahren in den USA und zieht weltweit Kreise: Bierbegeisterte Käsehändler, Künstler, Fernsprechanlageningenieure, Studenten, Gymnasiallehrer oder Kneipenwirte stehen nun selbst am Sudkessel und persönlich hinter ihrem Bier.

In den USA waren diese Initiativen die blanke Notwehr: Es gab dort nur noch geschmacklose Einheitsgebräue. Für Europa liegt die Sache etwas anders. In England, Belgien und Deutschland gibt es viele gute Biere. Die Braunationen der Alten Welt haben sich eine gewisse Vielfalt bewahrt, zahlreiche Privatbrauereien machen Bier mit Charakter. Doch dieser Charakter zerbröselt im ewigen Preiskampf gegen die Billigware vom Supermarkt. In Deutschland hat sich lange kein Mittelständler mehr getraut, etwas Unkonventionelles zu riskieren. Jetzt endlich geht es mal um den Geschmack. So paradox es klingen mag, die Craft-Brau-Konkurrenz gibt den profilierten, qualitätsbewussten Mittelstandsbrauern Kraft. Dazu brauchte es die Inspiration aus dem Ausland und eine Handvoll Quereinsteiger, die für Wirbel sorgten. So wie der Krawall der schottischen Punkbrauer von BrewDog, der über ganz Europa hinweg schallte.

In Deutschland haben sich urbayerische Privatbrauereien wie Schneider Weisse oder Schönramer für die geschmacksstarke Wende engagiert. 2007 veranstaltete Schneider den ersten transatlantischen Gemeinschaftssud, der zugleich einen neuen Bierstil hervorbrachte (siehe „Die drei Umwälzungen", Seite 12). Eric Toft, Braumeister von Schönramer, legte 2009 eines der ersten India Pale Ales des Landes auf. Kaum hatten Pioniere wie Fritz Wülfing (Ale Mania) den Sprung vom Heimbrauer zum Profi gewagt und sich die ersten Brewpubs mit auserlesenem Sortiment etabliert, etwa Camba Bavaria im tiefsten Chiemgau, da waren auch schon größere Braugruppen am Start. Sie wollen die Herangehensweise der Szene in neue Markenkonzepte ummünzen.

*Erntereife Hopfen-
dolden: Craft-Brauer
verehren ihr Aroma,
spielen aber auch
mit der Kraft der
Malze wie bei
diesem whiskyfass-
gereiften Porter*

So versuchen sich viele am Craft-Bier. Alle zusammen geben sie dem Phänomen Breitenwirkung. Das echte „Craft" jedoch bleibt eine Bewegung von unten. Sie lebt von der Gemeinschaft der Neugründer, die ihre Begeisterung ebenso wie Rezepte, Techniken, Tricks und Bezugsquellen freimütig untereinander und mit ihren Fans teilen. Das ermutigt viele, es selbst zu probieren.

Diese neue Brauwelt ist global. Die Hefe stammt vielleicht aus Belgien, das Malz je zur Hälfte aus Bamberg und Schottland. Das Rezept soll zum Beispiel eine alte schlesische Spezialität rekonstruieren, oder man will das englische Ale etwas geschmeidiger hinbekommen als beim letzten Mal; zu diesem Zweck hat man mit Experten in Kalifornien und Bangkok Mails gewechselt. Und für den Hopfen kommen Sorten aus Neuseeland, dem US-Bundesstaat Washington und der Hallertau in Frage – beim nächsten Sud vielleicht auch tschechischer und, falls erhältlich, steirischer Hopfen.

Der Hopfen ist überhaupt das Wappensymbol, die Zauberpflanze, Abgott und Fetisch der Craft-Brauer. Dabei huldigen sie nicht seiner reinigenden Wunderkraft, mit der er Bazillen und andere verderbenbringende Angreifer niederstreckt, die guten Mikrolebewesen wie Milchsäurebakterien und insbesondere die Hefe aber verschont. Sein fantastisches Aromenspektrum ist es, das die Paradebierssorte der neuen Brauer, das India Pale Ale (IPA), und die meisten anderen ihrer Kreationen bestimmt, immer wieder auf überraschende Weise.

Die Craft-Bier-Bewegung ist ein Tanz durch den Hopfengarten. Mit der Erhöhung der Hopfendolde zum Aromatikum haben die jungen Brauer die Bierkultur auf eine neue Stufe gehoben. Aus dem freundlichen, bescheidenen Feierabend- und Nebenbeigetränk ist eine Delikatesse geworden.

Jay Goodwin von The Rare Barrel lässt in seinen Fässern verschiedene Hefestämme auf das Bier los

Es ist die dritte große Umwälzung in der Geschichte des Biers, das immer ein Kulturgetränk war. Wasser fließt aus einer Quelle, der Saft aus Früchten verwandelt sich ohne großes Zutun in einen alkoholhaltigen Trunk. Ein solches Naturprodukt ist Bier nicht. Man muss die natürlichen Grundstoffe vorbereiten und verändern, bevor man sie in einem akribischen Prozess in genau das umwandelt, was man sich vorgestellt hat. Das kann aus vielen Gründen schiefgehen. Zum Brauen braucht man nicht nur Fantasie, sondern auch Sorgfalt. Das ist Kunst.

Aber sie ist sozusagen demokratisch, weil ein jeder sie zu Hause ausüben kann (und nicht zum Beispiel auf den Besitz eines Obst- oder Weingartens angewiesen ist). Ebenso demokratisch ist das Craft-Bier selbst, eine Delikatesse, die jeder genießen kann, auch wenn ein Glas voll oder eine Flasche etwas teurer sind als das traditionelle Bier.

Das rüttelt bei vielen an der Weltanschauung. Seit vor gut drei Jahren in Deutschland die Bewegung Schwung aufgenommen hat, schlagen die Medien Purzelbaum: Craft-Bier sei ein „fruchtiges Pils" oder „ein Frauenbier", es sei „die Antwort der Industrie" auf den sinkenden Bierkonsum oder einfach ein anderes Wort für diese neue Biersorte, das India Pale Ale. Oft wird es schlicht mit „Handgebrautes" übersetzt. Dass weit mehr dahintersteht, nehmen die Teilnehmer in den Kursen meiner Berlin Beer Academy staunend war. Sie schauen, riechen, schmecken und kapieren: Ihr Bild vom Bier steht kopf.

Der Geschmack eines India Pale Ale wirft manchen allerdings um – das ist doch viel zu bitter! Und wirklich, es ist erstaunlich, wie schnell in den USA, die ja in Sachen Craft-Bier etliche Jahre Vorsprung haben, die Bitterwerte angestiegen sind. Das wohl erste neue IPA, das „Liberty Ale" von Anchor Steam (1975 eine Sonderedition, kaltgehopft mit Cascade), schmeckt heute fast mild im Vergleich zu den aktuellen Hopfenbomben – damals aber war es schockierend.

MYTHOS REINHEITSGEBOT

Im Jahr 1516 stellten die beiden Herzöge im frisch wiedervereinigten Bayern ein neues Gesetzbuch vor. Darin findet sich auch eine Vorschrift, die zuvor nur im Gebiet um München gegolten hatte: Bier dürfe „allein" aus „Gerste, Hopfen und Wasser" hergestellt werden.

Wie ist das zu verstehen? Oft hört man, die besorgten Landesväter hätten damit gesundheitsschädigende oder gar psychoaktive Ingredienzien verbieten wollen: Stechapfel, Bilsenkraut, Ochsengalle, Fliegenpilz. Solche Mittel wurden tatsächlich gelegentlich beigegeben, um ein Gebräu haltbarer oder heller zu machen – ebenso wie reichliche Gewürzmengen, damit ein verdorbener Sud noch trinkbar wurde (mit diesem Problem beschäftigen sich die meisten Braurezepte der alten Zeit).

Aber so etwas wie die Grut-Tradition des Nordwestens, das Würzen mit einer ganz bestimmten Kräutermischung, gab es im Weinland Bayern überhaupt nicht; die Verwendung von Hopfen für zum Verkauf angebotene Biere musste hier nicht erzwungen werden. Sie lag sowieso im Interesse des Brauers. Und um aromatische Beigaben ging es auch nicht: Lange nach 1516 blieb es mancherorts in Bayern eine Selbstverständlichkeit, etwa Kümmel in den Sud zu geben. Die Erwähnung solcher Nebenzutaten hielt man im Gesetz anscheinend nicht für wichtig.

Denn es geht darin nur um eins: um die Gerste. Dieses Getreide sollte ab sofort durch kein anderes ersetzt werden.

Hier können wir einen Sprung in den Deutschen Reichstag machen und uns bei der 91. Sitzung am 1. Mai 1906 auf die Empore setzen. Auch hier wird über ein „Surrogatverbot" verhandelt, Gerstenmalz soll durch kein anderes ersetzt werden dürfen. Damals brauten immer mehr Betriebe ihre untergärigen Biere mit Reis: die einfachste und billigste Methode, damit ein Pils hell und schlank wirkt.

Solche minderwertigen Ersatzstoffe untersagte der Reichstag 1906 mit deutlicher Mehrheit; das gilt im Wesentlichen bis heute und ist zu begrüßen. 1516 in Bayern hingegen wurde etwas Besseres verboten. Was nicht mehr ins Bier durfte, war der Weizen. Den wollten die Herzöge für Fein- und Weißbackwaren reservieren. Das „Reinheitsgebot von 1516" ist schlicht ein Weizenbierverbot.

Und warum darf Weizenbier dann hergestellt und verkauft werden? Weil die Bayern ihr „Reinheitsgebot von 1516" schon 1607 faktisch aufgehoben haben, als die Herzöge selbst landesweit Weißbier-Bräuhäuser errichteten (und mit dem Weizenbierverkauf die Staatskasse sanierten), und weil die heutigen deutschen Gesetze den Gerstenmalzgebrauch nur für untergärige Biere festschreiben; Weizenbier ist obergärig. Ein Weizenbier, „gebraut nach dem Reinheitsgebot von 1516", ist so plausibel wie „garantiert veganes" Schweinefleisch.

„Reinheitsgebot" ist eigentlich ein Begriff aus der jüdischen Religion, und das Wort ist in Deutschland wirklich geradezu religiös aufgeladen. Wer auf die Idee kam, es mit Bier in Zusammenhang zu bringen, ist noch nicht ermittelt. In den Reichstagsprotokollen findet man es erstmals im März 1910, als Regierungsrat Joseph Rheinboldt die Petition des Erfinders eines Brauverfahrens mit Pottasche ablehnt.

So segensreich das Verbot minderer Ersatzstoffe für lange Zeit war, so hinderlich ist es heute, dass die spannenden Alternativen ebenso untersagt sind. Sobald ein Hauch von Gewürzen ins Bier kommt, sobald etwas Zucker in die Flasche gegeben wird – nicht zum Süßen, sondern für die Nachgärung –, sobald Früchte oder Tannentriebe mitgären: Schon darf das Bier in Deutschland nicht als Bier verkauft werden. Die Situation wird der von 1516 ähnlich, als man sich vor dem Besseren abschottete. 2016 wird die Verordnung der Herzöge 500 Jahre alt. Ein guter Anlass, den Mythos Reinheitsgebot ins Museum zu stellen und die Hürden für Craft-Biere zu beseitigen.

Mikkel Borg Bjergsø von Mikkeller, einer der ruhmreichsten europäischen Craft-Brauer

Denn der Geschmack entwickelt sich mit der Erfahrung. Kinder mögen süße Sachen, und wer zeitlebens nichts als Limonade trinkt, verzieht auch im Alter das Gesicht bei jedem herben Getränk und spült schnell mit Cola nach. Schade! Es geht gar nicht darum, das Faible für Süßes zu „überwinden", sondern es bereitet enorme Freude, sein Geschmacksspektrum zu erweitern. Je später man damit beginnt, desto schwerer tut man sich – wer erst mit 14 Sellerie und Salbeischnitzel statt süßen Brei vorgesetzt bekäme, hätte viel verpasst; nur aus einer entsprechenden Erfahrungsarmut ist wohl die Vorliebe sonst zurechnungsfähiger 20-Jähriger für süße Weinschorle oder zuckrige Biermischgetränke zu begreifen. Ich hatte das Glück, dass mein Vater von seiner Arbeit in einer Bremer Brauerei immer ein paar Flaschen zum Abendbrot mitbrachte: Der Reiz des Bitteren war mir schon früh nicht fremd.

Und die Geschmackserkundung geht weiter. Während Europa den Aromahopfen entdeckt, lassen die Amerikaner hochprozentige Ales im Whiskeyfass reifen, experimentieren mit Rauchmalzen oder schwelgen in Sauerbieren. Dieses Buch zeigt den Facettenreichtum der Craft-Bier-Bewegung: Finnen, die nach Estland auswandern, um Starkbier zu brauen. Drei Amerikaner, die den Berlinern zeigen, wie Biervielfalt geht, ein Slowene, der in Österreich loslegt, und ein wallonischer Bio-Ingenieur, der sich als Geuze-Verschneider selbstständig macht. Hibiskusblüten-Weizenbier aus Köln, Enzian-Ale aus Italien, Süßkartoffelbier aus Japan, Gewürzbier aus dem Libanon. Eine Wertung ist mit der Auswahl nicht verbunden. Es fehlen immens wichtige Brauereien, und es sind ausgesprochen winzige dabei,

*Bestes Bier,
bessere Stimmung,
gute Gespräche*

Crate Brewery

die gerade mal genug Bier für ihren eigenen Ausschank produzieren. Unsere Geschichten und Bilder transportieren das Lebensgefühl und würdigen den Mut und die Leidenschaft dieser Avantgarde.

Bei aller Aktualität ist dieses Buch zugleich auch schon ein Rückblick: Das waren die Pionierjahre. Und wie geht es weiter? Sind manche der hier Vorgestellten bald Großbrauereibesitzer, wie einige in den USA es vorgemacht haben? Oder schnurrt die ganze Craft-Bier-Bewegung in ein paar Jahren zusammen, und alles, was übrig bleibt, ist die Erweiterung des Sortiments einiger Braukonzerne um ein IPA? Können wir uns darauf freuen, dass Restaurants mit raffinierten, köstlichen Speisen bald eine angemessene Bierkarte führen? Gibt es überhaupt noch die Möglichkeit zum Alkoholgenuss in der Öffentlichkeit, oder wird nach den Zigaretten auch das Bier aus den Lokalen verbannt, vielleicht zum Schutz der „passiven Mittrinker"?

Am schönsten wäre es, wenn die Lebendigkeit und Vielfalt der heutigen Craft-Bier-Welt weiterblühen und gedeihen könnte, wenn zu den Brewpubs und Bars noch viele, viele angenehme Orte dazukämen, an denen wir bei einem guten klassischen oder neuen Bier zusammensitzen.

Wie immer es kommen mag: Genießen wir die jetzige spannende Zeit!
Zum Wohle.

DIE DREI UMWÄLZUNGEN

GESCHICHTE DES BIERGESCHMACKS

Grob zerkleinertes, angekokeltes Getreide, in Wasser aus dem stinkenden Allzweckdorfbach aufgekocht, mit fragwürdigen Kräutern der Gegend versetzt und Resten des alten Suds aufgeschäumt – das Gebrauchsbier des Mittelalters hat vermutlich nur selten Freude gemacht, man trank es, weil unbehandeltes Wasser zu gesundheitsschädlich gewesen wäre. Interessant wird das Bier erst, als es zum Handelsgut wird. Damit sich die Transportkosten lohnen, muss es zuverlässig haltbar sein; damit es gegen die Konkurrenz besteht, haben die Brauer einen neuen Aspekt zu berücksichtigen: Das Bier muss schmecken.

1252 → DER SCHNELLE SIEGESZUG DES HOPFENS

Diese erste Umwälzung zeigt sich in einer Urkunde von 1252: Die Hansestadt Bremen exportiert gehopftes Bier nach Flandern in das damalige Welthandelszentrum Brügge – und der Sieg des Hopfens über andere konservierende und aromatisierende Zusätze ist erstaunlich schnell entschieden. In Flandern und im Westen Deutschlands hatten die Brauer „Grut" hinzugegeben, ein Kräutergemisch, in dem getrocknete Blätter des Gagelstrauchs dominierten. Der Grut-Lobby gelingt es anfangs noch, Hopfenbierverbote durchzusetzen, doch ihr Widerstand ist nach wenigen Jahrzehnten überwunden. Nur in England sollte es für lange Zeit beides geben, hopfiges „beer" neben ungehopftem „ale". In Brügge und anderswo fällt die Abstimmung mit der Gurgel eindeutig aus, spätestens als 1279 aus Hamburg das besonders wohlschmeckende Weißbier eintrifft und das rote Bremer Bier verdrängt. Auch dieses Weißbier ist selbstverständlich gehopft; im Norden und Nordosten Deutschlands wird die Kletterpflanze schon länger angebaut. Das haben die Hanseaten wohl von den Slawen gelernt, die mit den Dolden ihr Gärgetränk aus in Beerensaft aufgekochtem Honig verbesserten. Nach russischer Überlieferung begann die Hopfung des Honigweins im Jahr 920.

*Fantasie, Technik,
Sorgfalt: Mikkel
Borg Bjergsø*

1842 → DER PILSENER URKNALL

Untergärig, schlank, blond fegt die alten Gebräue vom Markt – die zweite große Biergeschmacksrevolution. Die untergärige Brauart, in der die Hefe bei sehr niedrigen Temperaturen reift, gab es zwar schon Jahrhunderte zuvor, sie blieb aber im Wesentlichen auf Bayern beschränkt. Und auch das Malz konnte man bereits seit längerer Zeit mithilfe der Koksbefeuerung präziser und damit heller darren. Josef Groll, der bayerische Braumeister des Bürgerlichen Brauhauses in Pilsen, vereinte ein solches helles Malz mit dem feinwürzigen Saazer Hopfen und dem besonders weichen Wasser zu seinem untergärigen „Urquell", dem Bier, das alle anderen veränderte: In Böhmen und Bayern wurden die bislang üblichen dunklen Sorten zu Nischenprodukten; und als rund 30 Jahre später die Kältetechnik das Brauen mit untergäriger Hefe überall und jederzeit möglich machte, stellten die großen Brauereien bald in ganz Europa und den USA auf Pilsener und ähnliche Lagerbiere um. Die verbliebenen traditionellen Sorten entwickelten sich in eine schlankere und hellere Richtung.

Den Begriff „Pilsener Urknall" hat Michael Rudolf (1961–2007) erfunden, der thüringische Brauingenieur und Poet der Bierkritik, den die unreellen Brauer fürchteten und mit dem ich jetzt gern ein IPA trinken würde. Dafür hat er das Leben zu früh verlassen.

Coedo

MIT DEM BIER KAM DIE ZIVILISATION

Die Menschen der Urzeit ziehen umher, folgen dem Wild, richten sich danach, wo Beeren und Früchte reifen. Grassamen taugen nicht zur Nahrung: zu klein und zu viel Spelz. Aber lange gekaut, schmecken sie süß, und wenn man das dann ausspuckt und mit Wasser mischt, hat man nach einiger Zeit einen Trunk, der berauscht: das Urbier. Im Gebiet mancher Jäger und Sammler muss es feste Stätten gegeben haben, vielleicht Kultorte, an denen Weise lebten und im Rausch Entscheidungen trafen, Stätten jedenfalls, an denen das Rausch-Gras wuchs, gepflegt und immer wieder ausgesät wurde, bevorzugt die besseren, dickeren Körner. Fest steht, dass sich dabei aus den Gräsern die Urform unseres Getreides entwickelte, dass dieses sich dann endlich, nach tausend und mehr Jahren der halb unbewussten Züchtung, auch als Nahrungsmittel eignete. Mit den bekannten Folgen, die man in der Schule lernt: Zum Getreideanbau und zu dessen Schutz erfinden die Menschen die Siedlung, ganz andere soziale Strukturen entstehen, Handel, Krieg, Schrift, Kunst, kurz, die Zivilisation.

Am Anfang aber, so sagt es Professor Josef H. Reichholf von der Technischen Universität München, war das Bier. Warum sonst hätten sich die Menschen so viel Mühe mit dem dürftigen Gras geben sollen? Sein Nährwert jedenfalls war weit geringer als der Verbrauch an Kalorien für das Sammeln und Entspelzen der winzigen Körner. Es kann nur die Lust auf Rausch gewesen sein: auf ein Urbier.

Garrett Oliver, Hans-Peter Drexler, Georg VI. Schneider 2007 in Kelheim

2007 → DAS HOPFENFEUERWERK – CRAFT-BIER WIRD INTERNATIONAL

Wie einst die Pilgerväter in der Neuen, landete Garrett Oliver im Jahr 2007 in der Alten Welt. Die Mission des Braumeisters der Brooklyn Brewery: den Eingeborenen zu gutem, hopfenstarkem Bier zu verhelfen. Mit Hans-Peter Drexler von der traditionsreichen Weißbierbrauerei Schneider im niederbayerischen Kelheim zusammen erschafft er etwas bislang Undenkbares: einen Weizenbock mit viel aromatischem Hopfen, die „Hopfenweiße". Damit ist das Craft-Bier in Europa angekommen – auch wenn es damals kaum einer registriert.

Das revolutionär Neue am Craft-Bier ist seine hemmungslose Verwendung von aromatischem Hopfen. Ein India Pale Ale gehört deshalb zum Portfolio fast jedes Craft-Brauers. Auch bei ihren anderen Kreationen geht es immer um einen möglichst ausgeprägten Geschmack; bis heute spürt man darin die Sehnsucht der Amerikaner, sich möglichst weit von den schwach alkoholischen und auch in jeder anderen Hinsicht schwachen Erzeugnissen ihrer Getränkeindustrie zu entfernen. Dabei haben sie ein achtlos konsumiertes Gebrauchsprodukt in sein Gegenteil verwandelt: in eine Delikatesse, ein Genussmittel.

In den USA war die Heim- und Mikrobrauerbewegung im Jahr 2007 schon zu etwas Großem ausgewachsen. Der offizielle Startschuss fiel 1979, als das Brauen für den privaten Gebrauch legalisiert wurde und Charlie Papazian eine Kleinbrauerorganisation gründete (heute Brewers Association). Anstoß und Orientierung gab vielen das 1977 erschienene Werk „The World Guide to Beer" des „Bierjägers" Michael Jackson (1942–2007), der die Amerikaner auf die europäische Bierkultur neidisch und neugierig machte.

„Sie sind dessen nicht würdig" – Provokationsbier von Stone Brewing. Rechts: die Kopenhagener Bar „Mikkeller & Friends"

1981 bringt Sierra Nevada Brewing das mit der neuen Sorte Cascade gehopfte Pale Ale heraus, Vorgänger des hopfig-bitteren West-Coast-Stils. Bereits 1982 ruft Papazian das „Great American Beer Festival" ins Leben, 1988 treten heute so bekannte Brauereien wie Brooklyn Brewery, Rogue Ales, North Coast und Deschutes auf den Plan. Insgesamt zählt das Land rund 20 Mikrobrauereien in den Achtzigerjahren, Mitte der Neunziger sind es schon über 500. In dieser Zeit sorgt eine innovative Generation für Aufsehen: New Belgium und Allagash spezialisieren sich auf belgische Bierstile, Russian River experimentiert mit Bieren im Weinfassausbau, Dogfish Head und Stone Brewing gehen in die Extreme mit ungewöhnlichen Zutaten und vor allem mit mehr Hopfen. Dass sich die neuen Braukünstler nicht dem Mehrheitsgeschmack unterordnen, verdeutlicht das berühmte Rückenetikett von Stones „Arrogant Bastard Ale": „Dies ist ein aggressives Bier. Du wirst es wahrscheinlich nicht mögen. Es ist zweifelhaft, dass du kultiviert genug bist, ein Bier dieser Qualität und Komplexität zu schätzen. Wahrscheinlich glaubst du, dass eine Millionen-Dollar-Werbekampagne ein Bier besser schmecken lässt."

Zu der Zeit, als Garrett Oliver nach Europa kommt, gründet sich dort eine Avantgarde, die inzwischen international expandiert: BrewDog betreibt heute Pubs im Ausland, Mikkel Borg Bjergsø von Mikkeller wandert als Gypsy-Brauer durch die Welt, und die Italiener Teo Musso von Baladin und Leonardo Di Vincenzo von Birra del Borgo haben gemeinsam in New York eine Bar eröffnet.

Vor seiner Kooperation mit Schneider hatte Oliver bereits mit Brauern in England, Dänemark und Belgien gemeinsame Sude angesetzt; diese Biere wurden unter Insidern viel diskutiert, aber kamen nicht auf den Markt. Die Hopfenweiße hat einen ganz neuen Bierstil begründet, sie ist seit 2007 auf dem Markt, wie selbstverständlich holen sich die Deutschen für weniger als zwei Euro eine Flasche aus dem Getränkemarkt und ahnen nicht, dass sie eine Ikone in der Hand halten – eine panatlantische Gemeinschaftskreation, eine Traumkreuzung aus hoher traditioneller und bester neuer Braukunst: das erste internationale Craft-Bier.

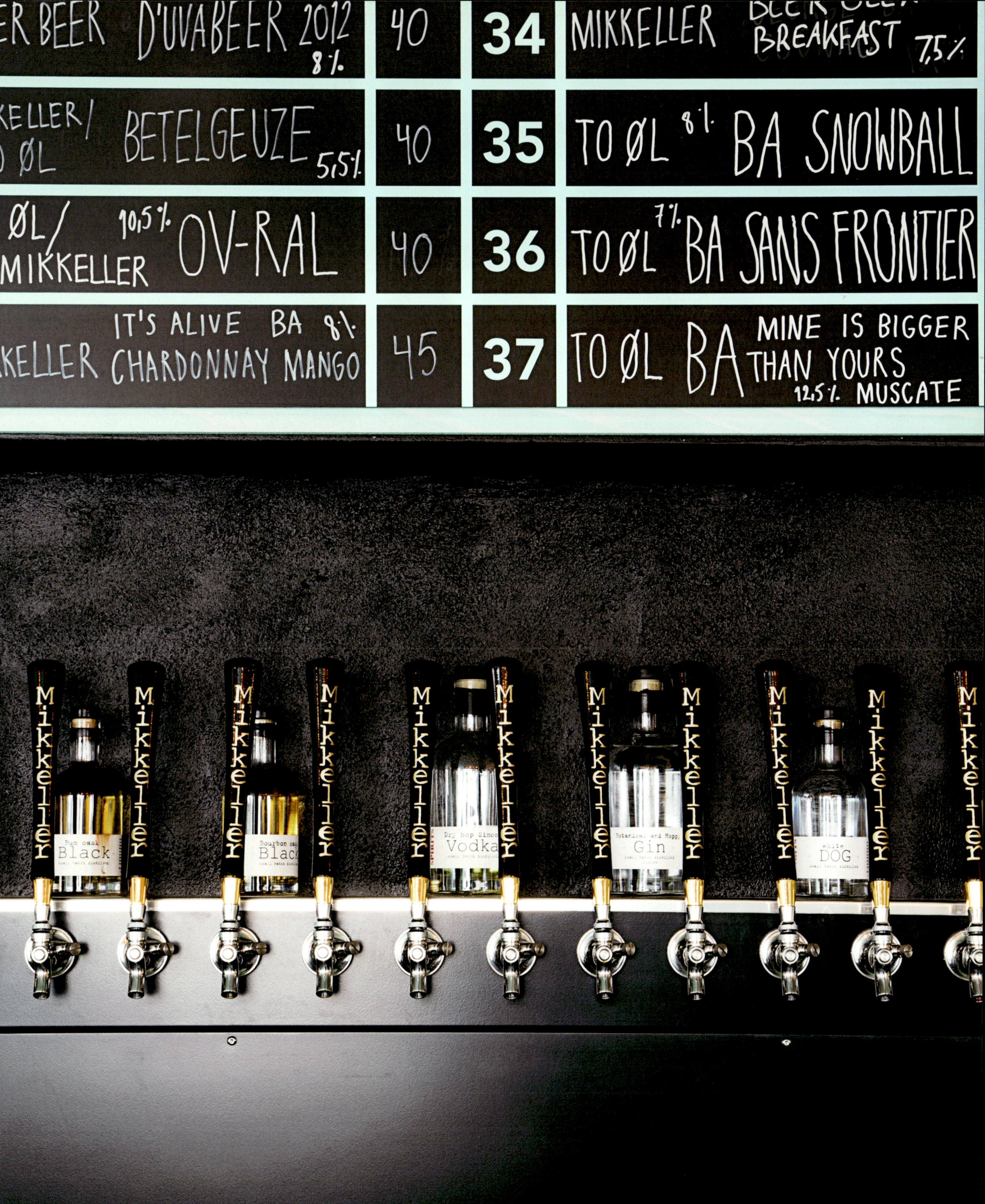

ER BEER	D'UVABEER 2012 8%	40	**34** MIKKELLER BEER GEEK BREAKFAST 7,5%
KKELLER/ O ØL	BETELGEUZE 5,5%	40	**35** TO ØL 8% BA SNOWBALL
ØL/ MIKKELLER	10,5% OV-RAL	40	**36** TO ØL 7% BA SANS FRONTIER
KKELLER	IT'S ALIVE BA 8% CHARDONNAY MANGO	45	**37** TO ØL BA MINE IS BIGGER THAN YOURS 12,5% MUSCATE

BRAUKUNDE

VOM MAISCHEN, KOCHEN, GÄREN

WASSER

KEIN BIER OHNE WASSER

Mengenmäßig die Hauptzutat: Bier besteht zu 95 Prozent aus Wasser. In ihm lösen sich die Zucker, Bitterstoffe, Eiweiße, Vitamine, Mineralstoffe und Spurenelemente aus den anderen Zutaten.

Das klingt banal. Aber Wasser ist nicht gleich Wasser, seine Qualität ist technisch und geschmacklich von großer Bedeutung. Entscheidend ist die mineralische Zusammensetzung des Brauwassers. Technisch günstig wirken sich beispielsweise Kalzium und Magnesium aus. Ersteres fördert die Entstehung vergärbarer Zucker beim Maischen und verbessert das Absinken der Hefe nach der Gärung. Magnesium aktiviert Enzyme.

Je härter und mineralstoffreicher ein Wasser ist, desto mehr Gerbstoffe löst es aus dem Malz und dem Hopfen. Die Struktur des Bieres wird robuster, der Geschmack kerniger. Umgekehrt gilt die Brauerweisheit: „Weiche Wässer sind Hopfenfresser." Mineralstoffarmes Wasser trennt weniger Bitter- und Gerbstoffe heraus, die Struktur des Trunks ist schlank und elegant, die Textur weich. Für die gewünschte Grundbittere muss man in weiches Wasser mehr Hopfen geben.

Die Wasserqualität hängt vom Boden ab: Grundwasser ist geprägt von dem Weg, den es durch die Gesteinsschichten nimmt. Es kann sich dabei mit Mineralien anreichern oder sich von ihnen reinigen. Solche regionaltypischen Unterschiede haben sehr zur Ausprägung bestimmter Bierstile beigetragen.

So profitiert die Sorte Bayerisch Dunkel von dem kalkhaltigen Wasser der Münchner Alpenrandlage. Der mit dunklem Malz und Röstmalzen eingebraute, untergärige Bierstil kann die kernigen Eindrücke aus den gelösten Gerbstoffen gut integrieren. Sie tragen zur Vollmundigkeit bei. Somit wundert es wenig, dass sich dieser Bierstil jahrhundertelang in München großer Beliebtheit erfreute.

Das Wasser in Pilsen hingegen ist sehr weich: Strohgelb und leuchtend, hopfenbetont, schlank, gradlinig und elegant reflektiert der Pilsener Bierstil die Wasserqualitäten seiner Herkunftsregion. Das gleiche Bier, in München gebraut, würde runder und lieblicher wirken, weil das härtere Brauwasser mehr Zucker und andere Stoffe aus dem Malz löst; das goldene bayerische Helle gibt von dieser Malzaromatik einen guten Eindruck.

Der Bierstil India Pale Ale (IPA) ist ebenfalls geprägt von der Hydrologie jener englischen Stadt, die für das Brauen dieses Stils berühmt geworden ist: Burton-upon-Trent. Hier ist das Wasser besonders sulfathaltig. Das erzeugt einen trockenen Geschmack und eine erfrischende Bittere – typisch für ein gutes IPA.

Heutzutage können Brauer ihr Wasser aufbereiten und an die Anforderungen jedes Bierstils anpassen. Von der Filtration bis zur Umkehrosmose handelt es sich meist um technisch aufwendige Methoden, die sich eher die größeren Betriebe leisten. Kleinere und ältere Brauereien verwenden das Wasser so, wie es ist, oder gehen mit einfachen Mitteln ans Werk. Beim IPA-Brauen beispielsweise fügen manche Gips und Kalziumchlorid hinzu. Dieser Vorgang wird „Burtonization" genannt.

Experimentelle Craft-Brauer haben für Hopfen und für Malz schon viele neue Zutaten eingesetzt, das Brauwasser allerdings lässt sich kaum durch etwas anderes ersetzen. Einen Sud etwa mit Apfelsaft anzusetzen wäre auch ziemlich teuer. Im Sommer 2013 hat die hawaiianische Aloha Beer Company immerhin eine Gose mit Ozeanwasser gebraut – nicht entsalzt, wie dies auf Kreuzfahrtschiff-Brewpubs üblich ist, sondern mit dem vollen Salzgeschmack.

HOPFEN

BITTERE UND BOUQUET

Hopfen macht den Schaum stabil und das Bier länger haltbar. So weit der technische Aspekt. Hopfen macht das Bier aufregend bitter, verleiht ihm das tolle Bouquet, hat es vom Gebrauchsgetränk zur Delikatesse geadelt – deshalb ist der Hopfen Craft-Brauers Liebling.

Weltweit gibt es rund 200 verschiedene Sorten. Klassischerweise wird zwischen Bitter- und Aromahopfen unterschieden. Bitterhopfensorten wie Herkules oder Magnum enthalten hauptsächlich Alphasäure. Die ist für die Grundbittere im Bier zuständig, ihr werden auch die stabilisierenden Eigenschaften zugeschrieben. Aromahopfensorten haben einen bescheideneren Alphasäuregehalt, warten aber mit vielfältigen ätherischen Ölen auf, die interessante Aromen ins Spiel bringen.

Die europäischen Aromasorten wie Hallertauer Mittelfrüh, Saazer oder Kent Goldings zeichnen sich durch Geschmäcke im kräuterig-erdigen Spektrum aus. Ausgeprägt fruchtige und blumige Noten sind in den klassischen Bierkulturen Englands, Belgiens und Deutschlands eher unüblich. Erst die Craft-Bier-Bewegung hat sie weltweit populär gemacht.

Die amerikanischen Sorten Cascade und Amarillo betören mit intensiv grapefruitartigen, blumigen und exotisch-fruchtigen Aromen. Inzwischen ist das Interesse an ausdrucksstarken Gewächsen hoch. So gibt es mittlerweile viele Neuzüchtungen, auch in Europa. Das halbstaatliche Hopfenforschungszentrum Hüll in der bayerischen Hallertau hat in kaum fassbarer Geschwindigkeit schon etliche faszinierende Sorten entwickelt, beispielsweise „Mandarina Bavaria" (fruchtig) und „Polaris" (pfefferminzig erfrischend). Beide gehören zu der neuen Hopfenklasse, die beides vereint: einen hohen Alphasäuregehalt und ein starkes Aromenspiel. Sie werden Flavor Hops oder Dual Purpose Hops, „Doppelzweckhopfen", genannt.

Relevant für den Biergeschmack sind nicht nur die verwendeten Hopfensorten, sondern auch die Anzahl der Hopfengaben und ihr Zeitpunkt. Für die Bittere im Geschmack wird der Hopfen zu Beginn des Würzekochens beigegeben – meist eine alphasäurestarke Sorte. Denn die Alphasäure löst sich erst nach mindestens einstündiger Kochdauer in der Würze. Aromahopfen kommt erst später im Prozess sowie ganz am Ende des Würzekochens hinzu. Dadurch wird sichergestellt, dass die leicht flüchtigen Aromen nicht verdampfen oder verkochen.

Aus England kommt die Technik des Kalthopfens, auch „Dry hopping" oder „Hopfenstopfen" genannt. Das bedeutet, es wird zusätzlich ein Sack voll Hopfen in den Gär- oder Lagertank gegeben. Dabei ziehen die ätherischen Öle wie aus einem riesigen Teebeutel in das Bier ein und ergeben ein fulminantes Bouquet. Beim Sack ist es nicht geblieben. Mit „Kanonen", „Torpedos" und anderen Erfindungen entwickeln Craft-Brauer die Technik weiter.

Nur wenige neue Brauer suchen nach dem ganz anderen Geschmack, dem aus der Zeit vor dem Hopfen. Das „13th Century Grut Bier" von Dr. Fritz Briem verwendet neben Gewürzen immer noch Hopfen, wenn auch wilden. Alvinne und Toccalmatto brauten ihre Grut-Biere nur einmalig für ein Festival 2013. Das Spiel mit den historischen Stilen ist aber auch nicht leicht: Um Verstöße gegen das Betäubungsmittelrecht zu vermeiden, kann ein Bier mit Stechapfel, Gagel oder Bilsenkraut in Deutschland nur als „Ritusprodukt, nicht zur Anwendung im oder am Körper" angeboten werden.

MALZ

FARBE UND KÖRPER

Um das Malz dreht sich alles im Bier: Es liefert Eiweiß, Mineralstoffe und vor allem den Zucker, die Grundlage der alkoholischen Gärung. Malz bestimmt die Farbe des Bieres – und seinen Charakter.

Der Malzkörper kann sich schlank und rank im Hintergrund halten wie beim Pils und Saison oder sich in voller Pracht in die erste Reihe drängen wie beim bayerischen Märzen oder englischen Stout. Die Malzaromen bilden die Herznote des Biers, um die sich je nach Bierstil in unterschiedlicher Intensität die Hopfen- und Hefegeschmäcke winden. Das Spektrum der Malzaromen reicht von Biskuit, Getreide, Toast über Toffee, Nuss, Honig und Trockenfrüchte bis zu Schokolade, Kakao, Kaffee, Espresso und Rauch.

Doch zunächst muss aus dem Getreidekorn das Malz werden. Beim Mälzen handelt es sich um einen kontrollierten Keimvorgang, bei dem sich im Korn die Enzyme bilden, die für den Stärkeumbau während des Maischens wichtig sein werden. Außerdem wandelt sich bereits ein Teil der Getreidestärke in Zucker.

Um dies zu erreichen, darf sich das Korn zunächst voll Wasser saugen. Dadurch beginnt es zu keimen und kommt in den Keimkasten, wo es bis zu einer Woche lang befeuchtet, gewendet und gelüftet wird. Doch bevor sich ein Keimling bildet, wird der Vorgang abgebrochen: Das Grünmalz kommt in die Darre. Mit der Temperatur der Trocknung kann der Mälzer Farbe und Geschmack des Malzes beeinflussen.

Im Grunde kann man alles, was Stärke hat, einmaischen, etwa Kastanien, Bananen oder – wie die japanischen Craft-Brauer von Coedo – Süßkartoffeln (meist muss man Enzyme hinzugeben). Am häufigsten jedoch wird helles Gerstenmalz verwendet. Es hat die größte Enzymkraft, die für die Gärung wichtig ist, und seine Spelzen dienen als Filter beim Läutern. Brauer spielen aber zunehmend die Trumpfkarte der Spezialmalze aus. So sorgt bernsteinfarbenes Wiener Malz für karamell- und toastartige, dunkles Münchener Malz für schokoladige und kaffeeartige Noten. Bei hoher Temperatur geröstetes Malz hat zwar keine Enzymkraft mehr, bringt aber eine dunkle Farbe und Röstaromen ins Bier.

Auch die Textur wird von der Wahl der Malze beeinflusst. Roggenmalz sorgt für kernige Würze, auch Weizen- und Dinkelmalze enthalten viele Proteine, was sich in einem angenehm cremigen Mundgefühl bemerkbar macht – nicht von ungefähr achtet man in Brüssel und Umgebung seit mehr als 450 Jahren darauf, dass das Lambik einen Weizenmalzanteil von mindestens 30 Prozent hat. Cremigkeit und eine eindrucksvolle Schaumkrone kann der Brauer auch durch Zugabe von ungemälztem Getreide, sogenannter Rohfrucht, erzielen.

Das Mälzen in Eigenregie ist für die meisten Craft-Brauer zu aufwendig. Ihr Interesse an ungewöhnlichen Malzsorten aus möglichst umweltfreundlich angebautem Getreide hat mittelständischen Spezialmalzherstellern Auftrieb gegeben. Sie lassen sich von der Fantasie der Brauer zu eigenen Entwicklungen anregen, verkaufen ihr Malz an Kleinbrauer auch bereits geschrotet und betreiben wie die alteingesessene Bamberger „Brau-, Röst- und Caramelmalzfabrik" Weyermann sogar eigene Versuchsbrauereien.

HEFE

WIRKUNGSVOLLE EINZELLER

Der Brauer macht die Würze, die Hefe macht das Bier. Der Brauer arbeitet im Sudhaus, die Hefe im Gärkeller. Die winzigen Einzeller aus dem Reich der Pilze sind eine lebendige Zutat, die sich vermehrt, sich der Umgebung anpasst und auch schon mal barsch reagieren kann, wenn man sie nicht gut behütet und sauber aufbewahrt. Durch ihren Stoffwechsel verwandelt Hefe die in der Würze (dem flüssigen Teil der Maische) gelösten Zucker in Alkohol und Kohlensäure. Frühere Brauer wussten nichts von ihrer Existenz. Sie hielten die Verwandlung von Würze zu Bier für einen geheimnisvollen, unkontrollierbaren Vorgang, der mal besser, mal schlechter ausging. Ihre Mixtur aus Korn, Wasser und Gewürzen gor spontan durch wilde Hefen aus der Luft. Biere dieser Brauart schmecken in der Regel sauer und weinartig.

Seit dem späten Mittelalter schöpften die Brauer aus den offenen Gärbottichen den (hefehaltigen) Schaum ab und verwendeten ihn beim nächsten Braugang wieder – so vermochten sie den Gärprozess besser zu steuern. Den Einflüssen der Mikroorganismen aus der Luft war das entstehende Bier jedoch weiterhin ausgesetzt. Daher blieb die Qualität schwankend.

Der erste Forscher, der Hefezellen mikroskopisch beobachtete und beschrieb, war der Niederländer Anton van Leeuwenhoek im Jahr 1680. 1875 gelang es dem dänischen Wissenschaftler Emil Christian Hansen, die erste Reinzuchthefe zu entwickeln. Im Gegensatz zu Mischkulturen garantieren Reinzuchthefen eine stabile Bierqualität und ermöglichen eine standardisierte Produktionsweise. Auf sogenannten Hefebanken werden heutzutage Tausende von Sorten konserviert. Sie unterscheiden sich im Geschmacksprofil und im Gärverhalten.

Nach der Gärung wird die Brauart bestimmt. Traditionell unterscheidet man drei Brauarten: spontan vergoren, obergärig (Ale), untergärig (Lagerbiere). „Ober" und „unter" geben an, ob die Hefezellen im Gärbottich Auftrieb bekommen oder absinken. Geschmacklich entscheidend ist allerdings die Gärtemperatur. Bei der obergärigen Brauart braucht die Hefe Temperaturen von 15 bis 20 Grad Celsius und produziert Aromen, die beispielsweise an Apfel, Banane, Vanille, Gewürznelke oder Koriander erinnern. Untergärige Hefe arbeitet bereits bei 4 bis 9 Grad Celsius.

Das hat einen großen Vorteil: Bei so niedrigen Temperaturen mischen sich kaum unerwünschte Teilnehmer in den Gärprozess ein. Diese Biere konnten einst zwar nur in der kalten Jahreszeit produziert werden, waren aber sauberer als die leicht anfälligen Obergärigen. Das war kurz nach dem Jahr 1500 ein großer technischer Fortschritt, den vermutlich Brauknechte aus Böhmen nach Bayern brachten – die unwissentlich den ersten Beitrag Amerikas zur Bier-Evolution mit sich geführt haben müssen. Denn die kälteaktive Hefe stammt nach neuesten Erkenntnissen von patagonischen Vorfahren ab.

Mit „spontan vergoren" schließlich bezeichnet man Biere, bei denen Mikroorganismen aus der Luft die Fermentierung in Gang setzen – darunter sind neben Wildhefen auch Milchsäurebakterien, die für einen sauren Geschmack sorgen. Gerade für diese schwer zu bändigenden urtümlichen Biere haben viele Craft-Brauer ein Faible. Ihre Lieblinge dabei sind die „Bretts". Brettanomyces gelten gemeinhin als Wildhefestämme, sind aber gewissermaßen domestiziert, da sie mittlerweile in Brauereien und Hefebanken kultiviert werden. Sie arbeiten langsam und gründlich, das heißt, sie verstoffwechseln auch solche Zucker und Eiweiße, vor denen Reinzuchthefe kapituliert. Dadurch machen Brettanomyces den Trunk besonders trocken und klar. Darüber hinaus bringen sie blumige, fruchtige oder erdige Noten ins Bier – letztere werden oft mit „Pferdedeckenaroma" oder „Stallgeruch" beschrieben. Bretts kommen im Fassausbau und in der Flaschengärung zum Einsatz, für die Hauptgärung werden sie seltener eingesetzt.

BRAUREZEPT
AMERICAN PALE ALE

VON BRAUMEISTER FRITZ WÜLFING (ALE MANIA)

–ZUTATEN FÜR DIE CRAFT-BRAUEREI–

MENGE: 1000 LITER
STAMMWÜRZE 13 GRAD PLATO

160 KG PALE-ALE-MALZ
40 KG KARAMELLMALZ, FARBE: 20 EBC
68°C FÜR 60 MINUTEN
ABMAISCHEN BEI 78°C

1500 G HALLERTAUER PERLE
IN DIE VORDERWÜRZE
1000 G CASCADE BEI 30 MINUTEN VOR KOCHENDE
1500 G CASCADE BEI 15 MINUTEN VOR KOCHENDE
1000/1000 G CASCADE/SIMCOE BEI KOCHENDE
1000/1000 G CASCADE/SIMCOE STOPFEN

MIT 5 G GLUKOSE/LITER KARBONISIEREN

HEFE: 500 G TROCKENHEFE ODER EIN LITER FRISCHHEFE
CALIFORNIA ALE YEAST,
ZUM BEISPIEL WYEAST AMERICAN ALE

DO-IT-YOURSELF AMERICAN PALE ALE

ZUM NACHBRAUEN ZU HAUSE

-ZUTATEN FÜR DIE HEIMBRAUER-

MENGE: 20 LITER
STAMMWÜRZE 13 GRAD PLATO

5 KG PALE-ALE-MALZ
1 KG KARAMELLMALZ, FARBE: 20 EBC
68°C FÜR 60 MINUTEN
ABMAISCHEN BEI 78°C

30 G HALLERTAUER PERLE IN DIE VORDERWÜRZE
20 G CASCADE BEI 30 MINUTEN VOR KOCHENDE
30 G CASCADE BEI 15 MINUTEN VOR KOCHENDE
20/20 G CASCADE/SIMCOE BEI KOCHENDE
20/20 G CASCADE/SIMCOE STOPFEN

MIT 5 G GLUKOSE/LITER KARBONISIEREN

HEFE: CALIFORNIA ALE YEAST,
ZUM BEISPIEL WYEAST AMERICAN ALE

Die Menge der Zutaten bezieht sich immer auf 5 US-Gallonen. Dies hat sich aus amerikanischen Heimbrauerkreisen weltweit durchgesetzt und geht darauf zurück, dass US-Hobbybrauer als Behältnis ausrangierte Frischwasserbehälter und Cola-Kegs (Fässer) dieser Größe verwenden. 5 US-Gallonen entsprechen 20 Litern.

Die Stammwürze bezeichnet den Anteil der in der Würze (also vor der Gärung) gelösten Stoffe aus dem Malz und dem Hopfen. Sie gibt Auskunft über die Stärke des Bieres und den möglichen Alkoholgehalt. Je nach Vergärungsgrad lassen 13 Grad Plato auf einen Alkoholgehalt von etwa 5,2 Vol.-% schließen.

DIY → AMERICAN PALE ALE
Der Brauprozess wird für den Heimbrauer auf den nächsten Seiten Schritt für Schritt erklärt.

DER BRAUPROZESS

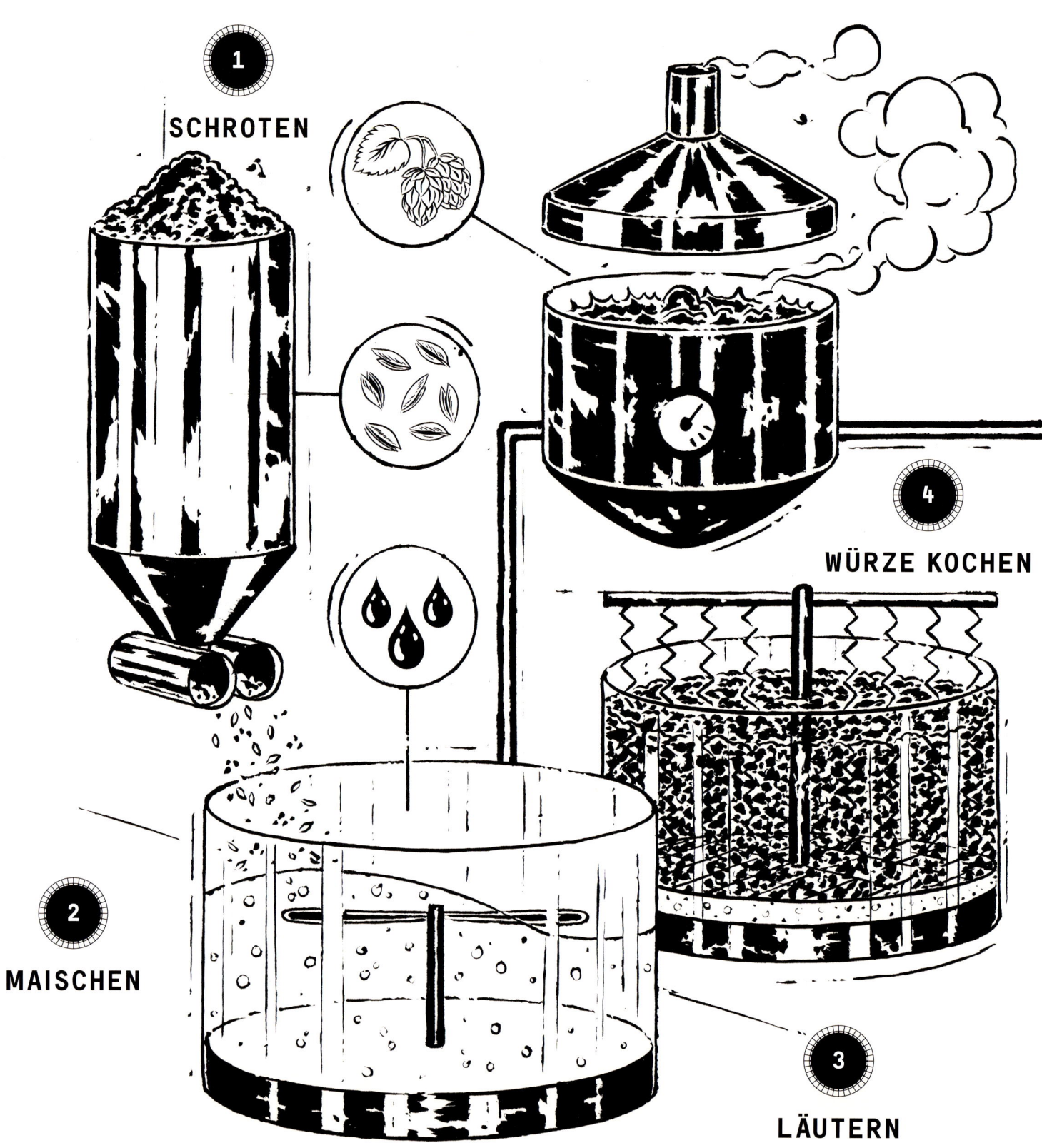

SCHROTEN

1

MAISCHEN

2

LÄUTERN

3

WÜRZE KOCHEN

4

Beim Brauen entsteht aus Malz, Wasser und Hopfen zunächst die Würze, aus ihr – der Hefe sei Dank – das Bier. Der Brauprozess umfasst sieben Stationen, die im Folgenden beschrieben werden.

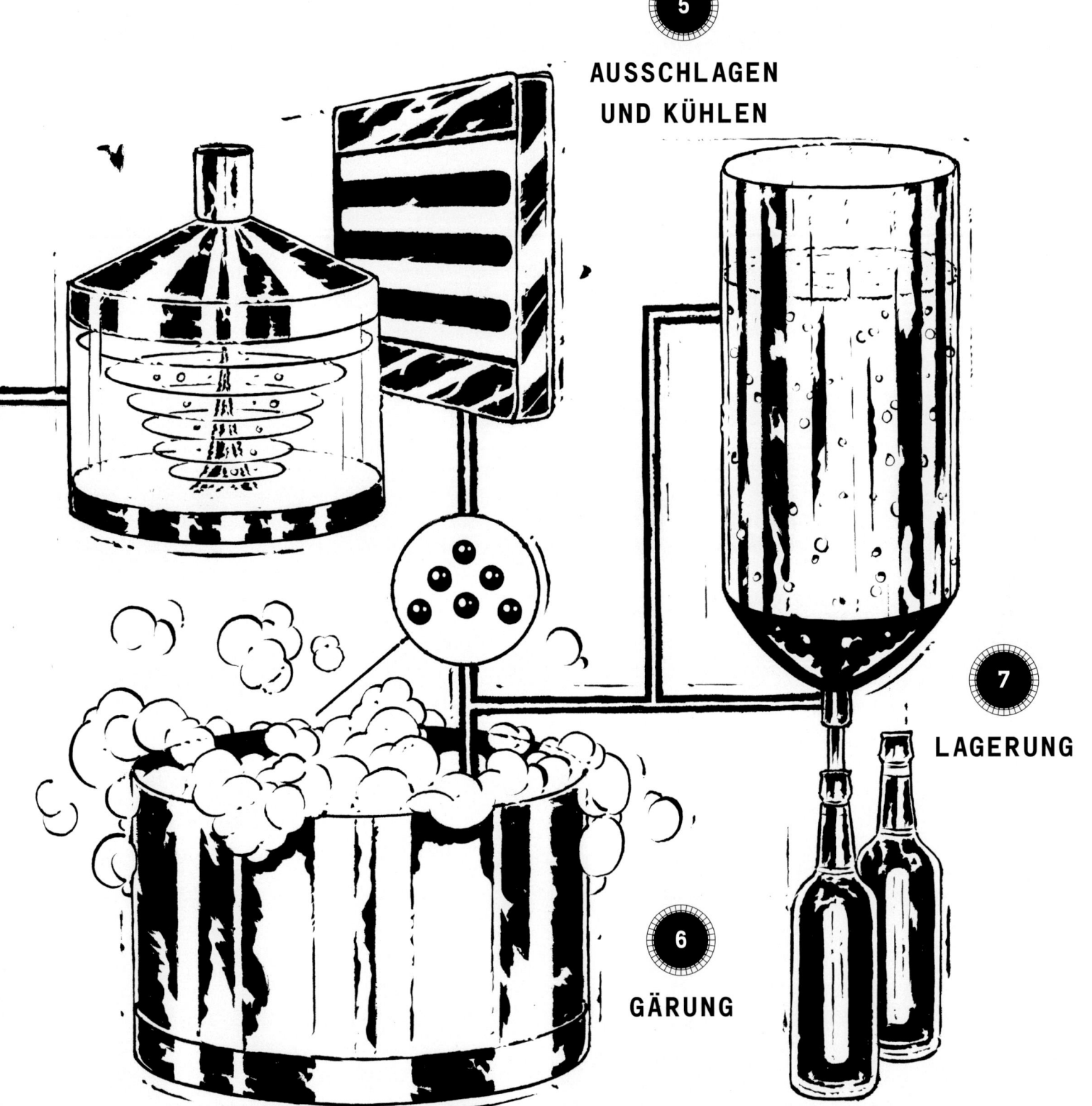

5

AUSSCHLAGEN UND KÜHLEN

7

LAGERUNG

6

GÄRUNG

1

SCHROTEN

Am Beginn jedes Brauprozesses steht das physikalische Aufbrechen des Malzkorns. Die Malzkörner müssen zerkleinert werden, damit die im Korn enthaltene Stärke aus ihrer Hülle heraus- und mit dem Wasser in Kontakt treten kann.

Ideal ist eine Sechs-Walzen-Schrotmühle. Trocken statt nass, in drei Mahlvorgängen und mit zwei Zwischensieben zerkleinert sie das Malz. Die Körner werden gut ausgemahlen, aber die Spelzen (die Hüllen des Korns) geschont. Denn die werden später noch gebraucht.

Die Sechs-Walzen-Schrotmühle hat drei Walzenpaare aus geriffeltem Stahl, die die Stärke aus den Spelzen herausholen. Die sich gegeneinanderdrehenden Walzenpaare sind nacheinander mit kleiner werdendem Abstand angeordnet. Dabei werden die Kornstückchen schrittweise immer feiner zerrieben, während die leeren Spelzen unbeschadet mit durchrutschen.

DIY → AMERICAN PALE ALE → SCHROTEN
Pale-Ale-Malz und Karamellmalz mit Handmühle schroten oder fertiggeschrotetes Malz verwenden.

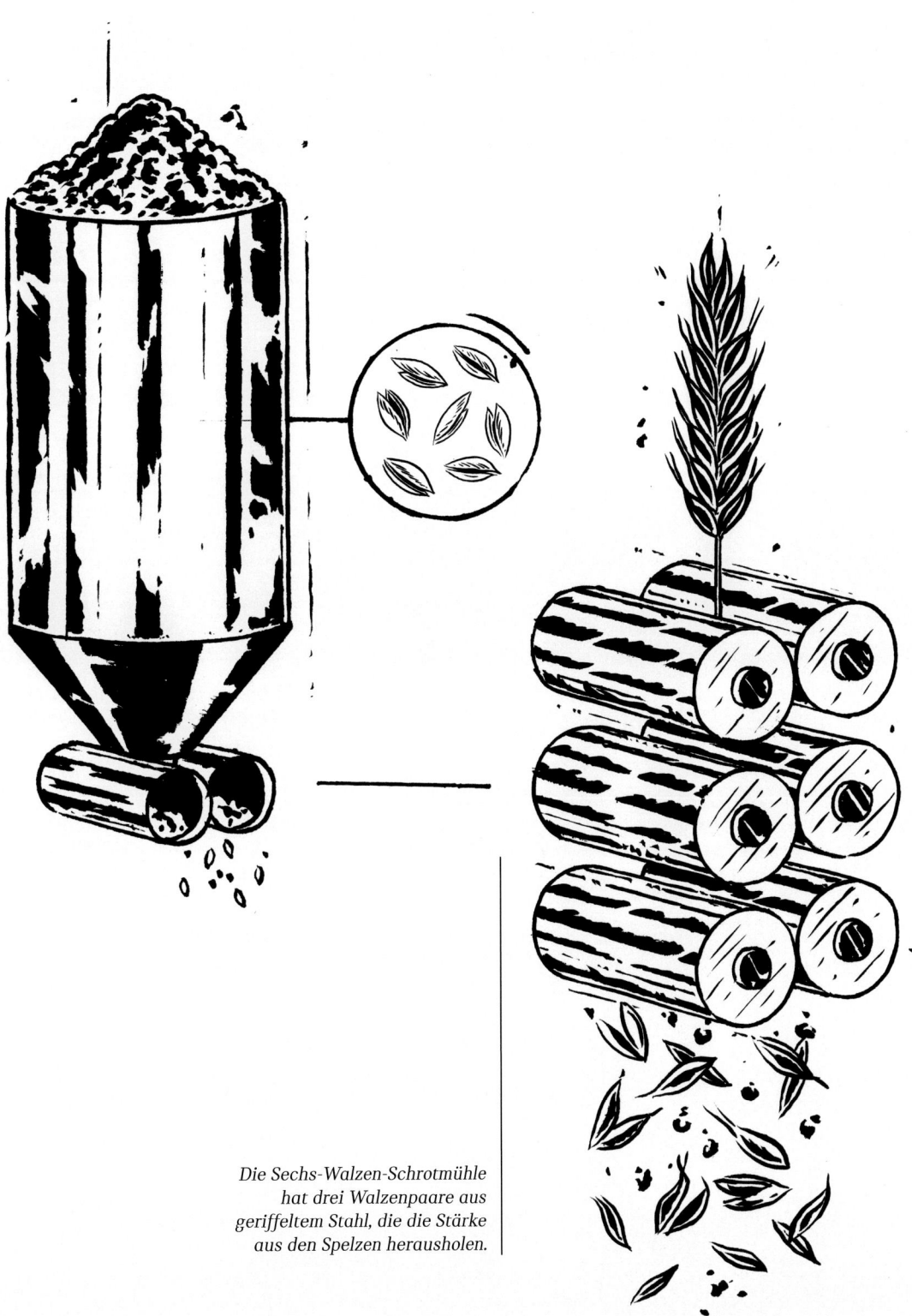

Die Sechs-Walzen-Schrotmühle hat drei Walzenpaare aus geriffeltem Stahl, die die Stärke aus den Spelzen herausholen.

Verschiedene Temperaturstufen beim Maischen, die sogenannten Rasten, sorgen für unterschiedliche Geschmacksausprägungen des Bieres.

2

MAISCHEN

Beim Maischen werden Malzschrot und Wasser zu einem Getreidebrei vermischt und erhitzt, damit sich die Stoffe aus dem Malz im Wasser lösen. Dabei gilt es, die gewünschte Zusammensetzung aus Eiweißen, vergärbaren und unvergärbaren Zuckern zu erhalten.

Dafür muss das Gemisch auf bestimmte Temperaturstufen erhitzt werden, denn die Aktivierung der verschiedenen Enzyme, die die Stärke-, Zucker- und Eiweißmoleküle aufspalten und umwandeln, findet jeweils bei einer anderen Temperatur statt. In der Brauersprache heißen diese Temperaturstufen „Rasten".

Die wichtigste Rast ist die Maltoserast um 62 bis 67 Grad Celsius. Bei dieser Temperatur werden die Beta-Amylasen aktiv, das sind Enzyme, die die Stärke des Malzes zu vergärbaren Zuckern, der sogenannten Maltose, abbauen.

Rastet die Maische auf einer höheren Stufe im Bereich von 68 bis 76 Grad Celsius, entstehen unvergärbare Zucker (Glukoserast). Sie machen das Bier etwas süßer und tragen zur Vollmundigkeit bei.

Auch der Abbau der Proteine findet auf einer speziellen Temperaturstufe statt. Hier gilt es, die Dauer der Eiweißrast (45 Grad Celsius) genau im Auge zu behalten. Sie hat Einfluss auf die Klarheit, die Haltbarkeit und den Schaum. Dauert sie zu lang, ist das der Schaumbildung abträglich. Dauert sie zu kurz, geht das auf Kosten der Klarheit und Haltbarkeit des Bieres.

Zum Schluss wird „abgemaischt". Kurz vor dem Läutern erhitzen Brauer den Brei auf gut 75 Grad Celsius, um die Enzyme zu deaktivieren. So dickt der Getreidebrei nicht an und kann leichter geläutert werden.

DEKOKTIONSMETHODE UND INFUSION MASHING

In den Zeiten, als es noch keine modernen Feuerungsanlagen mit Temperaturregler gab, wurden unterschiedliche Verfahren zum vorsichtigen Erhitzen der Maische angewandt, auf die Craft-Brauer heute wieder zurückkommen. Hauptsächlich in Kontinentaleuropa praktizierte man die aufwendige Dekoktionsmethode: Dem Wasser-Schrot-Gemisch wird eine Teilmaische entnommen. Diese wird zum Kochen gebracht und anschließend der Gesamtmaische wieder zugefügt, die sich dadurch langsam erhitzt. Dabei lösen sich behutsam die Zucker und Eiweiße. Beim Kochen der Teilmaische karamellisieren die Zucker, was die Farbe und den Geschmack intensiviert. Je öfter man diesen Vorgang wiederholt – die Brauer reden von Ein-, Zwei- oder Dreimaischverfahren –, desto vollmundiger schmeckt das Bier. Beim britischen Infusion Mashing wird ein- oder mehrmals heißes Wasser in die Maische gegeben, um sie möglichst genau auf die Temperatur der Maltoserast zu bringen.

DIY → AMERICAN PALE ALE → MAISCHEN
Zirka 12 Liter Wasser auf 76–78 °C erhitzen und mit dem geschroteten Malz im Kochtopf mischen. Temperatur des Gemischs auf 68 °C einstellen. Deckel drauf und für 60 Minuten auf gleichbleibender Temperatur halten. Zum Abmaischen den Topf vor dem Läutern auf 78 °C erhitzen.

(3)

LÄUTERN

Beim Läutern werden die Spelzen und Schwebstoffe, auch Treber genannt, von der Vorderwürze getrennt.

Dazu wird die Maische in einen Läuterbottich gepumpt. Der hat einen Senkboden mit vielen Löchern, durch die die Vorderwürze ablaufen kann. Auf dem Senkboden setzt sich der Treber ab. Nun bekommen die Spelzen ihre zentrale Bedeutung: Sie lockern den Treberkuchen auf und verhindern, dass sich die Schwebstoffe zu einer undurchlässigen Schicht verkleben.

Läuterbottiche sind zudem mit einem sogenannten Hackwerk ausgestattet. Das sind an einem rotierenden Träger angeordnete Stangen oder Messer, die durch den Treber rühren und ihn auflockern.

Abschließend geben Brauer sogenannte Nachgüsse über den Treber, heißes Wasser, um die restlichen Zucker auszuschwemmen. Dies wird in der Brauersprache „anschwänzen" genannt.

DIY → AMERICAN PALE ALE → LÄUTERN
Vorderwürze von den festen Bestandteilen (Treber) trennen. Aufguss mit heißem Wasser (den restlichen 8 Litern), um weiteren Zucker aus dem Treber zu spülen.

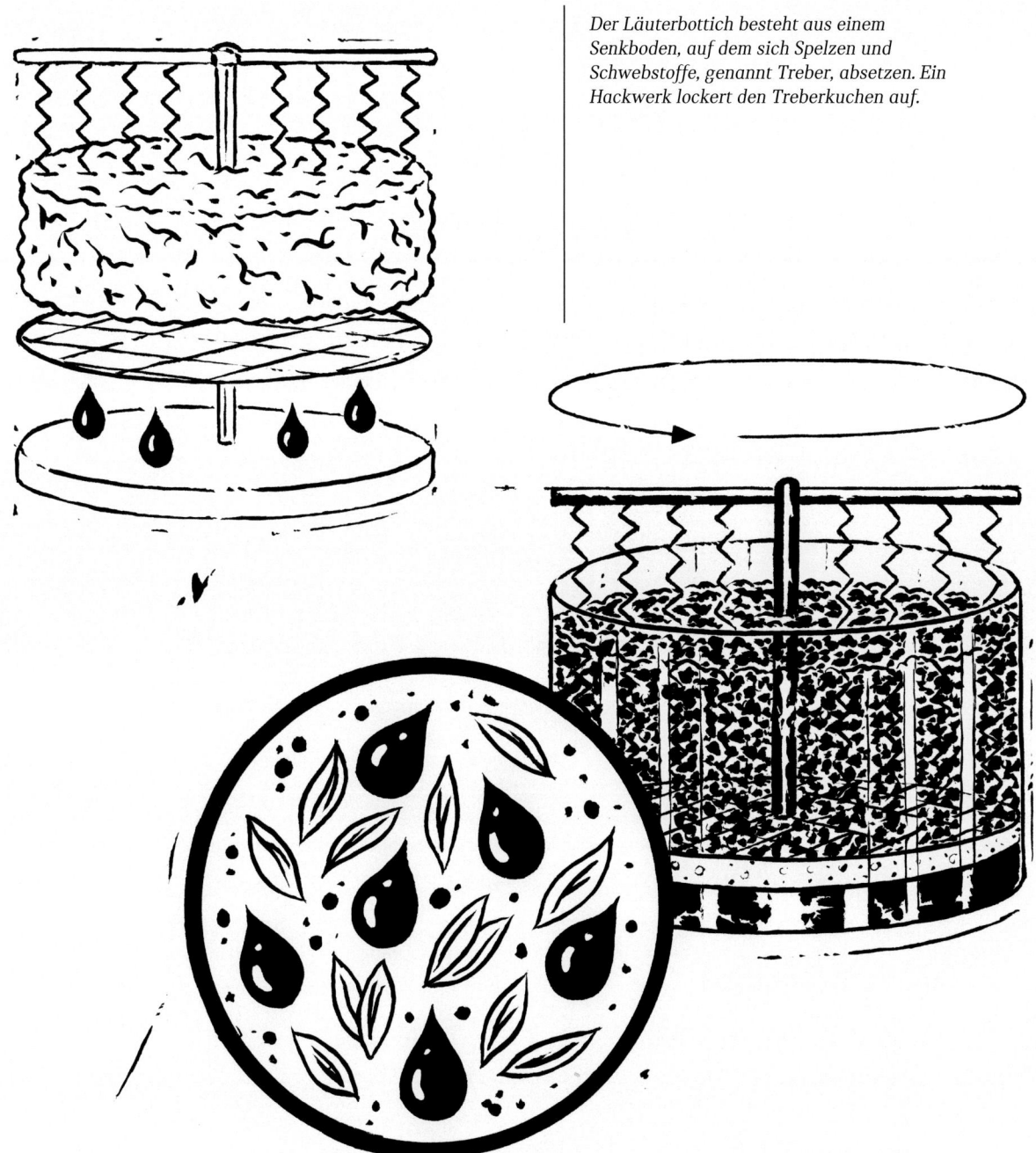

Der Läuterbottich besteht aus einem Senkboden, auf dem sich Spelzen und Schwebstoffe, genannt Treber, absetzen. Ein Hackwerk lockert den Treberkuchen auf.

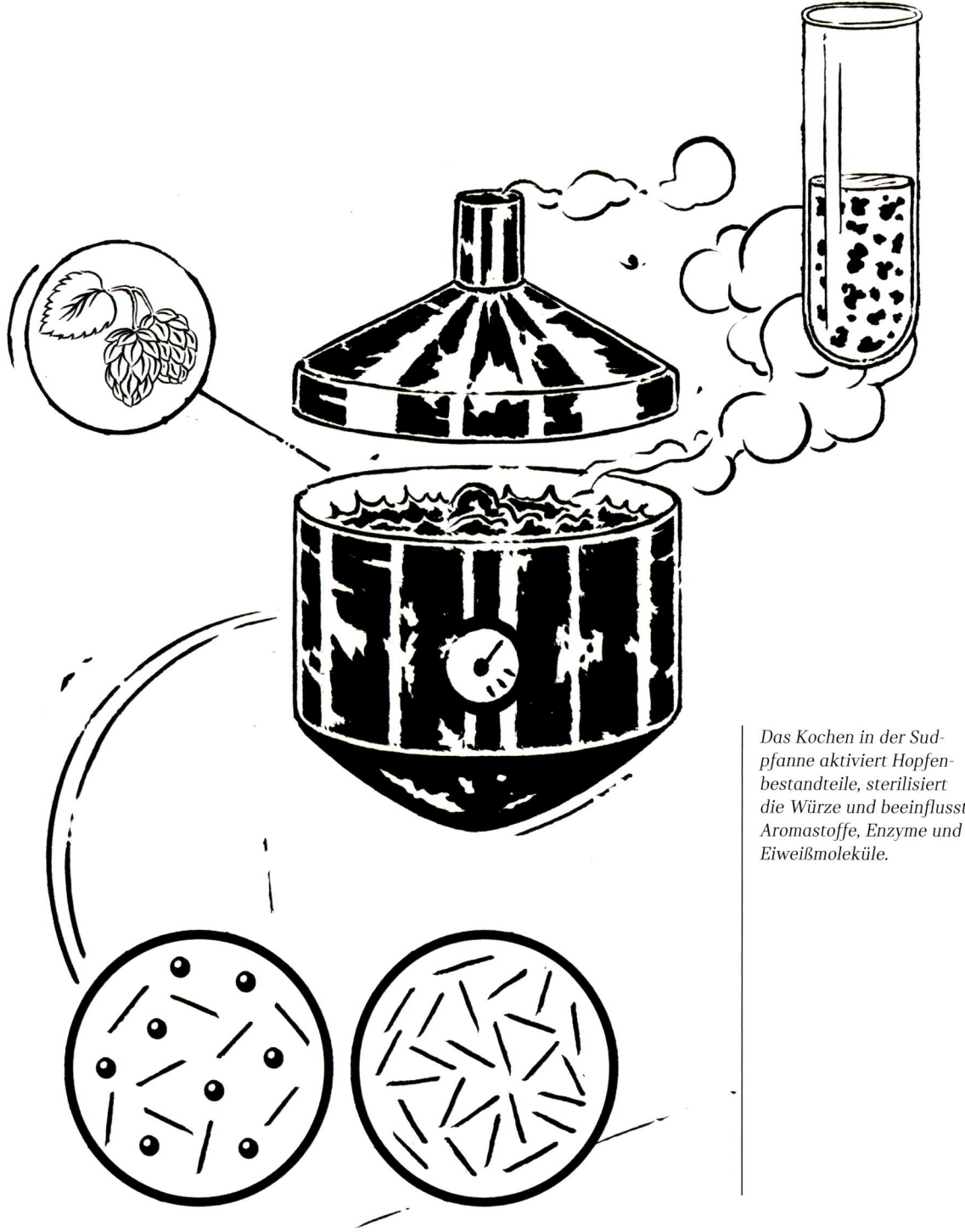

Das Kochen in der Sud-pfanne aktiviert Hopfen-bestandteile, sterilisiert die Würze und beeinflusst Aromastoffe, Enzyme und Eiweißmoleküle.

(4)

WÜRZE KOCHEN

Unter Zugabe von Hopfen wird die Vorderwürze anschließend in der Sudpfanne gekocht. Das Kochen ist wichtig für die Stabilität, Haltbarkeit und die Bittere des Bieres: Die letzten beim Maischen aktivierten Enzyme werden beim Würzekochen durch die Hitze zerstört – ihre Aktivität ist nicht mehr erwünscht.

Die Würze wird steril gemacht: Mikroorganismen, die beispielsweise aus dem Malz stammen könnten, werden durch das Kochen abgetötet. Einige beim Maischen zerlegte Eiweißmoleküle sowie Gerbstoffe gerinnen beim Kochen und können herausgefiltert werden.

Wichtige Hopfenbestandteile wie die Alphasäure lösen sich erst durch das Kochen in der Würze. Unerwünschte Aromastoffe wie beispielsweise Schwefelverbindungen dampfen aus.

Durch die Kontrolle der Verdampfungsmenge können die Brauer die Stammwürze, das heißt den Anteil der gelösten Stoffe im Bier, justieren und die Würze damit auf den gewünschten Alkoholgehalt einstellen.

DIY → AMERICAN PALE ALE → WÜRZE KOCHEN
Vorderwürze zum Kochen in einen Topf geben. Hopfensorte Hallertauer Perle (Pellets oder Dolden) hinzufügen und zusammen mit der Vorderwürze zum Kochen bringen. Kochzeit nicht unter einer Stunde, damit sich die Bitterstoffe lösen! 30 Minuten und 15 Minuten vor Kochende Hopfensorte Cascade (Pellets oder Dolden) hinzugeben. Am Kochende die Hopfensorten Cascade und Simcoe hinzugeben.

(5)

AUSSCHLAGEN UND KÜHLEN

Nach dem Kochen wird die Würze ausgeschlagen, das heißt: Die verbliebenen festen Stoffe werden von der Würze getrennt. Dies geschieht im Whirlpool, in dem sich durch das tangentiale Einspritzen der Würze in den Kessel ein Wirbel ergibt, in dessen Mitte sich die Restbestandteile des Hopfens, die ausgefällten Eiweiße und Schwebstoffe kegelförmig absetzen.

Als Whirlpool dient ein Extrakessel oder die Sudpfanne. Craft-Brauer rühren darin die Würze per Hand und kommen zu demselben Effekt. Fürs Aroma wird in dieser Phase Hopfen beigegeben, die letzte Gabe im Warmbereich. Sobald sich der Wirbel im Kessel beruhigt hat, wird die Würze abgelassen. Vor der Gärung muss sie nun rasch gekühlt werden: auf 20 bis 25 Grad Celsius für obergärige, 10 bis 15 Grad für untergärige Biere.

Das Abkühlen sollte nicht länger als 30 bis 60 Minuten dauern, weil sich sonst Infektionen und Fehlgeschmäcke einschleichen.

Am besten funktioniert ein Plattenkühler. In ihm wird auf geringem Raum eine große Oberfläche zum Wärmeaustausch erreicht.

DIY → AMERICAN PALE ALE → AUSSCHLAGEN UND KÜHLEN
Würze umrühren, damit sich die Trübstoffe kegelförmig absetzen, dann die Würze aus dem Hahn, der idealerweise unten am Topf angebracht ist, ablaufen lassen. Würze abkühlen auf 20 °C.

Im Wirbel des Whirlpools setzen sich Eiweiße, Schwebstoffe und Restbestände des Hopfens ab.

Im Plattenkühler wird die Würze gekühlt – obergärige Biere auf 20 bis 25 Grad Celsius, untergärige Biere auf 10 bis 15 Grad.

6

GÄRUNG

Bei der Gärung verarbeiten Hefezellen die in der Würze gelösten Zucker zu gleichen Teilen zu Alkohol und Kohlensäure. Für diesen Vorgang liegt das Bier normalerweise rund eine Woche lang im Gärtank.

Die erste Phase des Gärprozesses wird „Aufkräusen" genannt (nach dem Aufschäumen der Würzeoberfläche im Gärtank). In dieser Phase vermehrt die Hefe ihre Zellen mithilfe von Sauerstoff und Zucker und braucht eine gute Belüftung. Erst danach ist sie bereit für die entscheidende Phase, die Umwandlung des Zuckers in Kohlendioxid und Alkohol.

Anhand der Gärführung, der Steuerung der Gärtemperatur, können Brauer beeinflussen, ob und welche Aromen die Hefe produziert. Das Spektrum reicht von fruchtigen Estern wie Banane oder grünem Apfel über würzige Phenole wie Gewürznelke oder Koriander bis hin zu alkoholischen Noten.

Auf alle Fälle gilt: Je wärmer die Gärtemperatur, desto mehr Aromen produziert die Hefe.

DIY → AMERICAN PALE ALE → GÄRUNG
Hefe bei 20 °C anstellen (das heißt Hefe in die Würze geben): Eine Packung* Hefe nach Anleitung der Hersteller erst aktivieren oder hydrieren (Trockenhefe) oder gleich in die Würze geben (Reagenzglas-Hefe). Drei bis vier Tage in einem lose abgedeckten Topf bei Zimmertemperatur gären lassen.
* Die gängigen Packungsgrößen, Päckchen oder Reagenzgläser sind auf den Heimbrauerbedarf für eine Würzemenge von 20 Litern zugeschnitten.

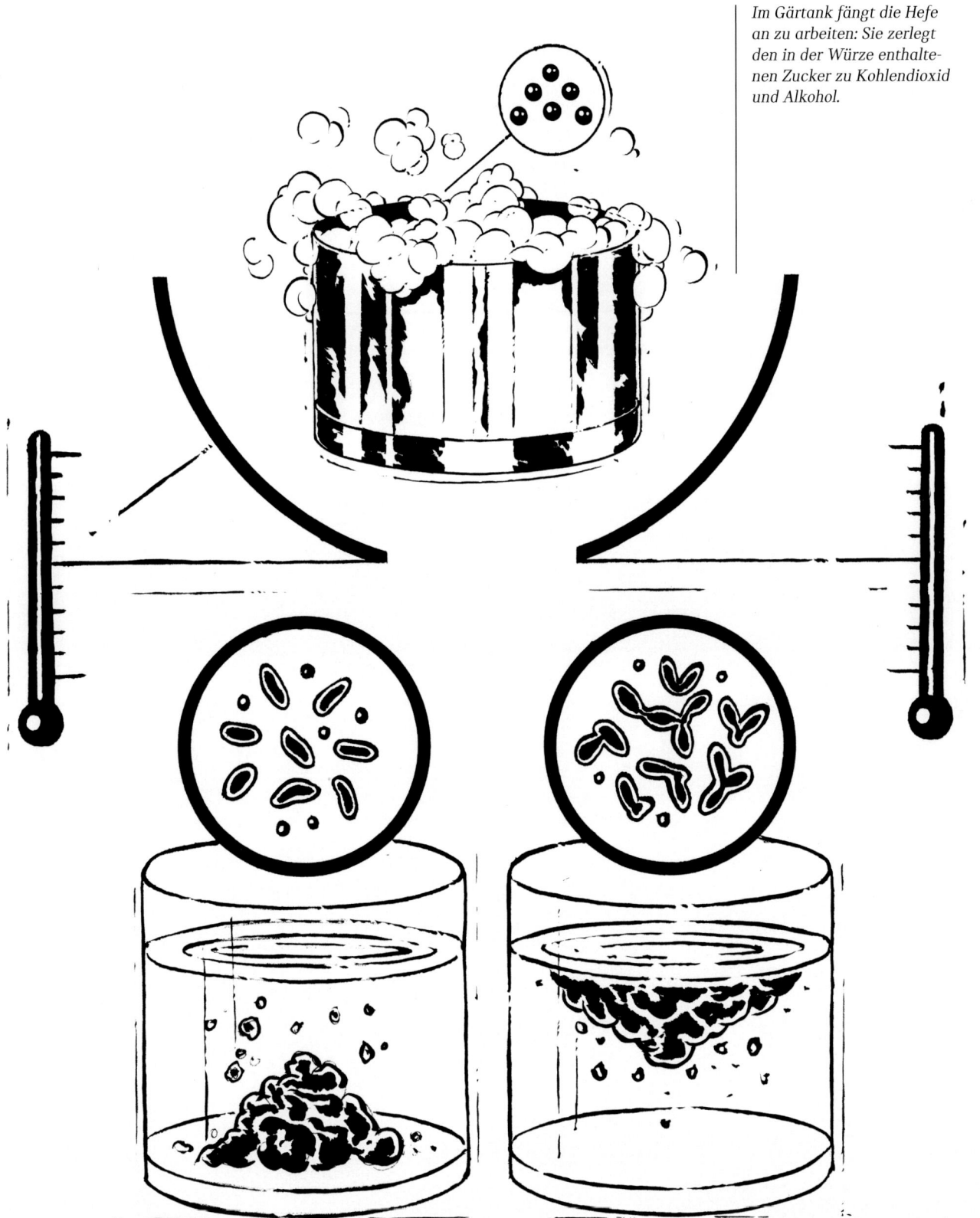

Im Gärtank fängt die Hefe an zu arbeiten: Sie zerlegt den in der Würze enthaltenen Zucker zu Kohlendioxid und Alkohol.

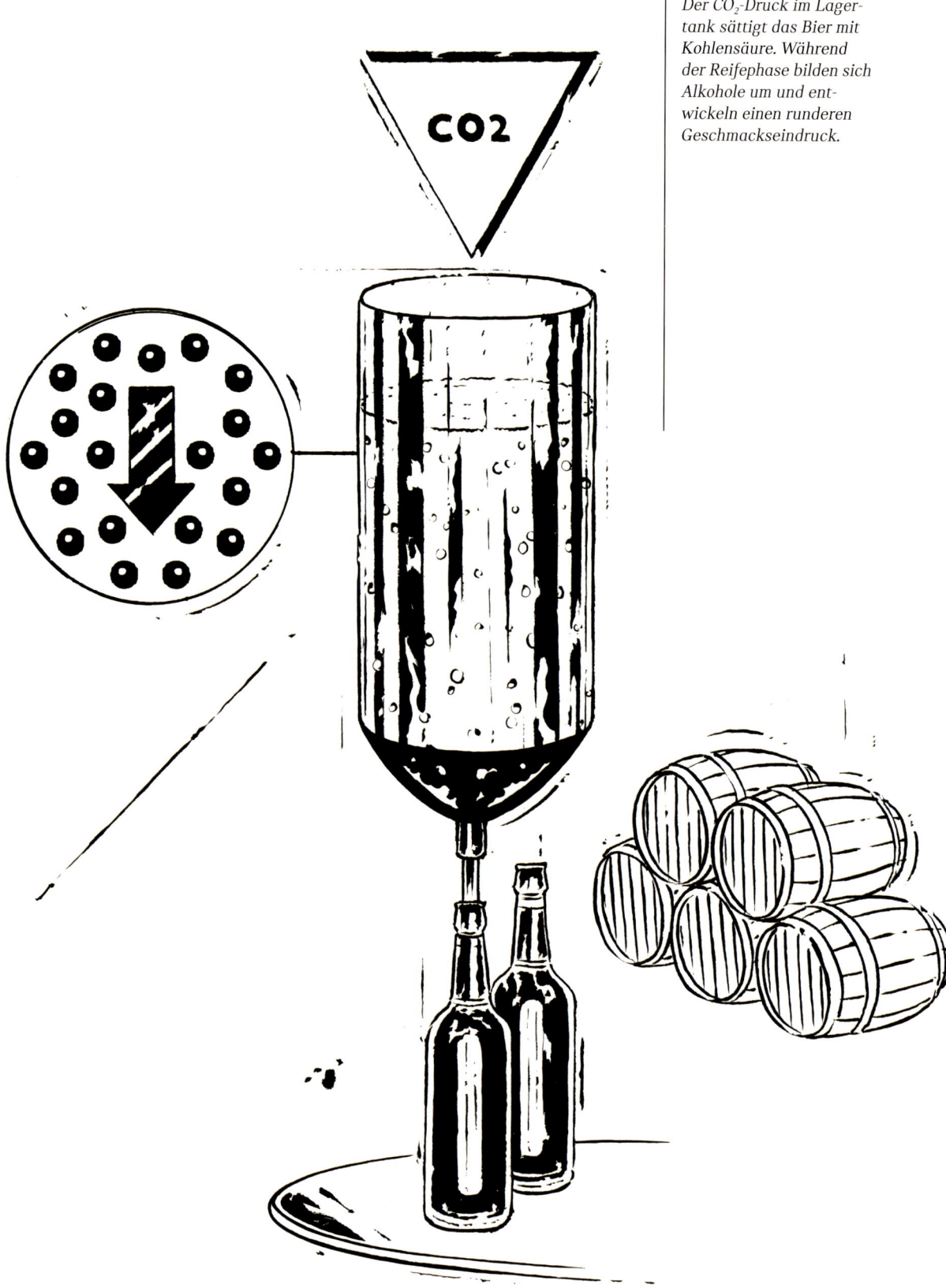

*Der CO₂-Druck im Lager-
tank sättigt das Bier mit
Kohlensäure. Während
der Reifephase bilden sich
Alkohole um und ent-
wickeln einen runderen
Geschmackseindruck.*

7

LAGERUNG

Nach der Hauptgärung erfolgt die Lagerung und Reifung des Bieres. Die untergärigen Biere reifen in Lagertanks bei null Grad Celsius. Die Reifung von obergärigem Bier erfolgt erst warm bei 15 bis 20 Grad Celsius, danach noch etwa zehn bis zwölf Tage lang bei kühleren Temperaturen um 10 Grad. Vollbiere wie Pils oder India Pale Ale reifen rund vier Wochen, Starkbiere länger.

Während der Reifephase gärt die Hefe nach, manchmal wird sie dazu durch Aufkräusen extra angeregt. Darunter versteht man jetzt die Zugabe von zuckerhaltigem Jungbier oder Würze. Dabei produziert die Hefe erneut Alkohol und Kohlensäure, die sich nun aufgrund der niedrigeren Temperaturen im Bier gut binden kann. Die Sättigung mit Kohlensäure wird durch den CO_2-Druck im Lagertank begünstigt. Das wirkt sich wohltuend auf die Spritzigkeit aus. Zudem bilden sich während der Reifephase die Alkohole um, sie reifen zu einem runderen Geschmackseindruck heran.

Überdies sinken während der Nachgärung verbliebene Hefezellen nach unten (auch bei den obergärigen Bieren), weitere Eiweiße werden ausgefällt. Dies trägt zur Reinheit und Stabilität des Bieres bei.

Erst nach der Lagerung wird abgefüllt. Manche Bierstile, wie das obergärige Weizenbier, reifen in der Flasche nach. Dazu wird etwas „Speise" für die Hefe in Form von Vorderwürze oder Jungbier (Kräusen) hinzugegeben. Da sich bei der Flaschengärung die Kohlensäure in dem kleinen Gebinde besonders dicht anreichert, bieten flaschengereifte Biere ein moussierendes Mundgefühl und manchmal gar überschäumendes Temperament.

DIY → AMERICAN PALE ALE → LAGERUNG
Jungbier unter Zugabe der Hopfensorten Cascade und Simcoe (Pellets oder Dolden) in einem Fass reifen lassen. Ein bis zwei Wochen liegt das Bier auf dem Hopfen, bevor es nach dem Zufügen von Glukose in Flaschen abgefüllt wird. Kalt stellen und dann: prost!

STILKUNDE

DER GESCHMACK ZÄHLT

„Ein Bier, bitte!" – In der überwiegenden Zahl der Lokale wird sogleich und ohne nachzufragen serviert, was aus dem Hahn kommt. Da es sich weltweit meist um helle Lagerbiere handelt, gibt es keine Überraschung. Blond, schlank, ausgewogene Hopfen-Malz-Balance, bitter, aber bloß nicht zu sehr – so schmeckt Bier, da ist man sich einig.

Immer öfter kann es aber passieren, dass man in eine Bar gerät mit zig Zapfhahnen am Tresen. Die Frage „Was darf's denn sein?" lässt den Neuling minutenlang geheimnisvolle Kürzel auf der handgeschriebenen Tafel buchstabieren: ASB, BA Stout, ESB, IPA, IPL*. Das Schöne ist: Durch dieses ABC kann man sich durchprobieren. Alles fließt. Die Bierkarte wechselt stetig. Nachschub gibt es genug, aber immer anders: Neue Brauer bringen zahlreiche Kreationen heraus – manche davon nur als einmaligen Sondersud.

Dabei sind sie nicht mehr auf das beschränkt, was ihre Region hergibt. Sie beziehen Spezialmalze aus Bamberg, Hopfenneuzüchtungen aus dem neuseeländischen Nelson und Pale-Ale-Hefe aus San Diego. Und sie lassen sich von den Bierstilen der Welt inspirieren: Belgier brauen Imperial Porter, Österreicher Barley Wine, Amerikaner Berliner Weiße, Engländer Saison. Mit Lust werden Kategorien gesprengt, vermischt oder ganz verworfen. Doch auch die entgrenzte Bierwelt braucht eine Landkarte. Bierstile weisen den Weg.

Bierstile reflektieren die zeitliche und geografische Herkunft. Sie verändern sich bedingt durch die technischen und logistischen Möglichkeiten, immer in Resonanz mit den Konsumenten und beeinflusst durch den Zeitgeist. Das Pils, die Ikone der Lagerbierrevolution, wurde vor 150 Jahren ein Hit – befördert durch die Erfindung der hellen Malze und der Kältemaschine für die erforderliche kalte Gärung und begünstigt durch den steigenden Durst der wachsenden Bevölkerung im Zeitalter der Industrialisierung. Fast alle Bierstile, wie wir sie heute kennen, wurden von der Wucht des Pilsener Urknalls ergriffen und verändert.

Die meisten der hier vorgestellten ausgewählten Sorten entstammen den großen klassischen Bierkulturen Englands, Belgiens und Deutschlands. Es sind aber auch neue Stile dabei, die die Craft-Bier-

Top Hops

Bewegung hervorgebracht hat. In diesem Buch sind sie nicht nach ihren Herkunftsländern geordnet, auch nicht nach der Hefeart („obergärig" usw.), sondern nach dem, was in der entgrenzten Bierwelt am meisten zählt: dem Geschmack.

Die Berlin Beer Academy hat fünf Kategorien entwickelt, die Craft-Bier-Reisenden den Weg weisen: „hopfenbetont" (bitter, grasig oder blumig – hier dominieren die ätherischen Öle und Harzstoffe der grünen Dolde); „malzbetont" (von biskuitartig und nussig bis hin zum Geschmack von Trockenfrüchten und Bitterschokolade); „röstaromatisch" (trockener, aber samtiger Charakter durch scharf geröstete Malze); „hefearomatisch" (mit fruchtigen oder würzigen Aromen von der obergärigen Hefe); „sauer" (spritzig und fruchtig dank wilder Hefen und anderer Mikroorganismen). „New Styles", eine sechste Kategorie, fasst die meist komplexen Entwicklungen der vergangenen zwei Jahrzehnte zusammen.

Dazu gibt es Angaben zur Intensität: „Erfrischend" sind gut trinkbare Biere, die auch den Durst löschen können. „Intensiv-harmonisch" bezeichnet solche Sorten, die viel Geschmack angenehm ausbalanciert ins Glas bringen, meist mit höherem Alkoholgehalt, und „vielschichtig-fordernd" beschreibt faszinierende Stile, die viel zu bieten haben, aber nicht unbedingt auf den ersten Schluck gefallen. Man muss sie erkunden, sich eintrinken, sie erobern. Vielschichtig-fordernde Biere können auch erfrischend sein, sie haben nicht unbedingt einen hohen Alkoholgehalt.

Ein Bierstil umfasst neben Historie und Herkunft immer auch eine Reihe technischer Angaben. Diese Stilkunde fokussiert sich auf die Brauart und den Alkoholgehalt. Die Angaben in Volumenprozent geben eine grobe Vorstellung davon, in welchem Bereich sich der Bierstil ansiedelt. Außerdem gehören Kostnotizen, Speisenempfehlungen, Trinktemperatur, Glaswahl und Referenzbiere zu den Beschreibungen.

ASB = American Special Bitter, BA Stout = Barrel Aged Stout, ESB = Extra Special Bitter, IPA = India Pale Ale, IPL = India Pale Lager.

HOPFENBETONT

PILSENER

Die Erfindung des Pilseners war bahnbrechend für den weltweiten Siegeszug des hellen Lagers. Sie ging aus der untergärigen bayerischen Brauart hervor, hatte 1842 ihren Ursprung in der böhmischen Stadt Pilsen (Plzeň), wurde in Deutschland perfektioniert und im Rest der Welt verwässert. So kann man heute zwischen dem böhmischen Pilsener, dem deutschen Pils und den internationalen hellen Lagerbieren unterscheiden. Letztere werden oft unter Zusatz von Mais, Reis oder anderem billigen Getreide gebraut. Das macht die Farbe blasser, den Körper leichter und das Geschmacksprofil flacher. Einige dieser Biere sind sauber gebraut und erfrischend, bieten aber wenig Tiefgang. Doch gibt es immer noch charaktervolle klassische Interpretationen. Man erkennt sie schon am Duft: kräuterige Heuwiese, liebliche Rosen oder herbe Geranien, erdige Töne und nicht selten ein Spritzer Zitrone. Insgesamt ein gradliniges, schlankes Bier, das seinen Charakter, elegant oder forsch, dem pfleglichen Umgang mit Hopfen verdankt. Typischerweise mit deutschen oder tschechischen Hopfensorten gebraut wie Tettnanger, Spalter Select, Hallertauer Perle oder Saazer.

Im Hopfen liegt auch das Innovationspotenzial. Etwa die Neuzüchtung Triple Pearl aus den USA: Sie bewahrt den kräuterig-erdigen Charakter, tritt jedoch aromatisch selbstbewusster auf. Auch neue Hopfentechniken wie die Kalthopfung liefern spannende aromatische Erweiterungen. Der Verzicht auf moderne Filtrationstechniken zugunsten einer Sedimentation von Schwebstoffen während der langen kalten Reifung oder gar eine Reifephase in Holzfässern wie vor hundert Jahren sind Experimente, die an altes Brauhandwerk anschließen.

Das Pils norddeutscher Brauart zeichnet sich durch eine starke, klare Bittere aus, die ohne Hopfenaromen auskommt – oftmals wird lediglich Bitterhopfen verwendet. Das böhmische Pils ist vollmundiger und ausgewogener, wirkt – nicht zuletzt dank des typischen Sahnebonbonaromas – cremiger und süßer als das deutsche.

KOSTNOTIZEN Das blonde Untergärige duftet nach Hopfen: kräuterig, blumig oder erdig, oft mit frischer Zitrusnote. Der Antrunk ist trocken, der Körper schlank und durchtrainiert mit zurückhaltenden getreidigen Malzaromen, die der Hopfenaromatik den Vortritt lassen. Feinperliges Mundgefühl. Die Bittere dominiert und geleitet den Trunk in ein feinsinniges, langes Finale.

KULINARIK Idealer Durstlöscher und Aperitif. Pilsener passen zu leichten Speisen. Ihre Bittere harmoniert mit grünen Blattsalaten mit Vinaigrette. Schafs- und Ziegenkäse betonen die Kräuterigkeit. Helle Fischsorten wie Forelle, Zander oder Hecht, gegrillt oder gedünstet, passen besonders gut, wenn sie mit Kräutern angerichtet sind. Je ausgeprägter ihre Bittere, desto besser vertragen sich Pilsbiere mit scharfen Speisen wie beispielsweise indischen Currys.

HERKUNFT	/ Pilsen, Böhmen
CHARAKTER	/ erfrischend
ALKOHOLGEHALT	/ 4,5 – 5 Vol.-%, untergärig
TRINKTEMPERATUR	/ 6 – 8 °C
GLASWAHL	/ schlanke Tulpe, Champagnerglas
REFERENZBIERE	/ Schönramer, Alpirsbacher, Flensburger, Birrificio Italiano „Tipopils", Victory „Prima Pils"

KELLERBIER

In Franken wird Kellerbier bis heute direkt aus den Lager-tanks im Felsenkeller ausgeschenkt und im Biergarten, der sich meist über dem Keller befindet, getrunken. Weil das Bier unfiltriert ist, ergänzen Aromen aus den Hefepartikeln das Ge-schmacksprofil. Zudem reift es „ungespundet", also drucklos, und weist deshalb wenig Kohlensäure und Schaum auf.

In den 1990er-Jahren wurden zunehmend auch ungefilterte Lagerbiere in Flaschen abgefüllt, viele Verbraucher empfan-den die Trübung nicht mehr als Manko, sondern als Beweis für unverfälschte Qualität. Seitdem sind Produkte mit der Be-zeichnung „Kellerbier" auf dem Markt.

KOSTNOTIZEN Inzwischen kann man die meisten Keller-biere auf einen Nenner bringen: Es ist ein goldenes bis bronze-farbenes Lagerbier mit Schwebstoffen und einem schmei-chelnden Mundgefühl. Meist hat es deutlich mehr Kohlensäure als die ursprünglichen Biere aus dem Felsenkeller.

KULINARIK Kellerbiere passen gut zu rustikalen kalten Platten, Eiergerichten, Geflügel und Süßwasserfischen wie Karpfen und Forelle.

HERKUNFT / Franken, Deutschland	
CHARAKTER / erfrischend	
ALKOHOLGEHALT / 4,5–5,5 Vol.-%, meist untergärig	
TRINKTEMPERATUR / 7–10 ℃	
GLASWAHL / Weißweinkelch oder Willibecher, traditionell im Steinkrug	
REFERENZBIERE / Störtebeker, Riegele, Pyraser, Mahrs „A U"	

KÖLSCH

Ein echtes Kölsch ist golden, obergärig, hopfig, klar. Es kommt ausschließlich aus Kölner Brauereien und in zylinderförmigen 0,2-Liter-Stangen auf den Tisch – so hat es die Kölner Brau-er-Kooperation 1986 in der „Kölsch-Konvention" fixiert. Die Vereinigung, die ihre Gründung auf das Jahr 1396 zurückführt, legte sich damit auf eine Stil- und Herkunftsbestimmung fest, die sich seit dem späten 19. Jahrhundert durchgesetzt hat. Denn als damals die hellen untergärigen Biere beliebt wurden, richteten sich die Kölner ebenfalls auf diese neuen Merkmale aus, blieben aber beim Obergärigen. Kölsch, gebraut aus Pil-sener Malz und ein wenig Weizenmalz, schlägt die Brücke vom Pils zu den Ales der Craft-Bier-Bewegung. Unfiltriert wird es „Wieß" genannt.

KOSTNOTIZEN Glanzfein, strohgelb bis golden, feiner weißer Schaum. Kölsch riecht frisch und leicht hopfig, zurück-haltend flankiert von getreideartigen Malznoten und einem Hauch fruchtiger Heferaromatik. Der Trunk ist weich, schlank und trocken mit angenehmer Grundbittere. Feinsinnig bitte-res Finale mit leichtem Säurespiel.

KULINARIK Idealer Durstlöscher. Unaufdringlicher Beglei-ter zu leichten Salaten, Meeresfrüchten und Eierspeisen, köst-lich auch zum süßsäuerlichen kölnischen „Himmel und Äd": Gericht mit Blutwurst, Kartoffelbrei, Apfelmus.

HERKUNFT / Köln, Deutschland	
CHARAKTER / erfrischend	
ALKOHOLGEHALT / 4,5–5,5 Vol.-%, obergärig	
TRINKTEMPERATUR / 6–8 ℃	
GLASWAHL / Kölsch-Stange oder Sektglas	
REFERENZBIERE / Reissdorf, Gaffel, Päffgen, Malzmühle „Mühlenkölsch", Urban Chestnut „Bap Kolsch", Thornbridge „Tzara"	

INDIA PALE ALE

Der Rockstar der Szene: Fast jeder Craft-Brauer führt (mindestens) ein India Pale Ale im Sortiment. Weltweit ist dies der meistgetrunkene Craft-Bier-Stil. Das extrem gehopfte, extrem bittere und extrem aromatische IPA weist dem Biergeschmack die neue Richtung. Dabei ist es ein Vierteljahrtausend alt: In der zweiten Hälfte des 18. Jahrhunderts ist es in England aus hellem Oktoberbier hervorgegangen. Das waren Starkbiere, die im Oktober und November aus hellem Malz und frisch geerntetem Hopfen eingebraut und bis zu einem Jahr in Holzfässern gelagert wurden („pale" bedeutete damals: nicht so dunkel wie die braunen Ales – siehe American Pale Ale). Die Londoner Brauerei Hodgson verschiffte neben Porter auch Pale Ale in verschiedenen alkoholischen Stärken nach Indien. Das Pale Ale in der Oktoberbiervariante kam am besten an – auch weil es so gut haltbar war. Brauereien aus Burton-upon-Trent, darunter Bass, die später ebenfalls für die Kolonialbeamten brauten, übertrumpften das Londoner Vorbild bald – dem Wasser sei Dank: Die traditionsreiche Brauerstadt verfügt über hartes, sulfathaltiges Wasser, das der Bittere eine erfrischende mineralische Note verleiht.

Erst Anfang des 19. Jahrhunderts taucht der Begriff „India Pale Ale" auf. Bald wurde es auch in England selbst immens populär, angespornt durch Indienheimkehrer. Burton-upon-Trent avancierte zum weltweit größten Brauzentrum, Bass zur größten Brauerei. Auch im Nordosten der USA, in Kanada und Australien wurden India Pale Ales nach Burton-Vorbild gebraut. Der Einfluss der Abstinenzbewegung mit immer höheren Steuern auf Starkbiere verdrängte India Pale Ale zugunsten leichterer Lagerbiere. Die amerikanische Craft-Bier-Bewegung hat diesen Stil in den 1980er-Jahren wiederbelebt, manche Veteranen waren von der Erinnerung an Ballantine IPA inspiriert, das bis in die 1970er überlebt hatte. IPAs sind aus Gerstenmalz gebraut, unfiltriert und kaltgehopft. Während das Burton-Original mit der englischen Hopfensorte East Kent Goldings gewürzt und bis zu einem Jahr in Holzfässern gelagert wurde, entdeckten die US-Brauer der 80er Jahre die damals neue zitrusfruchtige Hopfensorte Cascade, die vor allem im frischen Bier eine höchst aromatische Wirkung hat.

KOSTNOTIZEN Orange bis kupferfarben, leichte Trübung, beige Schaumschicht – opulentes Bouquet, das je nach Hopfung zitrusartige, exotisch-fruchtige oder pinienartige Noten zeigt. Süßer Antrunk, gefolgt von enormer Bittere, die der karamell- oder toastartige Malzkörper gut ausbalanciert. Hopfenaromen runden den Bittereindruck ebenfalls ab. Langes, bitter-aromatisches Finish.

KULINARIK IPAs passen zu pikanten Speisen wie Currys, Pfeffersteaks, Chili con Carne sowie zu Bitterschokolade und gereiftem Bergkäse aus Rohmilch.

DOUBLE, BELGIAN, BLACK, SESSION

Die Lust auf Hopfen verlangt nach mehr. Amerikanische Craft-Brauer produzieren seit den 90er Jahren India-Pale-Ale-Varianten, die bitterer und alkoholisch stärker sind, genannt Imperial oder Double IPAs. Auf die Vorgänger „IIPA" von Rogue Ales sowie „Blind Pig Inaugural Ale" und das wohl am meisten verehrte Double IPA „Pliny the Elder", beide von Vinnie Cilurzo, folgten so bekannte Biere wie Stone „Ruination IPA", Dogfish Head „90-minute IPA", Firestone Walker „Double Jack" oder Sierra Nevada „Torpedo IPA". Eine weitere Spielart des Stils sind Belgian IPAs, bei denen das fulminante Hopfenbouquet durch fruchtig-würzige Aromen belgischer Hefe ergänzt wird. Bekannt sind Urthel „Hop-It", De Ranke „XX Bitter" aus Belgien und aus den USA Flying Dog „Raging Bitch", Green Flash „Le Freak" und Stone „Cali-Belgique IPA".

Tiefdunkle Versionen, genannt Black IPA oder Cascadian Dark, wie Deschutes „Hop in the Dark", Firestone Walker „Wookey Jack" oder Stone „Sublimely Self-Righteous" trinken sich wie ein hopfenbetontes India Pale Ale mit Anklängen von Röstmalz-aromen, die den Trunk jedoch niemals dominieren.

Jüngste Entwicklungen bringen Session IPAs auf den Plan. Sie liefern kräftige Bittere und hopfige Aromatik bei geringerem Alkoholgehalt.

AMERICAN PALE ALE

Pale Ales wurden im 18. Jahrhundert in England bekannt, nachdem die Herstellung heller Malze möglich geworden war. Das Darren über Koks ermöglichte eine bessere Temperatur-kontrolle und führte zur Entwicklung hellerer Malzsorten. Mit „pale", „bleich", bezeichnete man alle Biere, die nicht so dunkel waren wie die bis dahin alternativlosen braunen Biere. Der erste definierte Bierstil, der sich um 1800 aus der großen Riege der Pale Ales entwickelte, war das India Pale Ale.

Prototyp des amerikanischen Pale Ale ist das Sierra Nevada Pale Ale, das 1981 lanciert wurde und zu den ersten Bieren ge-hört, die mit der Hopfensorte Cascade kaltgehopft wurden. Die daraus resultierende grapefruitartige, harzige Bittere prägte den West-Coast-Stil und wurde bald zum Markenzeichen der amerikanischen Craft-Biere überhaupt. Heute ist das Sierra Nevada Pale Ale das meistverkaufte Pale Ale in den USA. Ins-gesamt ist Pale Ale leichter und weniger bitter als die ameri-kanischen India Pale Ales und deshalb ein guter Durstlöscher und geschmackvolles Partybier.

KOSTNOTIZEN Angenehmes Bouquet von Zitrus- und exo-tischen Früchten, süßer Antrunk. Karamell- oder toastartige Malznoten puffern die selbstbewusste Bittere ab, die, flankiert von fruchtig-harzigen Noten, in ein langes Finish gleitet.

KULINARIK Genau wie die große Schwester India Pale Ale sind die Amercian Pale Ales hervorragende Begleiter zu kräftig gewürzten Speisen: Grillfleisch, pikante Würste wie Chorizo, Gerichte mit Knoblauch und Frühlingszwiebeln.

INDIA PALE ALE	
HERKUNFT / England	
CHARAKTER / intensiv bis fordernd	
ALKOHOLGEHALT / 5,5–7,5 Vol.-%, obergärig	
TRINKTEMPERATUR / 9–12 °C	
GLASWAHL / Bordeauxglas, Tulpenkelch (hoch, nicht zu eng)	
REFERENZBIERE / Odell, Founders „Centennial IPA", Ballast Point „Sculpin IPA", Sierra Nevada „Celebration Ale", Anchor „Liberty Ale"	

AMERICAN PALE ALE	
HERKUNFT / USA	
CHARAKTER / erfrischend	
ALKOHOLGEHALT / 4,5–5,5 Vol.-%, obergärig	
TRINKTEMPERATUR / 6–8 °C	
GLASWAHL / schlanker Kelch, Weißweinglas	
REFERENZBIERE / Sierra Nevada, Stone, Firestone	

ALTBIER

Altbier gibt es heute noch am Niederrhein. Das Epizentrum ist Düsseldorf, wo vier Hausbrauereien dieses Obergärige anbieten. Auch aus Münster und Hannover kennt man Alt-Varianten. Der Ursprung reicht zurück ins Spätmittelalter, als norddeutsche Weizenbiere große Beliebtheit erlangten und zu den lukrativen Handelswaren der Hanse avancierten. Die Popularität endete mit dem Siegeszug der untergärigen Brauart im 19. Jahrhundert. „Alt" bezeichnet somit die Brauart, die vor der modernen Lagerbierproduktion praktiziert wurde. Altbiere werden aus dunklem Gerstenmalz sowie Weizenmalz gebraut. Die Gärtemperaturen sind für die obergärige Brauart ungewöhnlich kühl, dadurch werden weniger Hefearomen produziert. Der typische Alt-Charakter ist kernig und vereint malzige und hopfenbittere Noten. Insbesondere kaltgehopfte Starkbiervarianten wie die Uerige Sticke und Doppelsticke stoßen in der Craft-Bier-Bewegung auf Resonanz.

KOSTNOTIZEN Im Glas klar, kupferfarben, mit feinem Schaum. In der Nase dezente Noten von Toast, Brotrinde, kräuterartige Hopfenaromen, fruchtige Momente von der Hefe. Der Trunk ist kernig, geprägt von dunklen Malzen sowie gestützt von deutlicher Bittere. Mittlerer Körper, malzaromatisches Finish.

KULINARIK Anspruchsvolles Getränk für eine gesellige Runde. Starker Begleiter zu Eisbein, Haxe, grober Bratwurst mit Senf. Gut zu Gegrilltem wie Lachs, Schaschlik, Hochrippe und zu Teigwaren wie Salamipizza, Flammkuchen, Croque.

HERKUNFT / Düsseldorf, Deutschland
CHARAKTER / erfrischend
ALKOHOLGEHALT / 4,5–5 Vol.-%, obergärig
TRINKTEMPERATUR / 6–8 °C
GLASWAHL / Weißweinkelch, traditionell Altbierbecher
REFERENZBIERE / Uerige, Schumacher, Füchschen, Schlüssel, Union Craft „Balt Altbier"

EXTRA SPECIAL BITTER

Auf der ganzen Welt bezeichnet ESB einen Bierstil nach dem englischen Vorbild, nur in England selbst wacht Fuller's über die Namensrechte. Die Brauerei hat das Bier 1969 zuerst als Winterbier herausgebracht, bevor es zwei Jahre später als Extra Special Bitter ins Sortiment aufgenommen wurde. Es wird aus hellem Malz, Kristallmalz und Maisflocken gebraut, mit vier Hopfensorten gewürzt, darunter Goldings für den Kaltauszug. Im Geschmack zeigt es eine interessante Entwicklung von fruchtigen Malznoten bis zu selbstbewusster Bittere, die das Regiment im Haupttrunk übernimmt. Aufgrund des langen bitteren Finishs kann das Bier als hopfenbetont empfunden werden. Ebenso legitim ist es, sich bei diesem Bier auf die wundervolle Malznote zu beziehen. Craft-Brauer verwenden statt der englischen Hopfensorten gern neue, fruchtigere Sorten.

KOSTNOTIZEN Leuchtender Kupferton, klar, sahniger Schaum. Die Nase freut sich an Aromen von Apfelsine, Pfeffer und Karamell. Trockener Antrunk mit Biskuit und toastartigen Momenten, Bitterorange und Pinie. Saubere Hopfenbittere setzt im Haupttrunk ein, pinienartiges, bitteres Finish.

KULINARIK Anspruchsvolles Getränk für einen Abend mit Freunden. Versierter Begleiter zu Schweinsbraten, Grillhähnchen, Pilzgerichten sowie zum süßen Fleisch von Schalentieren wie Krebsen, Hummer oder Jakobsmuscheln.

HERKUNFT / England
CHARAKTER / erfrischend
ALKOHOLGEHALT / 4,5–6,5 Vol.-%, obergärig
TRINKTEMPERATUR / 7–10 °C
GLASWAHL / Bordeauxglas, Pint
REFERENZBIERE / Fuller's „ESB", Left Hand „Sawtooth Ale", Magic Hat „Wooly"

SPÉCIALE/ BELGIAN PALE ALE

In Belgien trifft oft alles aufeinander: Seit dem späten 19. Jahrhundert wurden dort englische Pale Ales beliebt, zugleich schwappte von Deutschland aus die Pilsener-Welle übers Land. Auf diese Einflüsse antworteten die Belgier mit der gezielten Entwicklung eines nationalen Bierstils, Professoren und Brauer beteiligten sich am Wettbewerb. Gekürt wurde 1905 ein Stil, der heller und klarer im Glas leuchtete als die bis dahin üblichen dunklen, naturtrüben Ales und in seiner Struktur ähnlich schlank und gradlinig mundete wie die neuen angesagten Lagerbiere. Spéciale oder Belgian Pale Ale wird rein aus Gerstenmalz eingebraut, gehopft mit Nobelsorten wie Saaz oder Styrian Goldings und obergärig fermentiert und filtriert. Typisch für das subtile Aromengefüge: Malz dominiert, Hopfen und Hefe setzen Akzente.

KOSTNOTIZEN Ein Spéciale duftet malzaromatisch-fruchtig. Kräuterige Momente vom Hopfen und phenolische Gewürze von der Hefe gesellen sich dezent hinzu. Weicher Antrunk, feinperlige Textur. Toast- und biskuitartige Malzaromen werden von klarer, aromatischer Bittere und fruchtigen Hefenoten flankiert. Feinsinniges bitteres Finish.

KULINARIK Im Trunk bleiben würzige und kräuterige Aromen bescheiden, kombiniert mit Speisen bringen sie den Kick: ideal zu Lammfleisch, Grillhähnchen, hellen Fischsorten, die mit Kräutern, Oliven oder Pilzen zubereitet sind. Gut auch zu Kohleintöpfen oder Sauerkraut mit Kümmel und aromatischer Bratwurst.

HERKUNFT /	Belgien
CHARAKTER /	erfrischend
ALKOHOLGEHALT /	4,5–5,5 Vol.-%, obergärig
TRINKTEMPERATUR /	6–8 °C
GLASWAHL /	Weißweinglas, traditionell Pokal
REFERENZBIERE /	Palm, De Ryck, De Koninck, New Belgium „Fat Tire"

DUBBEL

Braun waren, bis zur Einführung heller Malzsorten, die meisten Biere. Auch in Belgien. Die Bezeichnungen Dubbel und Tripel stammen daher, dass belgische Brauer ihre Fässer mit „xx" oder „xxx" kennzeichneten, je nach Alkoholgehalt des Inhaltes. Dass sich daraus definierte Bierstile entwickelten, ist den Pionieren aus der Trappistenbrauerei Westmalle zu verdanken. Die lancierte 1926 das „Dubbel Bruin", ein rotbraunes Obergäriges, das mit hellen Malzsorten und dunklem Zuckersirup hergestellt ist. Dem Zuckersirup verdankt es Aromen von gebranntem Zucker und Trockenfrüchten sowie die dunkle Farbe. Alle Dubbels sind obergärig, malzbetont mit trockenem Finish. Dank Flaschengärung moussieren sie angenehm. Einige Versionen sind filtriert und verzichten auf Flaschengärung.

KOSTNOTIZEN Kastanien- bis schokoladenbraun, leichte Trübung, beiger Schaum. Die Nase ist malzaromatisch mit Anklängen von Toffee, Trockenfrüchten, Kakao und Toast. Momente von fruchtigen Hefenoten, bisweilen erdig oder phenolisch. Der Antrunk ist süßlich, gut getrimmter malzaromatischer Körper, harmonisch begleitet von Hefe- und Hopfennoten, dezente Bitterkeit, moussierendes Mundgefühl, trockenes, elegant bitteres Finish.

KULINARIK Dubbel schmeckt zu Wildgerichten oder kräuterigem Lammfleisch, gebackenem und gebratenem Fisch wie Tintenfisch, Jakobsmuscheln oder Sardinen.

HERKUNFT /	Provinz Antwerpen, Belgien
CHARAKTER /	intensiv-harmonisch
ALKOHOLGEHALT /	6–8 Vol.-%, obergärig
TRINKTEMPERATUR /	9–12 °C
GLASWAHL /	Pokal oder Burgunderglas
REFERENZBIERE /	Westmalle, St. Bernardus „Pater 6", Russian River „Benediction", Allagash „Double"

MALZBETONT

BROWN ALE

Als im 18. Jahrhundert die Pale Ales in England aufkamen, konnte das Brown Ale zwar der Welle trotzen, veränderte jedoch seine Rezeptur. Es wird seitdem ebenfalls mit hellem Pale-Ale-Malz gebraut und unter Zugabe von Spezialmalzen wie dunklem Malz sowie Karamell- und Kristallmalz, die eine rotbraune Färbung und den typischen Geschmack einbringen. Englische Brown Ales sind mild und leicht. Sie liegen im Alkoholgehalt unter 5 Vol.-%. Vom Porter unterscheidet sich dieser Stil dadurch, dass die Röstaromatik nur hintergründig auftritt und den weicheren Karamell-, Toast-, Toffee- und Trockenfruchtaromen die Bühne überlässt. Auch Hopfenbittere und -aroma spielen nur eine Nebenrolle, wenn auch eine köstliche. Die Brown Ales der amerikanischen Craft-Brauer sind kräftiger und oftmals kaltgehopft.

KOSTNOTIZEN Kupferfarben bis mahagonifarben, mit beigefarbenem Schaum. Reiche Malzaromatik von Toffee, Toast, Nuss und Trockenfrüchten. Süßlicher Antrunk, mittlerer Körper, unterstützende Hopfenbittere, die das Bier in ein mildes, trockenes Finale führt.

KULINARIK Geschmortes oder gegrilltes Fleisch und Gemüse. Köstlicher Kontrast zu Meeresfrüchten und Eiergerichten wie zum Beispiel gebackenen Austern mit Omelett. Fantastisch zu Sahneeis mit Nüssen, Mandeln, Karamell. Gut mit englischen Pies.

HERKUNFT / England		
CHARAKTER / erfrischend		
ALKOHOLGEHALT / 4–5,5 Vol.-%, obergärig		
TRINKTEMPERATUR / 8–12 °C		
GLASWAHL / Burgunderkelch, traditionell Pint		
REFERENZBIERE / Smuttynose „Old Brown Dog Ale", Samuel Adams, Newcastle		

MALZBETONT

SCOTCH ALE

Die Schotten, sagt man, schauen aufs Geld, und tatsächlich folgen ihre Ale-Varianten einer Nomenklatur, die durch das Steuersystem bestimmt war. Der alkoholischen Stärke und dem Abgabesatz nach nennen sie sich 60-Shilling, 70- oder 90-Shilling. Die Variante zu 160 Shilling wurde als „wee heavy", „ziemlich heftig", bezeichnet. Jenseits dieser Aufschlüsselung laufen die stärkeren Varianten auch einfach unter „Scotch Ale", die leichteren unter „Scottish Ale". Bei allen macht das Malz die Musik. Verwendet werden Karamell- und Pale-Ale-Malze sowie geröstete Gerste. Letztere verleiht dem Bier eine trockene Textur und dezente Röstaromen. Typischerweise spielen fruchtige Ester in diesem Bier keine große Rolle. Aufgrund der kühlen Gärtemperaturen in Schottland konnten sich solche Aromen nicht bilden. Nicht selten wurde in Schottland mit Blumen oder Kräutern gewürzt: Heidekraut ist ein prominentes Beispiel.

KOSTNOTIZEN Dunkles Bernstein bis kastanienbraun, cremefarbener Schaum. Weiche Toffee- und Toastaromatik mit einem Anflug von Röstaromen, trockener Antrunk und Textur, mittlerer Körper mit weichen Malzaromen im Vordergrund. Mildes Finale.

KULINARIK Gegrillter Fisch, Brathähnchen, Pizza, Croques, Pies, fruchtige Käsesorten wie Gouda oder Butterkäse. Guter Genusstrunk für kühle Abende.

HERKUNFT / Schottland		
CHARAKTER / intensiv-harmonisch		
ALKOHOLGEHALT / 6–10 Vol.-%, obergärig		
TRINKTEMPERATUR / 8–12 °C		
GLASWAHL / Burgunderkelch, traditionell Pint		
REFERENZBIERE / Odell „90 Shilling", Oskar Blues „Old Chub", Founders „Dirty Bastard", AleSmith „Wee Heavy"		

HELLES

Wer in Bayern „ein Bier" bestellt, bekommt ein Helles – und zwar seit 120 Jahren. 1894 lancierte die Münchner Spatenbräu das Helle als Antwort auf das Pilsener. Ebenso strohgelb und leuchtend im Glas, präsentiert es einen Hauch mehr Malzaromatik, wirkt dadurch runder und lieblicher als das Pils. Verantwortlich dafür ist das Brauwasser: Die Münchner Brauer haben es mit kalkhaltigeren Qualitäten zu tun, die aus dem Malz mehr Stoffe lösen und die Biere voller wirken lassen. Einige Craft-Brauer fühlen sich herausgefordert, den schlichten Charakter mit Aromahopfen zu veredeln: Das „Hells Lager" der Londoner Camden-Brauerei ist ein gelungener Bastard aus Hellem und Pils. Aber gerade das scheinbar einfache Helle ist bei einer Tour durch Bayern der beste Qualitätsgradmesser. Die Balance der Hopfen-Malz-Aromatik gelingt nicht jedem Brauer. Ausgewogenheit ist das Ziel. Denn vor allem ist das Helle ein guter Durstlöscher.

KOSTNOTIZEN Sonnengelb bis dunkelgold, feste weiße Schaumkrone. Duft von Biskuit, Getreide, Heu, feine kräuterige Aromen vom Hopfen. Der Antrunk leicht süßlich, cremige Textur, mittlerer Körper, gut ausbalanciert von der Bitterkeit, die sanft und aromatisch ausklingt.

KULINARIK Durstlöschend zur Brotzeitplatte mit Wurst, Käse, Radi, Schnittlauch und Senf. Köstlich zu Pizza, warmen Croques. Geheimtipp zur Erdbeertorte.

HERKUNFT / Bayern, Deutschland		
CHARAKTER / erfrischend		
ALKOHOLGEHALT / 4,5–5,5 Vol.-%, untergärig		
TRINKTEMPERATUR / 6–8 °C		
GLASWAHL / Weißweinglas, Willibecher		
REFERENZBIERE / Augustiner, Tegernseer, Schönramer, Three Floyds „Gorch Fock Helles", Cigar City „Hotter than Helles Lager"		

MÄRZEN

Wir betreten die Geschmackswelt der bernsteinfarbenen Malze: Karamell, Toast, Brotrinde, Nuss – das bayerische Märzen ist komplex, aber trotzdem angenehm leicht zu trinken. Edle Aromahopfen sorgen bei den besten Vertretern dieses Stils für eine elegante Bitternote. Der Name rührt daher, dass einst im Frühling, bevor es zu warm für die Herstellung untergäriger Biere wurde, die letzten Sude gebraut und im (Eis-) Keller eingelagert wurden. Sie mussten über die Sommermonate hin reichen. Alkohol konserviert – daher waren die Märzenbiere etwas stärker. Ihre schöne Farbe erhielten sie Mitte des 19. Jahrhunderts, als der große Erfindergeist Gabriel Sedlmayr begann, mit seinem neuen Münchner Malz zu brauen. Sedlmayrs Spaten-Brauerei war es auch, die 1871 zum Volksfest auf der Theresienwiese ihr bernsteinfarbenes, kräftiges Bier ausschenkte – als „Oktoberfestbier" brachte es das Märzen schließlich zu Weltruhm. Übrigens: In Baden-Württemberg ist ein „Märzen" meist golden wie ein Exportbier, in Österreich werden damit milde helle Lagerbiere bezeichnet.

KOSTNOTIZEN Warmer Bernsteinton, orange-rotes Funkeln. Duft von Brotrinde, Dörrobst, Honig. Trockener Antrunk, vollmundig, komplexe Malzaromatik, getragen von einer kräftigen Bittere. Langes, kräuterig-minziges Finale. Halbtrocken.

KULINARIK Perfekt zu Schweinekrustenbraten, gebackenem Karpfen, Kaiserschmarrn und den fränkischen Apfelküchla, gebackene Äpfel im Teigmantel

HERKUNFT / Bayern, Deutschland		
CHARAKTER / erfrischend		
ALKOHOLGEHALT / 4,5–6 Vol.-%, untergärig		
TRINKTEMPERATUR / 8–12 °C		
GLASWAHL / Burgunderglas, Willibecher		
REFERENZBIERE / Karmeliten „Brocardus 1844", Ayinger „Oktoberfest-Märzen", Victory „Festbier"		

RAUCHMÄRZEN

Ursprünglich waren alle Biere Rauchbiere. Das hängt mit der Malzherstellung zusammen: Bis zur Verwendung fossiler Brennstoffe wurde das Grünmalz über offenem Feuer getrocknet. Erst Mitte des 18. Jahrhunderts setzte sich von England aus das Darren über glühendem Koks durch. Das räuchert nicht, die Temperatur lässt sich besser regeln und bleibt ziemlich konstant. Dies hat den Biergeschmack grundlegend verändert. Doch manche bleiben davon unbeeindruckt: Die Schotten verbrennen weiterhin Torf für ihr Whiskymalz, und fränkische Brauer halten an der Buchenholz-Darre fest.

Zwei Bamberger Brauereien, neben Schlenkerla auch die Brauerei Spezial, haben diese Methode des Mälzens und der Bierherstellung durchgehend bis heute bewahrt. Schlenkerlas „Historischer Brauereiausschank" wurde erstmals 1405 erwähnt, liegt inmitten der von der UNESCO zum Weltkulturerbe erklärten Altstadt und gilt als Bamberger Institution. Ihr meistgetrunkenes Bier ist das Märzen. Es wird ausschließlich mit Rauchmalz hergestellt und schmeckt daher besonders vollmundig und intensiv nach Rauch. Etwas außerhalb des historischen Kerns Bambergs, aber dennoch zentral, befinden sich Brauhaus, Mälzerei und Gaststätte der Brauerei Spezial, die 1536 gegründet wurde und seit 1898 im Besitz der Familie Merz ist. Die Hauptsorte ist ein Lagerbier. Es wird aus hauseigenem Rauchmalz plus einer kleinen Schüttung Münchner Malz eingebraut. Der Rauchgeschmack ist daher mild.

Inspiriert von den Bamberger Vorbildern verwenden viele Craft-Brauer Rauchmalz – die meisten eher als Gewürz denn als Hauptzutat. Zu den bekannten Stilen mit Rauchmalz gehört das Smoked Porter, aber auch Stout, Bockbier, Weizenbock und Helles vertragen eine Schmauchspur. Interessant wird es, wenn besondere Holzsorten in der Darre verwendet werden: wie Eichenholz beim Schlenkerla „Eiche" – die Vielfalt der Hölzer lässt noch einigen Spielraum.

KOSTNOTIZEN Kupferfarben bis kastanienbraun, glanzfein, feine Schaumdecke. Das Rauchmärzen riecht nach Asche, Leder, Tabak, Honig, Dörrobst sowie Kräutern vom Hopfen. Der Antrunk ist süß, Toast, Karamell und Rauch führen zu einem mittleren Körper, unterstützende Bittere, rauchigtrockenes Finale.

KULINARIK Anspruchsvoller Genusstrunk, der sich Schluck für Schluck erschließt. Ideal zu Rinderrouladen, Hüftsteaks, Hülsenfruchtgerichten wie Bohneneintopf, Pilzpfannen. Guter Kontrast zur Süße gefüllter Zwiebeln oder Paprika.

HERKUNFT /	Bamberg, Franken, Deutschland
CHARAKTER /	vielschichtig-fordernd
ALKOHOLGEHALT /	5–6 Vol.-%, untergärig
TRINKTEMPERATUR /	8–12 °C
GLASWAHL /	Burgunderglas, traditionell Willibecher
REFERENZBIERE /	Aecht Schlenkerla, Spezial, Kundmüller „Weiherer Rauch", Surly „Smoke Lager"

BOCK UND DOPPELBOCK

Von jeher ist Bock ein Saisongetränk: Im Frühjahr gibt es mancherorts einen (meist hopfenbetonten) hellen Maibock, ansonsten ist Bock vor Oktober selten erhältlich. Name und Aroma haben mit dem Tier nichts zu tun. Der Bierstilname ist wohl eine Verballhornung von Einbeck. Das Gebräu aus diesem norddeutschen Städtchen sagte dem bayerischen Hof so sehr zu, dass man 1612 von dort einen Braumeister holte; Bockbier gilt seitdem als bayerische Spezialität. 1773 brauten Münchner Brüder des Paulanerordens ihr Bier noch kräftiger ein: Der gehaltvolle Trunk sollte in der Fastenzeit als Nahrungsersatz dienen. Damit hatten sie den Doppelbock erfunden. Bald brachten andere Brauereien eigene Doppelböcke heraus, heute stets an der Endung -ator zu erkennen. Mehr Alkohol, mehr Körper, mehr Komplexität: Bockbier ist ein guter Partner für geschmacksintensive Speisen, mit seinen rund 7 Vol.-% Alkohol aber vor allem ein wärmendes Degustationsbier.

KOSTNOTIZEN Kastanienbraun, glanzfein, dichter beiger Schaum. Die Nase erfreut sich an Trockenfrüchten, Kakao oder Bitterschokolade mit Anklängen von Aromahopfen. Der Antrunk ist süß, gefolgt von einem intensiven Malzkörper, der gut ausbalanciert ist von der Hopfenbittere. Wärmendes, harmonisches Finish.

KULINARIK Überraschend zu Süßspeisen wie Bayerische Creme oder Crème brûlée, Frankfurter Kranz, passt außerdem zu Wildgerichten und kräftigem Rinderbraten.

HERKUNFT / Norddeutschland/Bayern, Deutschland
CHARAKTER / intensiv-harmonisch
ALKOHOLGEHALT / 6,5–7,5 Vol.-%, Doppelbock bis 10 Vol.-%, untergärig
TRINKTEMPERATUR / 8–12 ℃
GLASWAHL / Burgunderglas
REFERENZBIERE / Einbecker „Ur-Bock Dunkel", Ayinger „Celebrator", Andechser, Weltenburger „Asam-Bock"

BAYERISCH DUNKEL

Es ist kein Zufall, dass sich das untergärige Brauen zuerst in Oberbayern etablierte. Dank der kalten Winter konnte man genug Eis lagern, um in der wärmeren Jahreszeit für die kühlen Temperaturen beim untergärigen Brauen zu sorgen – die Gärung bis maximal neun Grad Celsius und die lange kalte Lagerung um null Grad waren in den Eiskellern kein Problem. Aussehen und Charakter verdankt das Bayerisch Dunkle aber den Malzen, die bei höheren Temperaturen getrocknet oder gar geröstet werden und deshalb eine dunkle Farbe und röstaromatische Geschmäcke annehmen. Bis zur Einführung moderner Feuerungsanlagen gab es nur dunkle Malze – und dunkle Biere. Heute fabrizieren manche Brauereien ihr „Dunkles" aus hellem Malz und färben mit Dunkelbiersirup nach. Ein echtes Dunkles zeichnet sich jedoch durch seine Mischung aus Münchner und dunklen Spezialmalzen aus.

KOSTNOTIZEN Kastanienbraun, feurige Reflexe, dichter cremefarbener Schaum. Das Dunkel riecht nach Kakao, Toast, Karamell und Nuss mit Anklängen von kräuter- oder zitrusartigen Hopfenaromen. Der süßliche Antrunk führt zu einem mittleren Körper von weichen Röstaromen und Karamell, gestützt von aromatischer Bitterkeit, mit der das Bier sauber und elegant ausklingt.

KULINARIK Anspruchsvolles Getränk für eine gesellige Runde. Köstlich zu gegrillten Bratwürsten, Pilzgerichten, Sauerbraten, Ente und Gans mit Rotkohl und Kartoffelklößen.

HERKUNFT / Bayern, Deutschland
CHARAKTER / erfrischend
ALKOHOLGEHALT / 4,5–6 Vol.-%, untergärig
TRINKTEMPERATUR / 8–12 ℃
GLASWAHL / Burgunderglas, Willibecher
REFERENZBIERE / Schönramer „Altbayrisch Dunkel",- Weltenburger „Barock Dunkel", Ayinger „Altbairisch Dunkel", Chackanut „Dunkel"

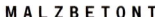

MALZBETONT

RÖSTAROMATISCH

BARLEY WINE

SCHWARZBIER

Die kommerzielle Herstellung war zu kostspielig, aber für den Adel gerade recht: Im späten 18. Jahrhundert begannen Brauereien, die englischen Adelshäusern gehörten, diese Starkbiere für die Oberschicht einzubrauen. Sie reiften bis zu einem Jahr in Holzfässern und sollten, auch wenn ihre alkoholische Stärke nicht ganz heranreichte, Wein ersetzen. Das war nötig, weil die Weinversorgung aufgrund von Konflikten mit Frankreich für längere Zeit unterbrochen war. Erst 1854 stieg die Brauerei Bass mit der kommerziellen Produktion von „Bass No. 1" ein. In der Craft-Bier-Bewegung feiert dieser Bierstil eine Renaissance, eingeläutet durch so frühe Interpretationen wie Anchor Brewings „Old Foghorn", erstmals erschienen 1975, und bald darauf Sierra Nevadas „Bigfoot", ein extrem gehopftes Starkbier. Es ist auch heute noch sehr aufwendig, Barley Wine zu brauen, braucht man doch große Mengen von allen Zutaten, viel Zeit zum Reifen und Integrieren der Geschmäcke. Daher wird dieser Bierstil oft als saisonales Produkt oder als Sonderedition lanciert.

KOSTNOTIZEN Sehr individuell je nach Rezept, aber mit Sicherheit immer mächtig, komplex und wärmend. Ein guter Barley Wine sollte ein einzigartiges Degustationsbier für besondere Momente sein. Ein Bier, das man in der Flasche unbedenklich über Jahre lagern kann.

KULINARIK Idealer Begleiter zu einem Abend, den man mit einer guten Freundin oder einem guten Freund verbringt – geprägt von Muße, Inspiration und Vertrauen.

Seinen Ursprung hat dieser Bierstil in einem kleinen Gebiet auf halbem Weg zwischen München und Berlin. Auf die Pils-Herausforderung reagierte man hier wohl konträr zum Rest der Brauwelt: Überall bemühte man sich um hellere Biere, nur in Deutschlands mittlerem Osten wurden sie dunkler – der Körper hingegen ist sogar ranker und eleganter als bei Export oder Hellem. In der DDR war Schwarzbier eine Spezialität, die sich bis an die Ostsee ausbreitete und auch in andere Ostblockstaaten exportiert wurde. In Westdeutschland ist dieser Stil seit den 1990er-Jahren schnell über den Geheimtippstatus hinausgewachsen, und auch in den USA gewinnt er Freunde. Denn das Schwarzbier erweitert die Souveränität des Pilseners um den Geschmack des Feuers.

KOSTNOTIZEN Tiefbraun und samtig mit vielfältigen Röstaromen und dennoch schlank wie ein Pils: Schwarzbier geht leichter über den Gaumen, als das Auge erwartet. Der Geschmack des dunklen untergärigen Bieres mit einem Alkoholgehalt um 5 Vol.-% erinnert an Kaffee, Kakao oder Bitterschokolade – röstig, aber nicht brandig. Den schlanken bis mittleren Körper kann eine deutliche Hopfenbittere kontrastieren.

KULINARIK Überraschend gut zu sauer eingelegten Speisen wie Gemüse, Hering, Sauerfleisch mit Röstkartoffeln. Korrespondiert auch mit Wurzelgemüse, Rindfleisch, Pilzgerichten, geräucherten Speisen und nussigen Käsesorten wie Emmentaler.

HERKUNFT / England
CHARAKTER / intensiv bis fordernd
ALKOHOLGEHALT / 8–12 Vol.-%, obergärig
TRINKTEMPERATUR / 12–16 °C
GLASWAHL / Schwenker oder Burgunderkelch
REFERENZBIERE / Fuller's „Golden Pride", Lagunitas „Olde Gnarly Wine", North Coast „Old Stock Ale" (aged)

HERKUNFT / Thüringen und Oberfranken, Deutschland
CHARAKTER / erfrischend
ALKOHOLGEHALT / 4,5–5,5 Vol.-%, untergärig
TRINKTEMPERATUR / 8–12 °C
GLASWAHL / schlanker Kelch
REFERENZBIERE / Störtebeker, Neder „Schwarze Anna", Samuel Adams „Black Lager"

PORTER

Porter sind die Vorgänger des Stouts. Sie wurden im 18. Jahrhundert in England populär und waren ursprünglich ein Mix aus dunklen Bieren: jungen und alten, sauren und starken. Porter sind obergärig und werden aus dunklen Malzsorten, Röst- und Karamellmalzen gebraut. Im Vergleich zum Stout runden sie die Röstaromatik durch Karamell, Nuss und eventuell eine Spur Rauch ab – zumeist kontrastiert vom leichten Säurespiel im Ausklang. Die Stilvariante Baltic Porter, die ihren Ursprung in den Ostseestaaten hat, ist alkoholisch etwas stärker und meistens untergärig. Robust Porter sind alkoholischer, röstaromatischer, hopfiger, bieten aber auch mehr Restsüße, um diese Wucht auszubalancieren. Porter liefern die Grundlage für viele Spielarten: Smoked Porter von Stone, Vanilla Porter von Heidenpeters, Coconut Porter von Maui, Chocolate Porter von Meantime, um nur einige Beispiele zu nennen.

KOSTNOTIZEN Opakes Kastanienbraun bis Mahagoni, sahnige, beige Schaumschicht. Vielschichtige Noten von Toast, Karamell, Kakao, Kaffee. Lieblicher Antrunk, mittlerer Körper, weiches Mundgefühl, trockenes, leicht säuerliches Finale.

KULINARIK Angenehmer Genusstrunk. Köstlich zu Gegrilltem wie Lammkoteletts, Schweinenackensteaks, Hummer, kräftig gewürztem Hähnchen. Passt zu Rindfleischeintöpfen wie Irish Stew und Pies mit Nieren oder Pilzen.

HERKUNFT	/ England
CHARAKTER	/ erfrischend bis intensiv
ALKOHOLGEHALT	/ 5–6,5 Vol.-%, in der Regel obergärig
TRINKTEMPERATUR	/ 8–12 °C
GLASWAHL	/ Bordeauxglas, traditionell Pint
REFERENZBIERE	/ Fuller's „London Porter", Odell; untergärig: Baltika „#6 Porter", Trois Mousquetaires „Porter Baltique"

IMPERIAL STOUT

Stout hoch zehn: Im späten 18. Jahrhundert stellten Londoner Porter-Brauereien dieses Starkbier für das Baltikum her. Der Name ist eine Reverenz vor Katharina der Großen: Die Zarin mochte es und ließ große Mengen davon aus England importieren. So wurde „Barclay Perkins Russian Imperial Stout" zum Prototyp dieses Stils. Das schwarze, undurchsichtige obergärige Starkbier duftet komplex nach Kaffee, Schokolade und dunklen Beerenfrüchten. Der Antrunk ist süß, der Körper mächtig und der Ausklang langanhaltend röstaromatisch. Aufgrund seiner alkoholischen Stärke und seines robusten Körperbaus ist es kein Wunder, dass dieser Bierstil zu den ersten gehörte, die im Fass ausgebaut wurden. Goose Island zählt hier zu den Pionieren. Die Chicagoer Brauerei schenkte ihr „Bourbon County Stout" erstmals 1992 aus.

KOSTNOTIZEN Tiefdunkel, undurchsichtig mit milchkaffeefarbenem Schaum. Komplexe Nase von Röstaromen, hefefruchtige und gelegentlich kräuterartige Nuancen vom Hopfen. Süßer Antrunk, komplexer Körper mit Kaffee, Schokolade, Toast und Toffee. Die Hopfenbittere bleibt unterstützend, spielt aber mit bis ins lange, röstaromatische Finish.

KULINARIK Passend als Digestif oder Fireside-Drink. Degustationsbier zu Schokolade, Zigarren und kräftigen Käsesorten wie gereiftem Cheddar und Stilton. Zum Dessert fast zu mächtig.

HERKUNFT	/ England
CHARAKTER	/ vielschichtig-fordernd
ALKOHOLGEHALT	/ 8–12 Vol.-%, obergärig
TRINKTEMPERATUR	/ 12–16 °C
GLASWAHL	/ Schwenker oder Burgunderkelch
REFERENZBIERE	/ Samuel Smith, Stone, Victory „Storm King"

RÖSTAROMATISCH

STOUT

Das Stout wird oft Irland zugeschrieben. Dabei stammt die Sorte aus England: Stout („kräftig") hieß die stärkere Version des englischen Arbeiterbiers, der Name ist die Kurzversion von Stout Porter. Dass wir diesen Bierstil mit Irland in Verbindung bringen, liegt an der großen Popularität der Marke Guinness, die die Stilvariante „Dry Stout" geprägt hat. An deren Anfang steht eine eigenwillige Rezepturänderung: Brauereigründer Arthur Guinness stellte im 18. Jahrhundert seine Produktion von Bitter Ale auf die aus England stammende, sehr beliebte Biersorte Porter um. Das obergärige, dunkelbraune bis schwarze, reichhaltig-vollmundige Bier schmeckte süßlich und hatte eine stärkende Wirkung, wie gemacht für schwer schuftende Hafenarbeiter, die Porter eben. Guinness verwendete nun jedoch statt Gerstenmalz eine ungemälzte, geröstete Gerste, weil er die Steuern sparen wollte, die auf Malz erhoben wurden. Später erhöhte er noch die Hopfengabe und somit die Bitterwerte. Die geröstete Rohfrucht, so wird unvermälztes Getreide genannt, verursacht genau das adstringierende Mundgefühl, das zusammen mit der Bittere den typischen Dry-Stout- respektive Irish-Stout-Stil ausmacht.

Es gibt ausdrucksvolle Stilvarianten: Das Oatmeal Stout wird mit einem Anteil Haferflocken eingemaischt. Die verleihen dem dunklen Bier eine dickere, cremigere Textur und volleren Schaum. Milk Stout wird unter dem Zusatz von Milchzucker gebraut, der – weil unvergärbar – eine harmonisierende Restsüße hinterlässt. Stouts bilden neben Pale Ale/India Pale Ale die zweite große Stilgruppe der Craft-Bier-Bewegung. Das opake, tiefdunkle Bier mit der weichen Röstmalzaromatik bietet eine gute Grundlage für Gewürzbiere wie Chili- oder Vanilla-Stout, Fruchtbiere wie Blaubeer-Stout oder für den Fassausbau (siehe dazu auch Imperial Stout).

KOSTNOTIZEN Tiefdunkel mit undurchdringlicher Trübung, dicke, dichte, cremige Schaumdecke. Ein Stout riecht nach Bitterschokolade und Kaffee, manchmal toastartig oder nach Sauerteig. Der Antrunk ist cremig, leicht süßlich und mündet in einen vollen röstaromatischen Körper, unterstützt von aromatischer Bittere. Langes, röstaromatisches Finish.

KULINARIK Köstlich zu Rindfleisch und Lammgerichten mit kräftigen Saucen, Creme-Desserts wie Tiramisu, Buttercremetörtchen oder Mousse au Chocolat. Himmlischer Kontrast zu frischen Austern. Passt auch zu fruchtigen Käsesorten wie gereiftem Gouda oder Cheddar.

HERKUNFT /	England
CHARAKTER /	erfrischend bis intensiv
ALKOHOLGEHALT /	4–6 Vol.-%, obergärig
TRINKTEMPERATUR /	10–14 °C
GLASWAHL /	Bordeauxglas, traditionell Pint
REFERENZBIERE /	Samuel Smith „Oatmeal Stout", Left Hand „Milk Stout", Brooklyn „Dry Stout"

WEISSBIER/
WEIZEN

Bayern ist bekannt als die Heimat der untergärigen Biere. Doch es gibt eine gewichtige Ausnahme: das Weißbier. Zeitweilig war das Brauen mit Weizenmalz dort verboten (der eigentliche Kern des sogenannten Reinheitsgebots von 1516). Dieses lukrative Recht sicherten sich dann für lange Zeit die bayerischen Herrscher. 1872 konnte mit Georg Schneider ein Bürgerlicher die Weißbräulizenz für München übernehmen. All die Jahre, in denen das untergärige Bier hoch im Kurs stand, hielten die Schneiders am Weißbier fest. Erst seit den 1980er Jahren ist dieser Stil in ganz Deutschland populär geworden, inzwischen hat fast jede Brauerei ein Weißbier im Repertoire. Es besteht zur einen Hälfte aus Gersten- und zur anderen aus Weizenmalz. Letzterer Zutat hat das Bier auch seine Spritzigkeit zu verdanken. Hopfen wird nur wenig verwendet – lediglich, um eine dezente Grundbitterkeit zu erreichen, welche die Malzsüße ausbalanciert. Hier setzen einige Craft-Brauer an und experimentieren mit mutigen Hopfengaben.

KOSTNOTIZEN Golden bis honigfarben, deutliche Trübung, mächtige cremefarbene Schaumdecke. Duft nach Banane, Birne, Nelke oder Muskatblüte, moussierende Textur, vollmundig, toastartige, karamellige Malznoten, mild-würziges Finale.

KULINARIK Ein Weißbier passt hervorragend zu leichten Salaten mit Vinaigrette, Fisch und Meeresfrüchten, Spargel, Räucherfisch, Weißschimmelkäse

HERKUNFT /	Bayern, Deutschland
CHARAKTER /	erfrischend
ALKOHOLGEHALT /	4,5–5,5 Vol.-%, obergärig
TRINKTEMPERATUR /	8–12 °C
GLASWAHL /	Burgunderglas, Weizenglas
REFERENZBIERE /	Schneider Weiße „Tap 7 – Unser Original", Unertl „Gourmet Weiße", Gutmann, Belle Gueule, Fujizakura Kogen

WEIZENBOCK

Untergärige Bockbiere gibt es schon lange, einen Weizenbock erst seit nicht viel mehr als hundert Jahren. Auf die Idee ist eine Frau gekommen, Mathilde Schneider. Sie führte die Weißbierbrauerei Schneider, nachdem ihr Mann, der Enkel des Gründers Georg Schneider, 35-jährig gestorben war. 1907 brachte sie „Aventinus", ein auf gut 8 Vol.-% eingebrautes dunkles Weißbier, heraus; neben Weizen- und Gerstenmalz werden Röstmalze verwendet. Inzwischen gibt es außer diesem Weizendoppelbock auch den Aventinus Weizen-Eisbock (12 Vol.-%) – und gelungene Interpretationen des Stils in aller Welt.
So sind neben die klassisch dunklen Weizenböcke auch helle Starkbiere auf Weißbierbasis getreten. Deren Struktur ist anders, das würzige Hefearoma tritt noch mehr in den Vordergrund. Craft-Brauer versuchen mit dezenten Hopfenklängen eine blumige Geschmacksergänzung.

KOSTNOTIZEN Farbe je nach Malzmischung, trüb, mit mächtigem Schaumkissen. Fruchtig-säuerliche Nase mit Noten vom Malzkörper. Leichte Säure im Antrunk, flauschig aufbauschendes Mundgefühl, vollmundig, ausbalanciert von fruchtig-würzigen Noten der Hefe, das trockene Finish oft geprägt von phenolischen Hefenoten.

KULINARIK Wildgerichte, Blauschimmelkäse, geräucherter Fisch, Apfelkuchen, Schokoladendesserts.

HERKUNFT /	Bayern, Deutschland
CHARAKTER /	intensiv-harmonisch
ALKOHOLGEHALT /	6,5–8,5 Vol.-%, obergärig
TRINKTEMPERATUR /	9–14 °C
GLASWAHL /	Burgunderglas
REFERENZBIERE /	Schneider Weiße „Aventinus", Plank „Heller Weizenbock", Mahrs „Der Weiße Bock"

SAISON

Bei den meisten belgischen Bierspezialitäten handelt es sich um flämische Produkte. Eine außergewöhnlich komplexe, noch dazu ländlich geprägte Sorte jedoch stammt aus der wallonischen Provinz Hennegau (Hainaut) im Südwesten Belgiens. Der Stil hat seinen Ursprung in den Sudkesseln der Bauern, die dieses Bier in den Monaten September bis März einbrauten, um es im Sommer an ihre Saisonarbeiter (Saisonniers) auszuschenken. Zusammen mit dem französischen Bière de Garde gehört das Saison zur Gruppe der „Farmhouse Ales".

Während die wallonischen Bauern vermutlich die Getreidesorten verwendeten, die sie gerade verfügbar hatten, und je nach Rohstofflage den Hopfen schon mal durch Gewürze und Kräuter ersetzten oder ergänzten, identifiziert man den heutigen Stil gemeinhin mit einem bemerkenswert trocken ausgebauten, gut gehopften und hefearomatischen Trunk. Typisch ist zudem die Flaschengärung, die dem Bier eine lebendige Perlage und cremige Textur verleiht.

Craft-Brauer entdecken diesen Stil als neue Spielwiese, brauen ihr Saison mit neuen, ausdrucksstarken Aromahopfensorten oder einer Zugabe an Brettanomyces-Kulturen ein, die neben Fruchtnoten oder erdigen Kellertönen auch den vielbeschworenen „Stallgeruch" ins Spiel bringen und die trockene Struktur akzentuieren. Fassgärung oder -reifung und die Zugabe von Früchten oder Gewürzen sind weitere Varianten, ebenso wie eine Prise Rauchmalz oder eine dezente Milchsäuregärung.

KOSTNOTIZEN Blond bis hellorange mit leichtem Trübungsschimmer, bietet ein Saison typischerweise vielschichtige Hefearomen von roten Äpfeln, Aprikose, Banane, einen Hauch Gewürznelke oder Koriander, erdige Kellertöne sowie dumpfe, an Stallgeruch erinnernde Aromen. Hinzu gesellt sich, je nach verwendeter Sorte, eine kräuterige oder fruchtige Hopfenkomponente. Der Antrunk ist trocken. Der durchtrainierte Körper hebt die Fruchtnoten an, begleitet von einer klaren Bittere. Eine leichte Milchsäure kann vorhanden sein. Das Mundgefühl ist cremig bis moussierend, der Ausklang langanhaltend bitter und gewürzig.

KULINARIK Die Trockenheit und aromatische Komplexität fordern den Gaumen und machen dieses Bier zu einem perfekten Sundowner – Schluck für Schluck eine neue Perspektive. Schmeckt zu gut gewürzten Speisen wie Wildterrinen mit Lorbeer, Wacholder und Waldfrüchten, Fenchelsalami, Pfeffersteaks, aromatisch gebeiztem Lachs, erdigen Käsesorten.

HERKUNFT /	Provinz Hennegau, Belgien
CHARAKTER /	vielschichtig-fordernd
ALKOHOLGEHALT /	5–8 Vol.-%, obergärig
TRINKTEMPERATUR /	8–10 ℃
GLASWAHL /	Bordeauxglas
REFERENZBIERE /	Dupont, Blaugies „Saison d'Épeautre", Urthel „Saisonnière", Boulevard „Tank 7"

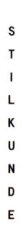

GOLDEN STRONG ALE

Golden, glänzend und perlend – trinkt man es kalt, löscht es den Durst, so spritzig, sauber und schwerelos geht es über den Gaumen. Ein, zwei Schlucke später und ein paar Temperaturgrade höher beginnt man, die Kraft dieses verführerischen Biers zu ahnen: Fruchtigkeit und alkoholische Noten zeigen sich deutlicher. Die belgische Brauerei Moortgat hat mit ihrem „Duvel" (8,5 Vol.-%) 1923 einen neuen Stil kreiert, hell wie Pils, obergärig wie Spéciale, aber stärker als beide. Moortgats Golden Strong Ale ist mit Pilsener Malz und Zucker gebraut und durchläuft eine komplexe, nahezu dreimonatige Reifephase, bestehend aus Hauptgärung, Nachgärung, Reifung, Flaschengärung, Reifung. Das helle Malz sorgt zusammen mit der hohen Zuckerzugabe für den schlanken, muskulösen Körper, die ausgefeilte Gär- und Reifeführung für Spritzigkeit und Sauberkeit im Trunk.

KOSTNOTIZEN Leuchtendes Gold, mächtige weiße Schaumdecke – dezente phenolisch-fruchtige Nase mit Kräutern und erdigen Noten vom Hopfen, cremig-perlendes Mundgefühl, weiche Malzaromen bringen Hefe- und Hopfennoten nach vorn, trockenes, feinsinnig-bitteres Finish.

KULINARIK Bestens geeignet, um mit Schärfe von Knoblauch, Frühlingszwiebeln oder Pesto zu spielen. Köstlich zu Fisch, Meeresfrüchten und üppigen Salaten, die mit Schinken, Thunfisch oder Geflügel angereichert sind.

HERKUNFT / Provinz Antwerpen, Belgien
CHARAKTER / intensiv-harmonisch
ALKOHOLGEHALT / 7,5–10,5 Vol.-%, obergärig
TRINKTEMPERATUR / 8–12 °C
GLASWAHL / bauchiges Tulpenglas
REFERENZBIERE / Duvel Moortgat „Duvel", Riva „Lucifer", Russian River „Damnation"

TRIPEL

Geprägt hat diesen Stil die Trappistenbrauerei Westmalle im Jahr 1934. Der Wunsch nach hellen Bieren war damals stark. Nach dem erfrischenden Spéciale und dem spritzigen „Duvel" (Golden Strong Ale) gab es damit die dritte helle Ale-Sensation in Belgien: Das Malz offeriert eine erfrischende Süße, die der Entfaltung von Hefeestern und Hopfenaromen freie Bahn bietet.
Tripel unterlaufen nach der Hauptgärung eine zweite, langsame Gärung bei acht bis zehn Grad Celsius und werden dann filtriert. Aufgekräust, also mit frischer Hefe versetzt, durchleben sie daraufhin eine dreiwöchige Flaschengärung bei wärmeren Temperaturen. Trotz Komplexität integriert dieser Bierstil Hopfen und Hefe ebenso harmonisch wie spannend: Hefe führt in den Haupttrunk, Hopfen in ein klares, bitteraromatisches Finale.

KOSTNOTIZEN Golden bis orange, leichter Trübungsschleier, cremefarbene Schaumschicht. Tripel duften fruchtig nach Banane oder Birne sowie mostartig mit erdigen Tönen. Zitrusnoten oder Kräuteriges kommen vom Hopfen hinzu. Der Antrunk ist frisch und moussierend mit intensiver Hefe- und Hopfenaromatik. Im Körper zeigt sich eine klare Bitterkeit, die lang nachklingt.

KULINARIK Tripel schmeckt zu gut gewürzten Würsten: Fenchelsalami, Wildschweinbratwurst, Nürnberger. Wildgeflügel, mit Kräutern und Fruchtsaucen zubereitet, passt ebenso wie kellergereifte Bauernkäse, Bergkäse mit Reifekristallen und nussige Soufflés.

HERKUNFT / Provinz Antwerpen, Belgien
CHARAKTER / intensiv-harmonisch
ALKOHOLGEHALT / 7,5–10 Vol.-%, obergärig
TRINKTEMPERATUR / 10–13 °C
GLASWAHL / Pokal oder Burgunderglas
REFERENZBIERE / Westmalle, De Ryck „Arend Tripel", Brooklyn Brewery „Local No. 1", Victory „Golden Monkey"

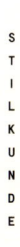

HEFEAROMATISCH

WITBIER

Das Witbier, ein alter belgischer Weizenbierstil aus der Provinz Brabant, verschwand in den 1950er-Jahren und wurde erst 1966 vom Milchverkäufer Peter Celis neu belebt.
Die dafür eigens von ihm gegründete Brauerei Hoegaarden verkaufte er in den 1980er-Jahren an Interbrew (heute AB Inbev). Das obergärige Bier wird je etwa zur Hälfte aus unvermälztem Weizen und Gerstenmalz gebraut und mit Koriandersamen und Orangenschale gewürzt. Hopfen wird, für eine unterstützende Grundbitterkeit, nur sparsam zugegeben. Der Charakter dieses Biers ist mild, fruchtig-würzig und mit einem Alkoholgehalt unter fünf Volumenprozent äußerst durstlöschend.

KOSTNOTIZEN Hellgelb, weißlicher Trübungsschleier, sahniger Schaum – leicht säuerlicher, an Apfelmost erinnernder Duft mit Noten von Koriander und Bitterorange. Weicher Trunk, vanilleartige Süße spielt mit fruchtiger Säure, Koriander und Bitterorange führen das Bier in einen milden Ausklang.

KULINARIK Erfrischend als Basis für Fruchtsorbets, köstlich zu Fruchtkuchen oder Fruchtdesserts. Eleganter Begleiter zu Sushi, milden Fischgerichten und Geflügel- oder Kalbsragout mit hellen Saucen.

HERKUNFT / Provinz Brabant, Belgien		
CHARAKTER / erfrischend		
ALKOHOLGEHALT / 4,5–5,5 Vol.-%, obergärig		
TRINKTEMPERATUR / 6–8 °C		
GLASWAHL / Weißweinglas		
REFERENZBIERE / Hoegaarden, La Trappe, St. Bernardus, St-Feuillien, Ommegang „Witte"		

SAUERBIERE

BERLINER WEISSE

„Heller ist besser" – nach dieser Formel entwickelten Brauer ihre Rezepte weiter, seit Bier im Hochmittelalter zum Handelsgut geworden war. Vom 14. bis ins 17. Jahrhundert dominierte das Weißbier der Hamburger: Ihr Gersten- und Weizenmalz wurde nicht direkt über Feuer gedörrt, sondern trocknete an der Luft oder auf Öfen und blieb dadurch hell. Wie damals alle Biere hatte das Weißbier durch wilde Hefen und Milchsäurebakterien einen säuerlichen Charakter, war aber besonders mild. Diesen Verkaufsschlager versuchten andere nachzuahmen. Wahrscheinlich sind darauf norddeutsche Stile wie die Berliner Weiße zurückzuführen. Diese ist viel leichter und weist eine geringe Hopfengabe auf. Ihre Würze (die geläuterte Malz-Wasser-Mischung) wurde traditionell erhitzt, aber nicht gekocht. So konnten Bakterien überleben und für ein trockenes Naturell sorgen. Brettanomyces (Wildhefekulturen, kurz: Bretts) bringen zusätzlich fruchtige oder erdige Noten ins Bier. In Berlin erlebt die Weiße-Produktion durch BrewBaker und Bogk-Bier ein Revival. Der Brauvorgang ist und bleibt aber schwierig: Erst der pflegliche Umgang mit Bierhefe, Bakterien und Bretts bringt die gewünschte Komplexität ins Bier, sodass niemand ein Verlangen nach Sirupzugabe verspürt.

KOSTNOTIZEN Samtig-sauer, spritzig, ultraschlank, fruchtiges oder erdig-würziges Bukett.

KULINARIK Die samtige Säure schneidet sich geschmacklich gut durch Schimmel- und sahnige Käse. Verleiht Erdbeer-Biskuittorten etwas Pfeffriges.

HERKUNFT / Norddeutschland		
CHARAKTER / erfrischend		
ALKOHOLGEHALT / 2,5–4 Vol.-%, Mischfermentation		
TRINKTEMPERATUR / 6–12 °C		
GLASWAHL / Champagnerkelch, traditionell aus dem Klauenglas		
REFERENZBIERE / Bayerischer Bahnhof „Berliner-Style Weiße", Dr. Fritz Briem „1809 Berliner Style Weiße", New Glarus „Berliner Weiss", Braumanufaktur Templin „Potsdamer Weiße"		

OUD BRUIN/ VLAAMS ROOD

Ebenso erfrischend wie vielschichtig: obergäriges Braunbier aus offener Gärung, das in Holzfässern reift und dort seine säuerliche Note bekommt. Man unterscheidet zwischen Oud Bruin und Vlaams Rood. Letzteres hat eine weniger dunkle Farbe und weniger Malzaromatik, dafür Brettanomyces-Noten (Wildhefe), die würzige Anklänge von Leder oder Stallgeruch einbringen können. Für die Abfüllung wird ein Verschnitt aus vier Monate jungem und einjährigem Bier gemixt. Zucker und Hefe kommen für die Flaschengärung hinzu. Gebraut mit Pilsener, Kristall- und geröstetem Malz, gehopft mit Golding und Saaz in einer Gabe. Dank der Säure ist das Bier über zehn Jahre haltbar. Für die Fruchtbiervariante gären Kirschen mit. Craft-Brauer lassen das Grundbier auch in vorbelegten Fässern reifen und stellen mit dieser Methode interessante Cuvées her.

KOSTNOTIZEN Rot- bis kastanienbraun, trüb, cremefarbener Schaum. Riecht komplex fruchtig und würzig nach Kirsche, Granatapfel, Pflaume, Spuren von Nelke, Pfeffer, Koriander. Frische Säure im Antrunk, fruchtig geprägter Trunk, schlank mit leichter Malzaromatik, lebendige Textur. Mildes, kurzes Finish.

KULINARIK Köstlich zu Meeresfrüchten wie Hummer, Krabben oder Krebsen. Erfrischend zum Kaninchen mit Pflaumen, Rehrücken mit Sauerkirschsauce oder Stoofvlees, ein flämisches Schmorgericht.

HERKUNFT /	Belgien und Niederlande
CHARAKTER /	vielschichtig-fordernd
ALKOHOLGEHALT /	4–8 Vol.-%, Mischfermentation
TRINKTEMPERATUR /	8–12 °C
GLASWAHL /	Bordeauxglas oder schlanker Pokal
REFERENZBIERE /	Rodenbach „Grand Cru", Verhaeghe „Duchesse de Bourgogne", Liefmans „Goudenband", New Belgium „La Folie"

KRIEK/ FRUCHTLAMBIK

Lambiks – spontan vergorene Weizenbiere (siehe Geuze) – können unverschnitten direkt vom Fass ausgeschenkt werden. Oder man bekommt sie als Fruchtlambiks. Sauerkirschen (Kriek) sind die am häufigsten verwendeten Früchte für belgische Fruchtlambiks. Die Brauer geben die Früchte samt Kern (etwa 300 Gramm pro Liter Bier) zusammen mit jungen und alten Lambiks in Holzfässer. Der Fruchtzucker dient als frische Nahrung für die Mikroorganismen und stößt eine zweite Fermentation an. Die kann sehr lebendig sein und Schaum sowie Kirschsteine aus den Fässern drücken. Das Bier reift mindestens sechs Wochen auf den Kirschen. Jedes Fass entwickelt sich anders, deshalb wird vor Abfüllung verschnitten. Wenn Fruchtlambiks in der Flasche reifen, weicht der Fruchtcharakter einem trockeneren, kernigeren und herberen Geschmack. Bekannt sind außerdem Lambiks mit Himbeeren, Weintrauben, Schwarzen Johannisbeeren und Pfirsichen. Mit „Oude" werden traditionelle Lambiks bezeichnet, die weder gesüßt noch karbonisiert oder pasteurisiert sind.

KOSTNOTIZEN Pink bis weinrot, klar, mit rosa Schaum – saures Aroma mit deutlichem Fruchtcharakter, erfrischende Säure, im Antrunk, begleitet von Fruchtnoten, kaum Süße, spritzig und erfrischend.

KULINARIK Zu orientalisch gewürztem Schokoladenhähnchen oder Schokoladensoufflé. Köstlich mit Käsekuchen, Ziegen-, Schafskäse. Kontrast zu bittersüßen Gerichten aus Innereien (Leber, Nierchen). Interessante Saucenzutat bei Geflügel.

HERKUNFT /	Pajottenland im Sennetal bei Brüssel, Belgien
CHARAKTER /	erfrischend
ALKOHOLGEHALT /	5–7 Vol.-%, spontan vergoren
TRINKTEMPERATUR /	8–12 °C
GLASWAHL /	Weißweinglas
REFERENZBIERE /	Cantillon „Lou Pepe Kriek", Drie Fonteinen, De Cam, Hanssens, Girardin, Boon „Kriek Mariage Parfait"

GEUZE

Spritzige Säure, trockene Textur, komplexe Aromatik, belebende Wirkung – Geuzen (sprich: Gösen) sind Cuvées aus Lambiks. Die Magie dieser spontan vergorenen Weizenbiere liegt in der ungezähmten Gärung: Lambikbrauer kontrollieren die Fermentation nicht, sie folgen ihr. Die hohe Kunst der Geuzeproduktion ist das Verschneiden der Lambiks. Einige industrielle Geuze-Varianten sind gesüßt. Per königlichem Dekret ist allerdings festgelegt, dass eine echte Geuze weder filtriert noch künstlich karbonisiert, gesüßt oder pasteurisiert sein darf – diese Produkte dürfen sich „Oude Geuze" nennen. Traditionellerweise wird zweimal auf hoher Temperatur eingemaischt, um möglichst viele Zucker zu lösen. Die Kochzeit beträgt drei Stunden. Dabei wird sechsmal so viel Hopfen beigegeben wie sonst üblich, allerdings drei Jahre gealterte Dolden, die kaum Aromen und Bittere geben, aber zur Stabilität und Schaumbildung des Bieres beitragen. Im Kühlschiff, dem großen, flachen Behälter unterm Dach, wird die Würze anschließend über Nacht „geschwängert vom Spiel mit dem Wind" – Mikroorganismen aus der Luft setzen die Gärung in Gang. Anschließend reift die infizierte Würze in Eichen- oder Kastanienfässern drei Monate, ein Jahr oder bis zu drei Jahre zu Lambik-Bieren heran. Neben Milchsäurebakterien sind auch Brettanomyces (Wildhefen) am Werk. Jedes Fass entwickelt sich anders. Mittels Geschmacksprobe wählt der Blender Lambiks verschiedener Altersstufen aus, die er zu einer Geuze verschneidet. Die muss abschließend weitere Monate in der Flasche reifen – sie ist unendlich haltbar und wird mit der Zeit runder und komplexer.

Dank der Craft-Bier-Bewegung ist die Nachfrage nach diesem einzigartigen belgischen Bierstil enorm gestiegen. Die Geuze-Brauer und -Blender werden weltweit hochverehrt und müssen nicht mehr um ihr wirtschaftliches Überleben bangen.

KOSTNOTIZEN Golden in allen Schattierungen, klar, mit stabilem Schaumgebirge. Komplexe, sauer geprägte Aromatik von Zitrus, Grapefruit, Rhabarber, Honig, manchmal exotische Früchte sowie erdige Töne, Leder, Stallgeruch, Heu. Auf dem Gaumen wird die Säure ausbalanciert von Frucht- und toastartigen Malznoten, Vanille- oder Holzanklänge machen sich dezent bemerkbar. Trockene Textur, lebendige Rezenz, würziges, samtig-saures Finish.

KULINARIK Dank der reinigenden Säurequalität ein guter Aperitif. Feiner Kontrast zum süßen Fleisch der Meeresfrüchte. Köstlich zu Lachs und Makrele sowie zu mariniertem Fisch wie Ceviche. Ziegenkäse und Fleischterrinen mit Salat.

HERKUNFT /	Pajottenland im Sennetal bei Brüssel, Belgien
CHARAKTER /	vielschichtig-fordernd
ALKOHOLGEHALT /	5–8 Vol.-%, spontan vergoren
TRINKTEMPERATUR /	8–12 °C
GLASWAHL /	Weißweinglas
REFERENZBIERE /	Cantillon, Drie Fonteinen, De Cam, Hanssens, Girardin „Black Label", Lindemans „Cuvée René", Boon „Mariage Parfait"

BIÈRE BRUT

Es gibt die These, dass der Champagner erfunden wurde, um dem Wein die Schaumigkeit des Bieres zu verleihen. Umgekehrt haben sich Brauer oft an einem Bier mit besonders feinperligem Brimsen versucht. Kristallweizen (filtriertes Weißbier) hieß bis vor 50 Jahren „Champagnerbier". Das neue Bière brut strebt jedoch auch geschmacklich nach einem edlen Charakter. Erfunden wurde es im Städtchen Buggenhout. 2001 brachte die Brauerei Bosteels „Deus" auf den Markt, etwa gleichzeitig die Nachbarbrauerei De Landtsheer das „Malheur Bière Brut". Bosteels transportiert sein bernsteinfarbenes obergäriges Ale nach der ersten Fermentation und Reifung in die Champagne, wo es in Spezialkellern die Méthode traditionelle, die Champagner-Flaschengärung, durchläuft. De Landtsheer nimmt das Rütteln und Dégorgieren (Entfernung des Hefepfropfens) der Flaschen in der eigenen Betriebsstätte vor. Dabei entstehen intensive Biere mit lebendiger, moussierender Textur und komplexer Hefearomatik. Kalt, in schlanken Kelchen serviert, wirken sie erfrischend leicht und verstecken so ihren Alkoholgehalt ganz gut.

KOSTNOTIZEN Je nach verwendeter Malzsorte bernstein- bis mahagonifarben, trüb, dicker, dichter Schaum – würziger Duft nach Ingwer, Minze, rotem Apfel, Zitrus, spritziger Antrunk, moussierende Textur, vollmundig, mild-würziges Finish.

KULINARIK Anspruchsvoller Aperitif und bestens geeignet für einen festlichen Empfang. Korrespondiert mit Austern an grünen Kräutern, Gerichten mit Wasabi, Meerrettich oder Senfsaucen. Standfeste Begleitung zu Apfelkuchen und kräftigem Bauernkäse (Tomme).

HERKUNFT /	Buggenhout, Belgien
CHARAKTER /	intensiv-harmonisch
ALKOHOLGEHALT /	9–14 Vol.-%, obergärig
TRINKTEMPERATUR /	4–10 °C
GLASWAHL /	Champagnerglas, Bordeauxkelch
REFERENZBIERE /	Bosteels „Deus Brut des Flandres", De Landtsheer „Malheur Bière Brut", Cervejaria Wäls „Brut"

HOPFENWEISSE

Im Mai 2007 starteten Hans-Peter Drexler vom Weißen Bräuhaus Schneider und Garrett Oliver von der Brooklyn Brewery ein Experiment. Die befreundeten Braumeister kombinierten das bayerische Weißbier mit der Lieblingszutat der Craft-Brauer, dem Hopfen – und zwar gleich zweimal. Oliver kam nach Kelheim und wählte vom deutschen Hopfen die Sorten Saphir und Hallertauer Tradition aus. Damit brauten sie das erste kaltgehopfte Weißbier. Bald darauf reiste Drexler mitsamt seiner Hefe nach Brooklyn und entschied sich dort für die US-Hopfensorten Palisade und Amarillo. So entstand eine zweite Variante des orangefarbenen Weizenbocks. In New York und in München wurden sie erstmals am 16. Juli 2007 ausgeschenkt. Für Traditionalisten inakzeptabel: Ein Weißbier darf für sie prinzipiell nicht hopfig sein. Während die Brooklyner die Kreation nicht wieder auflegten, hat das Bier bei Schneider einen festen Platz im Portfolio. Der Gemeinschaftssud von 2007 hat einen neuen Bierstil begründet: Craft-Brauer spielen mit Hefestämmen und Hopfensorten.

KOSTNOTIZEN Orange bis bernsteinfarben, opak mit cremeweißer Schaumdecke. Im Duft fruchtige Ester und Blumig-Herbes. Der Antrunk ist hefefruchtig, leichtes Säurespiel, blumige Momente, bevor die Bittere deutlich hervortritt. Langes, bitteres Finish.

KULINARIK Köstlich zu geräuchertem Süßwasserfisch wie Saibling oder Forelle. Wunderbar zu pikanten Hähnchengerichten wie Frango Piri Piri sowie zum Bergkäse mit Reifekristallen.

HERKUNFT /	Bayern, Deutschland und Brooklyn, USA
CHARAKTER /	intensiv-harmonisch
ALKOHOLGEHALT /	variiert, obergärig
TRINKTEMPERATUR /	8–12 °C
GLASWAHL /	Burgunderglas
REFERENZBIERE /	Schneider Weiße „Tap 5 – Meine Hopfenweiße", Braufaktum „Indra", Maisel & Friends „Jeff's Bavarian Ale", Boulevard „80-Acre Hoppy Wheat Beer", Breckenridge „Ophelia"

GEWÜRZBIERE

Bevor sich Hopfen als Zutat durchsetzte, wurden auch andere Kräuter und Gewürze beim Brauen verwendet. Blüten, Wurzeln, Blätter, Samen und Pilze dienten dazu, das Bier haltbar zu machen, den Geschmack zu verstärken und etwaige Braufehler zu kaschieren. Außerdem konnten sie auch medizinische oder halluzinogene Wirkung einbringen. In den Städten wurden getrocknete Fertigmischungen (niederdeutsch „Grut") verkauft, der Hauptbestandteil war meist das Strauchgewächs Gagel. Ergänzend wurden beispielsweise Schafgarbe, wilder Rosmarin, Kümmel, Wacholder oder sogar Ingwer und Zimt verwendet. Die Mischung wurde dem Würzekochen beigegeben. Erst als sich das Brauen ab dem 14. Jahrhundert zunehmend kommerzialisierte und ein konstanter Geschmack wichtig wurde, verlegten sich die Brauer auf ein einziges Kraut: den Hopfen. Craft-Brauer entdecken alte Rezepte und interpretieren sie neu: Stout mit Minze oder Chili, helle Sommerbiere mit Holunderblüten oder schottische Ales mit Heidekraut, um nur einige Beispiele zu nennen.

KOSTNOTIZEN Ein Kräuter- und Gewürzbier will geschmacklich eine anregende Symbiose aus dem Basisbier und der verwendeten Zutat hervorbringen. Die Kräuter sollten nicht überwältigen, aber deutlich wahrnehmbar den Biergeschmack verschönern.

KULINARIK Variiert je nach Basisbier. Die Geschmacksintensität von Speise und Bier sollte übereinstimmen. Die verwendeten Zutaten im Bier bilden eine aromatische Brücke zum Essen oder würzen die Speise gleich mit.

HERKUNFT /	Westeuropa
CHARAKTER /	erfrischend bis intensiv
ALKOHOLGEHALT /	variiert, obergärig
TRINKTEMPERATUR /	variiert
GLASWAHL /	variiert
REFERENZBIERE /	Baladin „Nora", Birrificio del Ducato „Verdi", Bell's „Eccentric Ale"

FRUCHTBIERE

Immer mehr Craft-Brauer versuchen sich an Fruchtbieren – nicht zu verwechseln mit Bier-Saft-Gemischen. Echte Fruchtbiere gehen auf eine jahrhundertealte Braukunst zurück. Der brautechnische Sinn der Beigabe von Kirschen, Himbeeren oder Pfirsich liegt in den Fruchtzuckern, die der Hefe weitere Nahrung liefern, sodass sie mehr Alkohol und Kohlensäure produzieren kann. Gute Fruchtbiere sind eine Sensation: Farbe, Aroma, Geschmack sind in perfekter Balance mit dem Basisbier und wären mit Malz, Hefe und Hopfen allein niemals zu erreichen. Die Zugabe von Früchten zu einem Basisbier der Wahl ist aufwendig. Einige Brauer verwenden Extrakte, andere wenigstens gefrorenes Fruchtpüree. Viele dieser Biere sind zusätzlich gesüßt. Die besten Brauer lassen das Bier auf ganzen Früchten reifen, ohne weitere Zusätze – so wie bei den traditionellen Fruchtlambiks, beispielsweise „Oude Kriek", vorgeschrieben. Eine Variante sind Gemüsebiere – das wohl am weitesten verbreitete ist das Pumpkin Ale in den USA.

KOSTNOTIZEN Fruchtbiere sind niemals kitschig süß. Sie zeigen den Fruchtcharakter ungeschminkt und gut eingebettet ins Bier. Der Fruchtcharakter sollte für Nase und Gaumen erkennbar sein und sich in perfekter Balance und Harmonie mit dem Basisbier befinden.

KULINARIK Durstlöscher und hochprozentige Genießertropfen. In der Regel sollten sie auch ohne Speisenbegleitung köstlich munden.

HERKUNFT /	Belgien
CHARAKTER /	erfrischend bis intensiv
ALKOHOLGEHALT /	variiert, obergärig
TRINKTEMPERATUR /	variiert
GLASWAHL /	je alkoholischer und vollmundiger, desto größer der Kelch
REFERENZBIERE /	Dogfish Head „Black & Blue", New Glarus „Raspberry Tart", Epic „Brainless on Peaches"

BIER-WEIN-HYBRIDEN

Eine besondere Form der Fruchtbiere besetzt eine Kategorie für sich: die mit Trauben oder Traubenmost vergorenen Bier-Wein-Hybriden. Der Ursprung dieses Bierstils reicht bis ins Jahr 700 v. Chr. zurück, ins Reich des Königs Midas. Archäologen stießen in seinem Grab nahe Ankara auf Reste eines Getränks aus Gerste, Trauben und Honig. Das inspirierte Sam Calagione von der US-Brauerei Dogfish Head 1999 zu „Midas Touch", der ersten Kreuzung aus Bier und Wein. Italienische Craft-Brauer haben diesen Stil zur Meisterschaft gebracht, ihre „Birre d'uva" (Traubenbiere) nehmen eine eigene Kategorie beim nationalen Wettbewerb „Birra del Anno" ein. Der Zusatz von Trauben im Sudkessel oder Gärtank verleiht dem Bier ein komplexes Aroma, fruchtige Säure sowie Frische und macht den Trunk angenehm trocken und klar. Ein Beispiel für diesen Prozess ist Del Borgos „Equilibrista": Das Saison „Duchessa" fermentiert zusammen mit Sangiovese-Trauben und wird dann mit etwas Zucker und frischer Hefe abgefüllt. Das Ergebnis nach der Flaschengärung ist ein eleganter, spritzig-moussierender und komplexer Tropfen.

KOSTNOTIZEN Variiert je nach Basisbierstil, elegante Fruchtsäure, meist klare, trockene Textur, spritzig bis moussierend. Im besten Fall ist der Charakter der verwendeten Trauben erkennbar.

KULINARIK Begleitet Meeresfrüchte, passt meist gut zu Weichkäse. Oft ein Fest für sich. Feiner Apéritif.

HERKUNFT /	USA und Italien
CHARAKTER /	intensiv-harmonisch
ALKOHOLGEHALT /	variiert, obergärig
TRINKTEMPERATUR /	variiert
GLASWAHL /	variiert je nach Körper vom Champagnerglas bis zum Weißweinglas
REFERENZBIERE /	Allagash „Victoria Ale", LoverBeer „BeerBera", Birrificio Italiano „Musa d'Autunno"

HOLZFASSGEREIFTE BIERE

Jahrhundertelang wurde Flüssiges in Holzfässern gelagert und transportiert. Dabei war man darauf bedacht, dass das Holz keinen Geschmack an das Getränk abgibt, Bierfässer wurden mit einer Pechschicht ausgekleidet. Lediglich in Belgien goren Lambik und Oude Bruin traditionell in ungepichten Eichen- oder Kastanienfässern, um damit einen besonderen Charakter anzunehmen. Seit den 1990er-Jahren lässt die Craft-Bier-Bewegung Biere im Fass reifen – nicht nur in frisch geböttcherten: Mittlerweile lagern sie in Sherry-, Chardonnay-, Barbera-, Calvados-, Tequila-, Rum- und anderen Fässern. Bereits als Klassiker gilt das im Bourbonfass gereifte Stout. Geschmacksnoten aus dem Holz, aus der Vorbelegung, aus einer kontrolliert langsam ablaufenden Oxidation sowie von im Holz wohnenden Mikroorganismen wie Brettanomyces wirken dabei auf das Bier ein. Brauer beeinflussen die Entwicklung auch durch die Vorbereitung der Fässer (etwa das Auskohlen) sowie die Temperaturführung während der Lagerung.

KOSTNOTIZEN Variiert je nach Basisbierstil, Fass, Dauer der Lagerung und Temperaturführung; die Kohlensäure ist meist schwach, es sei denn, es folgt eine Flaschengärung oder es wird aufkarbonisiert.

KULINARIK Anspruchsvolle Drinks, die man Schluck für Schluck würdigen sollte.

HERKUNFT /	Belgien und USA
CHARAKTER /	intensiv bis vielschichtig-fordernd
ALKOHOLGEHALT /	variiert, obergärig
TRINKTEMPERATUR /	12–18 °C
GLASWAHL /	variiert, meistens Rotweinkelch oder Schwenker
REFERENZBIERE /	Struise „Pannepot Reserva", Goose Island „Bourbon County Stout", Harviestoun „Old Engine Oil Special Reserve", Baladin „Lune" und „Terre", Franche Montagne „L'Abbaye de Saint Bon-Chien Grand Cru"

CRAFT-BIER-PIONIERE

DIE NEUE WELT DER BRAUER & BIERE

MIKKELLER

WELTSTAR AUF TOURNEE

ORT → KOPENHAGEN, DÄNEMARK
EIGENTÜMER → MIKKEL BORG BJERGSØ
BRAUMEISTER → DIRK NAUDTS (PROEFBROUWERIJ)
UND ANDERE
GRÜNDUNG → 2006

Porter, eingebraut mit Popcorn, spontan vergorenes Ale mit japanischen Ume-Pflaumen und Salz, in Calvados-Fässern gereiftes Imperial Stout – fantasievoller geht's kaum: „Wir fordern die Geschmacksknospen heraus und brechen mit den üblichen Auffassungen von gutem Bier", sagt Mikkel Borg Bjergsø von Mikkeller. Der Däne gehört nicht nur zu den kreativsten, sondern auch zu den produktivsten Craft-Brauern: Über hundert Biere bringt er im Laufe eines Jahres heraus. Dabei hat er nicht mal eine Brauerei.

Stattdessen konzentriert sich der ehemalige Physiklehrer lieber darauf, akribisch genaue Rezepte zu entwerfen. Die lässt er von dem versierten Brauingenieur Dirk Naudts in dessen Proefbrouwerij herstellen, der vorzüglichen Auftragsbrauerei im belgischen Lochristi. Oder Bjergsø trifft sich mit anderen kongenialen Brauern, um ein Kollaborationsbier zu entwickeln. So entstand mit Cigar City aus Florida das „Swinging Harry Tropical Quad", ein belgisches Ale, gebraut mit Papaya und Mango, gereift in Grand-Marnier-Fässern. Partner für seine Gemeinschaftssude findet Mikkeller weltweit: Nøgne Ø in Norwegen, De Struise Brouwers in Belgien oder Three Floyds in den USA zählen zu den Innovativsten in der Craft-Bier-Bewegung. Mit seiner kreativen Wanderbrauerei prägte Mikkeller das Idealbild des Gypsy-Brauers. Nicht aus der Not heraus, sondern aus freien Stücken: „Ich erfreue mich nicht am Brauen, ich erfreue mich am Erfinden von Bieren", sagt Bjergsø.

Gegründet hat er Mikkeller mit seinem Kindheitsfreund Kristian Keller. Auf erste extremgehopfte Experimente in der Wohnküche folgten Auszeichnungen bei nationalen Wettbewerben. Schließlich verhalf ihnen Mikkels Zwillingsbruder Jeppe zu internationaler Bekanntheit, indem er die Heimgebräue über seinen Biershop in Kopenhagen an Liebhaber in der ganzen Welt vertrieb. Den entscheidenden Durchbruch brachte Beer Geek Breakfast, ein 2005 mit Kaffee aus der Stempelkanne eingebrautes Oatmeal Stout, das auf Ratebeer.com beste Bewertungen erntete und Mikkeller einen Vertrag mit dem amerikanischen Importeur Shelton Brothers einbrachte. Ab da wurde Mikkeller-Bier in echten Brauereien hergestellt

MIT SEINER KREATIVEN WANDERBRAUEREI PRÄGTE MIKKELLER DAS IDEALBILD DES GYPSY-BRAUERS.

(zunächst bei Gourmet Bryggeriet in Roskilde), aus dem Wohnküchenprojekt war ein Business geworden.

Keller verließ das Unternehmen 2007, Bjergsø hat seitdem immer neue Ideen verwirklicht. Heute arbeitet er mit einem Team von acht Leuten in Kopenhagen, exportiert in 40 Länder, braut die Hausbiere berühmter Restaurants und betreibt gepflegte Bierbars in seiner Heimatstadt, San Francisco, Bangkok und Stockholm.

Mikkellers Braukunst bleibt überraschend. Experimentelle Produktreihen wie die „Single Hop Series", fünf India Pale Ales mit je einer markanten Hopfensorte gewürzt, oder die „French Oak Barrel Series", sechsmal der gleiche Barley Wine in verschiedenen französischen Eichenfässern gereift, begeistern die Verkoster. Aus dem berühmten Beer Geek Breakfast sind mittlerweile Varianten mit Vanille und Rauchmalz hervorgegangen. Und allen, die Bjergsø nachsagen, er könne nur extrem – alkoholisch – brauen, hat er mit dem erfrischenden „American Dream" (4,6 Vol.-%), einem kaltgehopften amerikanischen Pils, das Gegenteil bewiesen.

MIKKELLER BEER GEEK BREAKFAST

GEBRAUT MIT 25-PROZENTIGEM HAFERANTEIL, DER DEM BIER CREMIGKEIT VERLEIHT, UND EINEM SCHUSS GOURMETKAFFEE: DAS TIEFDUNKLE OAT-MEAL STOUT BRINGT NOTEN VON KAFFEE, RAUCH UND SCHOKOLADE SOWIE WEICHE RÖSTAROMEN INS GLAS.

7,5
Vol.-%

Mikkeller Bar in Kopenhagen, Viktoriagade

Die Bar „Mikkeller & Friends" in
Kopenhagen

Mikkel Borg Bjergsø

BJERGSØ EXPORTIERT IN 40 LÄNDER, BRAUT DIE HAUSBIERE BERÜHMTER RESTAURANTS UND BETREIBT GEPFLEGTE BIERBARS.

SOVINA

DEN GEIZ DURCH DIE GURGEL JAGEN

ORT → PORTO, PORTUGAL
EIGENTÜMER → ALBERTO ABREU
BRAUMEISTER → ARMÉNIO MARTINS
GRÜNDUNG → 2011

In Porto kennt man sich von jeher mit brillanten Getränken aus. Dass in den Fässern der Stadt am Douro inzwischen nicht immer Portwein reift, ist das Verdienst der Mikrobrauerei Sovina. Hinter deren Craft-Bier-Kreationen steckt Alberto Abreu, ein ambitionierter Amateur. Schon lange bevor er sich an den Aufbau einer eigenen Brauerei wagte, drehte sich für ihn alles ums Bier.

Der Erfüllung seines Traums, etwas mit Bier zu machen, kam Abreu näher, als er sich 2008 mit zwei Freunden auf den Vertrieb von Heimbrauerutensilien spezialisierte. Der Schritt zur Eröffnung einer eigenen Brauerei war da nicht mehr weit – aber Abreu und der Braumeister Arménio Martins ließen sich Zeit, um ihre Vorstellungen auf die bestmögliche Weise umzusetzen. Zusammen entwickelten sie die Geschmacks- und Bildwelt von Sovina, und nach drei Jahren des Experimentierens kam im Herbst 2011 der erste Sud in schön designten Flaschen auf den Markt. Die Geduld hat sich gelohnt. Heute werden 500 Hektoliter im Jahr produziert und hauptsächlich in den Restaurants, Bars und Gastropubs der Stadt angeboten, etwa im Delikatessentempel Mercearia das Flores.

Sovina, das bedeutet Geizhals. In einem Land, dessen schwierige wirtschaftliche Bedingungen jeden zum Knausern zwingen, kann Ironie entkrampfen: Sovina-Biere als der kleine Geschmacksluxus für jedermann. Das Standardsortiment besteht aus den traditionell gebrauten Sorten Helles, Stout und Weizenbier, zu Weihnachten und im Frühling ergänzt um Bockbier. Dazu kommen ein IPA und das besonders gelungene „Amber", ein leichtes Saison. Am spannendsten sind aber die Spezialbierkreationen von Sovina. Denn im Brauprozess und mit den Zutaten sind Abreu und Martins alles andere als geizig. Bei den Aromen zeigen sie Fantasie und Fingerspitzengefühl, zudem haben sie sich mit ihrer Sonderkreation „Atlântica" an ein ingwerbitteres Kräuterbier gewagt. Und das limitierte „Sovina Amber Vintage" ist Reverenz an die örtliche Weinkultur, sozusagen ein „Portbier": Das 8,5-prozentige bernsteinfarbene Ale reift in einem alten Portweinfass.

Arménio Martins

BREWERS & UNION

LEIDENSCHAFT, OPTIMISMUS UND ENTSCHLOSSENHEIT

ORT → KAPSTADT, SÜDAFRIKA
EIGENTÜMER → RUI ESTEVES UND BRAD ARMITAGE
BRAUMEISTER → RUI ESTEVES
GRÜNDUNG → 2007

Die große Bierrevolution hatten Rui Esteves und Brad Armitage nie im Sinn. Sie wollten in kleinen Schritten ihren heimischen Biermarkt und die Gewohnheiten der Konsumenten verändern. Mit Kaffee war ihnen das schon gelungen. Sie führten jahrelang erfolgreich die Espresso-Bar-Kette „Vida e Caffè" in Kapstadt. In nur fünf Jahren hatten die Partner insgesamt acht Filialen quer durch das Land eröffnet und südeuropäische Kaffeekultur in Südafrika etabliert. Diese gute Erfahrung wollten Esteves und Armitage nun auf ihre andere Liebe, gutes Bier, übertragen. 2006 verkauften sie ihre Cafés, um sich ganz der neuen Leidenschaft zu widmen.

Unzufrieden mit der überschaubaren Auswahl und dem faden Einheitsgeschmack industrieller Biere in Südafrika, haben sich die Unternehmer nach Europa aufgemacht, um gutes, handwerklich gebrautes Bier nach Kapstadt zu holen. Bekämpfe internationales Lager mit klassischem Lager, hieß zunächst die Devise. Statt auf experimentelle, nach amerikanischer Manier stark gehopfte Biere zu setzen, ließen sie feinsinnige, traditionelle, unfiltrierte Lagerbiere brauen. Esteves und Armitage suchten nach passenden Partnern in Deutschland und Belgien – kleinen, familiengeführten Brauereien, die ihr Handwerk verstehen und mit viel Sorgfalt die Vorstellungen der Südafrikaner umsetzen. Entstanden ist eine Produktpalette von ausdrucksstarken Pils-, Bock- und Weizenbieren mit vollem Aroma.

Ihr Optimismus, im Kleinen etwas bewirken zu können, hat sich ausgezahlt. Zunächst als Collective São Gabriel und seit 2007 unter dem Namen Brewers & Union haben die umtriebigen Esteves und Armitage viele Geschäftspartner gewonnen – Bierliebhaber, Barbetreiber und Gastronomen, die die neuen Biere nicht nur gern verkaufen, sondern auch gern trinken. Heute sind ihre Brauspezialitäten sowohl in ganz Südafrika als auch in Biershops in vielen europäischen Ländern erhältlich.

Eine der Partner-Braustätten in Bayern

DIE WEGBEREITER DER CRAFT-BIER-SZENE IN SÜDAFRIKA VERFOLGEN MIT ENTSCHLOSSEN-HEIT IHR ZIEL, BIER FÜR GENIESSER ZU PRODU-ZIEREN, MIT VIEL GEDULD UND DEN RICHTIGEN ZUTATEN, MIT VOLLEM GESCHMACK UND AROMA.

Seit 2009 betreiben die Südafrikaner die Bar „&Union", Restaurant, Biergarten und Weinbar in einem. Serviert werden hier ausschließlich Produkte aus natürlichen Zutaten: Das Bier ist nicht pasteurisiert und das Brot aus biologischer Herstellung. Zudem wird Bier als der perfekte Begleiter zum Essen präsentiert. Geschulte Sommeliers beraten die Gäste bei der passenden Bierauswahl zu jedem Gang.

Die Wegbereiter der Craft-Bier-Szene in Südafrika verfolgen mit Entschlossenheit ihr Ziel, Bier für Genießer zu produzieren, mit viel Geduld und den richtigen Zutaten, mit vollem Geschmack und Aroma. Dabei bleiben sie sympathisch bescheiden: „Wir glauben nicht, dass wir allein die Bierwelt verändern können, aber mit purer Leidenschaft, blindem Optimismus und kühner Entschlossenheit können wir vielleicht etwas bewegen", sagt Esteves.

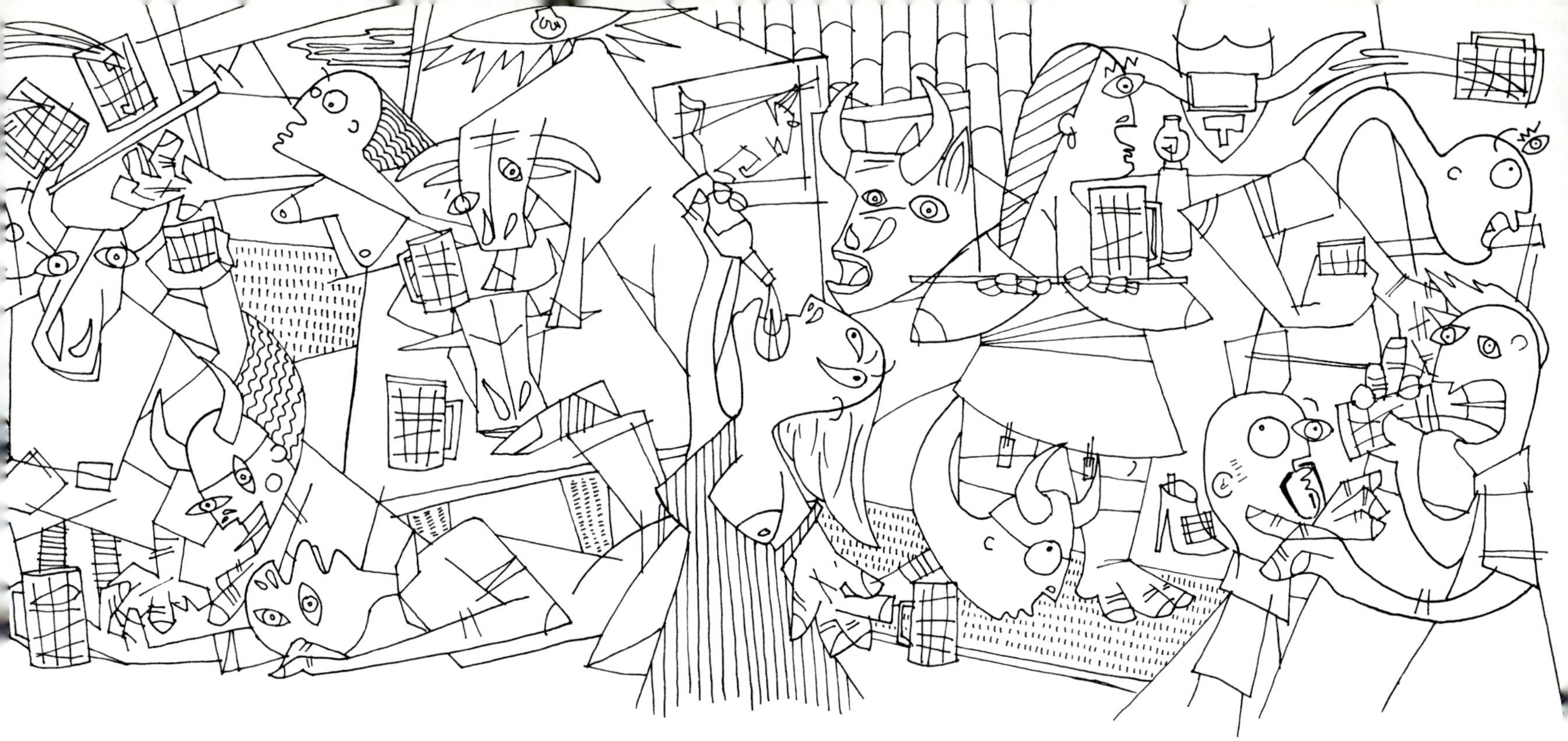

BREWERS
& UNION

HAND
WERK

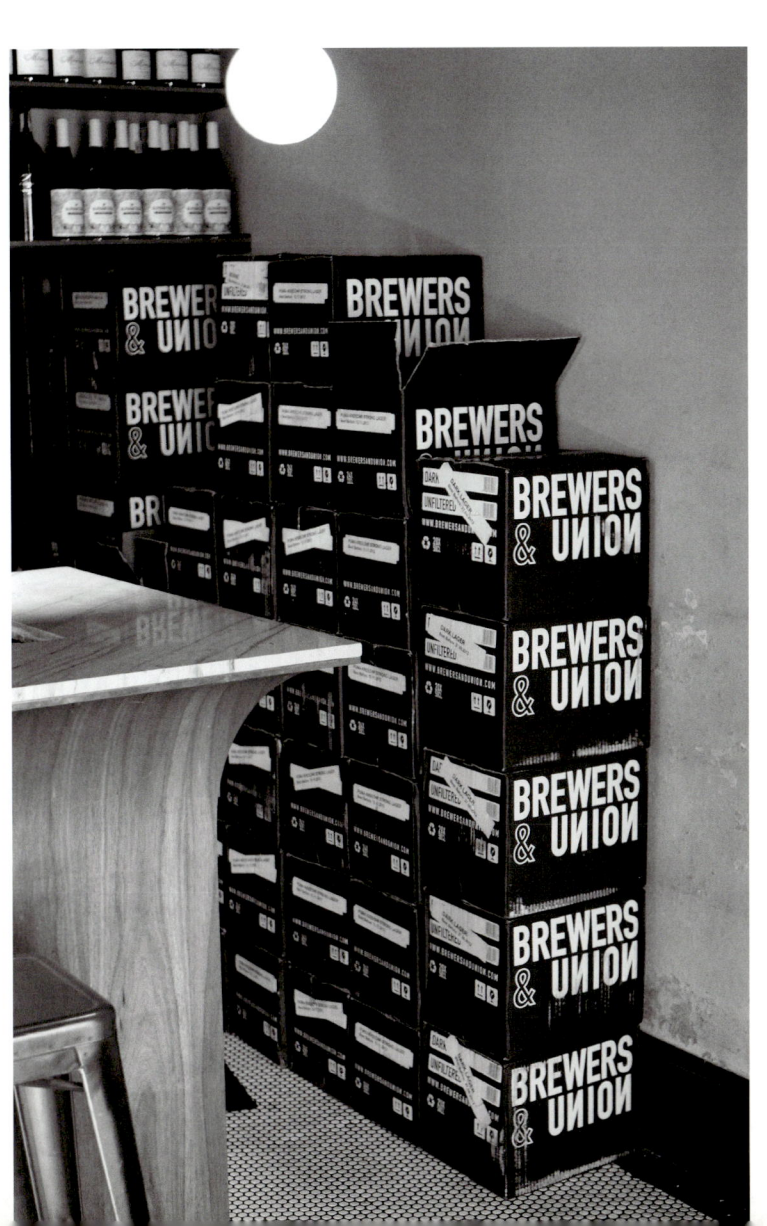

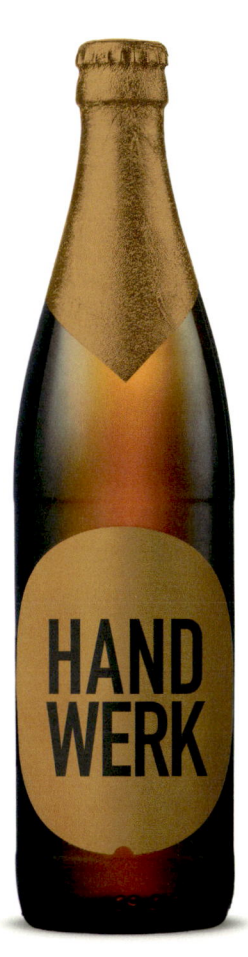

CRATE

LOKAL UND HANDGEMACHT

ORT → LONDON, GROSSBRITANNIEN
EIGENTÜMER → TOM SEATON, JESS SEATON
UND NEIL HINCHLEY
BRAUMEISTER → NEIL HINCHLEY
GRÜNDUNG → 2012

East London ist angesagt. Seit Jahren prägen Künstler, Individualisten, aber auch vermehrt Geschäftsleute das Flair der multikulturellen Gegend. Von Kreativen genutzte Fabrikgebäude reihen sich an Sozialbauten und an Gated Communities. Handgemachtes hat hier Zugkraft, ob Kunst, Street Food oder Craft-Bier.

In einer solchen Umgebung im Stadtteil Hackney Wick – einen Steinwurf vom Olympiapark entfernt – entstand 2012 die Crate Brewery. Die Brauerei befindet sich mitsamt Bar und Restaurant in einem ehemaligen Druckereigebäude. Als die Brüder Tom und Jess Seaton den Heimbrauer Neil Hinchley kennenlernten, hegten sie bereits unabhängig voneinander den Wunsch, eine Brauerei mit Restaurant zu eröffnen. Schnell war klar, dass aus dieser zufälligen Begegnung mehr als nur eine Freundschaft entstehen würde. Die richtigen Partner hatten zueinandergefunden: Die Seatons brachten die nötige Gastronomieerfahrung mit, und Hinchley traute sich zu, eine Brauerei zu führen.

Die drei Gründer leben seit Jahren in Hackney Wick und sind mit dem Viertel eng verbunden. So kam es, dass auch die Nachbarschaft beim Entstehen der ersten Craft-Bier-Brauerei in Hackney Wick involviert war. Künstler, Nachbarn, Freunde spendeten die Einrichtung, die sie aus recycelten Materialien aus der Umgebung selbst gebaut hatten. Es entstand ein helles, luftiges Interieur mit offener Küche und viel Charme.

Innerhalb kürzester Zeit haben sich Tom, Jess und Neil auch eine treue Kundschaft erarbeitet. Das liegt zum einen am guten Bier, zum anderen an den angebotenen Speisen. Das Kernsortiment der Brauerei besteht aus fünf Bierstilen: Lager, Golden Ale, IPA, Bitter und Stout. Erweitern wollen sie das Sortiment nicht. Brauer Neil Hinchley legt Wert darauf, diese Grundstile zunächst weiter zu verfeinern und die Rezepturen zu perfektionieren, statt mit neuen Biersorten zu experimentieren. Dafür bietet die „Crate Bar" neben den eigenen Kreationen auch eine gute Auswahl an rund 50 internationalen Craft-Bieren.

Keine Experimente heißt es auch beim Essen – simpel, aber perfekt soll es sein: Zum Bier gibt es Pizza, gebacken mit

DIE GRÜNDER SIND MIT DEM VIERTEL ENG VERBUNDEN. KÜNSTLER, NACHBARN, FREUNDE SPENDETEN DIE EINRICHTUNG.

regionalen Zutaten. Sieben Variationen stehen auf der Karte, von der traditionellen Margherita über Süßkartoffel-Stilton-käse-Walnuss und Laksa-Chicken bis zur orientalischen Lamm-Pizza. Auch diese Mischung spiegelt die kulturelle Vielfalt von Hackney Wick wider.

Das Konzept hat Erfolg. Die Besucher strömen ins White Building am Lee-Navigation-Kanal, schwärmen vom Bier und genießen Pint & Pizza auf der Terrasse am Wasser. Bereits wenige Monate nach der Eröffnung nannte der Online-Gour-met-Guide Zagat die Crate Brewery eine der fünf heißesten neuen Bars in London. Weitere Auszeichnungen folgten bald. Das „Crate Stout" wurde 2013 von den Besuchern des Leyton Orient Real Ale Festivals zum „Bier des Festivals" gewählt.

961 BEER

LIBANON IN DER FLASCHE

ORT → BEIRUT, LIBANON
EIGENTÜMER → MAZEN HAJJAR
BRAUMEISTER → EMILIO HELAL
GRÜNDUNG → 2006

„Ich bin der Irre, der im Libanon Bier braut!" So stellt sich Mazen Hajjar gern vor. Normal ist der Werdegang des Chefs von 961 Beer – Gravity Brewing wahrhaftig nicht. Er hat als Investmentbanker und Kriegsfotograf gearbeitet, eine Billigfluglinie gegründet und ist jahrelang im Ausland unterwegs gewesen. Ausgerechnet während des Libanonkriegs 2006 kommt er nach Beirut zurück – und ärgert sich am meisten über das unbefriedigende Bierangebot. Mit ein paar Töpfen und Eimern unternimmt Hajjar in seiner Küche die ersten Brauversuche, die Freunde müssen tapfer sein und probieren. Keiner ahnt, dass aus dem Wochenendvergnügen ein ernsthaftes Geschäft wachsen würde: die erste und einzige libanesische Mikrobrauerei, die inzwischen sogar exportiert.

Bier hat in dem Nahoststaat lange Zeit keine Rolle gespielt. Bis 2006 gab es mit der Heineken-Tochter Almaza nur eine einzige Brauerei, in der weltweiten Bierkonsumstatistik liegt der Libanon auf Platz 89 – mit jährlich gerade einmal fünfeinhalb Litern pro Kopf der Bevölkerung. Doch dieser Durchschnittswert täuscht: Ein großer Teil der Libanesen ist muslimisch und trinkt wenig oder keinen Alkohol. Die anderen bevorzugen zwar traditionell Spirituosen und Wein, aber während der heißen Sommermonate ist Bier das Getränk der Wahl – besonders bei der lebenslustigen Mittelschicht und der Beiruter Jugend.

Hajjars Gebräue wurden bald trinkbar, und das sprach sich herum. „Nachts um zehn Uhr klopften sie an der Tür und wollten ein paar Flaschen. Ich fühlte mich wie ein Dealer", erzählt er. Er und Hendrik Haagen, ein dänischer Geschäftsmann, wagten den Sprung: Sie kauften eine komplette Brauanlage, die aus Kanada angeliefert wurde, und eröffneten die Bar „961 Beer", benannt nach der internationalen Telefonvorwahl des Libanons.

Anfangs gab es ein helles und ein dunkles Lagerbier, ein Weizenbier und ein Pale Ale kamen bald dazu. Am Strand und auf den Partymeilen Beiruts hielt bald jeder ein „961" in der Faust. Und auch bei den großen Gemeinden der Exillibanesen in Frankreich, Nord- und Südamerika begann man nach der neuen Marke zu fragen.

AM STRAND UND AUF DEN PARTYMEILEN BEIRUTS HÄLT JEDER EIN 961 IN DER FAUST.

Mazen Hajjar

LEBANESE PALE ALE

AUF BASIS EINES ENGLISCHEN PALE ALE
IST DIESES GEWÜRZBIER MIT THYMIAN, KAMILLE,
ANIS, MINZE, SALBEI UND SUMACH GEBRAUT.
ES RIECHT AROMATISCH NACH MINZE, ANIS
UND KRÄUTERN, SCHMECKT DEZENT
BITTER UND NUR LEICHT KRÄUTE-
RIG, ZEIGT EINEN MITTLEREN
KÖRPER UND KLINGT
MILD AUS.

6,3
Vol.-%

Wegen behördlicher Probleme musste Mazen Hajjar sein Brewpub zwischenzeitlich schließen – eine Komplikation, die er mit levantinischer Gelassenheit gemeistert hat: 2011 nahm er etwas außerhalb Beiruts eine größere Anlage in Betrieb. Den Rührstock hat er inzwischen dem in Chimay (Belgien) ausgebildeten Brauer Emilio Helal übergeben. Dessen Meisterstück: das „Lebanese Pale Ale". Eine Fülle von Kräutern sowie Sumach, ein typisch arabisches Gewürz, erinnern an die würzige Küche Libanons. Orientalische Gaststätten in den USA reichen es gern zu den Mezze, den ausufernden Vorspeisen der nahöstlichen Küche.

Inzwischen will 961 Beer immer weniger auf den Import der Rohstoffe angewiesen sein. Mit deutscher Unterstützung wird in der fruchtbaren Bekaa-Ebene Hopfen angebaut, ein paar Hektoliter rein libanesischen Biers konnte die Brauerei bereits herstellen. Der Hopfen soll die Bauern von der Hanfproduktion abbringen. Das Suchtpotenzial des Roten Libanesen mit einem Pale Ale bekämpfen – auf eine solche Idee kann nur ein Irrer kommen. Mazen Hajjar ist zuversichtlich.

GUEUZERIE TILQUIN

VOM REIFEN UND MISCHEN

ORT → BIERGHES, BELGIEN
EIGENTÜMER → PIERRE TILQUIN
BRAUMEISTER → VERSCHIEDENE
VERSCHNEIDER → PIERRE TILQUIN
GRÜNDUNG → 2009

Geuze machen, das bedeutet vor allem: mit viel Muße reifen lassen und dann mit Bedacht mischen. In der Gegend westlich von Brüssel gibt es Brauereien, deren sonderbare Produkte, die Lambiks, mit den wilden Hefen der Luft spontan vergoren sind. Aber dieses Brauen ist nur die eine Hälfte der Geuze-Kunst. Der Bioingenieur Pierre Tilquin gehört zu denen, die sich der zweiten Hälfte verschrieben haben: aus den knallsauren Lambiks ein immer noch säuerliches, aber rundes, vielfältiges Getränk mit bitteren, süßlichen oder fruchtigen Noten zu entwickeln.

Tilquin, der erste wallonische Geuze-Verschneider, klappert für seine Kreationen vier Produktionsstätten ab und holt von dort frisch gebrautes, höchstens einen Tag altes Lambik.

Die Lambiks von Boon, Girardin, Lindemans und Cantillon unterscheiden sich stark. Dafür sorgen die unterschiedlichen Brauvorgänge – der Charme der Spontanvergärung ist ja, dass man sie nie ganz unter Kontrolle kriegt. Umso aufregender ist die Entwicklung jeder einzelnen Charge.

Das junge Lambik pumpt Tilquin in Eichenfässer, in denen zuvor Weine aus Bordeaux oder dem Rhône-Tal lagerten. In den Fässern fermentiert und reift es in Ein-, Zwei- und Drei-Jahres-Zyklen. Die große Kunst ist es, aus jüngeren und alten Lambiks eine Cuvée zu entwickeln, die einen ganz eigenen Charakter hat – ein perfekter „geuzesteker" (Geuze-Verschneider) schmeckt auch die Entwicklung seiner Kreation bei der nachfolgenden Flaschenfermentation voraus.

Denn die „Geuze Tilquin à l'ancienne" reift nach der Abfüllung für mindestens ein halbes Jahr nach, bevor sie in den Verkauf geht. Und für seine „Quetsche Tilquin à l'ancienne" lässt Pierre Tilquin elsässische Zwetschgen vier Monate lang in einer Lambik-Cuvée gären. Das Wissen eignete er sich am Institut für Bierforschung der Universität Löwen an, das Fingerspitzengefühl bekam er bei den Brauereien Huyghe, Drie Fonteinen und dem berühmten

DIE ELEGANTEN TILQUIN-GEUZEN GELTEN GERADE FÜR SAUERBIER-ANFÄNGER ALS EINLADEND.

Lambik- und Geuze-Hersteller Cantillon in Anderlecht. Die nötige Geduld hatte der Wallone schon immer. Sie war auch das Wichtigste bei dem Entschluss, sich mit einer eigenen „Gueuzerie" selbstständig zu machen. Schließlich dauerte es vom Produktionsbeginn im Februar 2009 bis zur ersten verkauften Flasche Ende Mai 2011 mehr als zwei Jahre! Die Investition in die erste neue Geuze-Produktionsstätte des 21. Jahrhunderts hat sich schnell ausbezahlt. Die eleganten Tilquin-Geuzen gelten gerade für Sauerbieranfänger als einladend. Vielleicht ist auch der Reiz des Neuen ein Grund dafür, dass Tilquin besonders unter Craft-Bier-Fans Verehrer gefunden hat. Den größten Absatz findet seine Geuze in den USA, gefolgt von Belgien und Italien. Übrig bleibt nichts.

COEDO

DIE SCHNAPSIDEE

ORT → KAWAGOE, JAPAN
EIGENTÜMER → SHIGEHARU ASAGIRI
BRAUMEISTER → HIROMI UETAKE UND ANDERE
GRÜNDUNG → 1996

Schnaps aus Süßkartoffeln schmeckt hervorragend. Warum dann nicht auch Bier? Gerste und Weizen waren schon immer knapp in Japan. Süßkartoffeln sind dagegen das Markenzeichen der Kawagoe-Region. Die Knollen wachsen aber nicht nach Norm, und so produzieren die Bauern einiges an Ausschuss. Schließlich war es nach der Reform der Alkoholbesteuerung 1994 auch japanischen Mikrobrauern möglich, sich auszuprobieren. Da kam die Überproduktion also sehr gelegen.

Als die Kyodoshoji Corporation 1996 beschloss, die Coedo-Brauerei in Kawagoe zu gründen, verstanden die Eigentümer viel von Gemüseanbau und Gemüsehandel und wenig von Bier. So importierten sie neben der Brauanlage auch einen deutschen Brauer dazu. Braumeister Christian Mitterbauer hat die Herausforderung angenommen, aus ungewöhnlichen Zutaten Bier zu brauen und gleichzeitig den japanischen Kollegen das Handwerk beizubringen. In fünf Jahren hat er die Aufgabe gemeistert: Coedo wurde zur weltweit ersten und einzigen Brauerei, die Süßkartoffelbier braut. Zudem haben acht japanische Brauer, darunter zwei Frauen, die Kunst des Brauens bei ihm erlernt.

Das Süßkartoffelbier „Coedo Beniaka" ist bis heute das Aushängeschild der Japaner. Das rötlich-bernsteinfarbene Bier hat inzwischen nicht nur die japanischen Konsumenten überzeugt, die mit dem Süßkartoffelschnaps Shochu vertraut sind, sondern auch Bierliebhaber weltweit. So gewann es seit 2009 etliche Auszeichnungen auf internationalen Wettbewerben, darunter die Silbermedaille beim World Beer Cup.

Das Kernsortiment der Brauerei umfasst fünf Biersorten: neben „Beniaka" noch das Pilsener „Ruri", das Weizenbier „Shiro", das Lager „Kyara" und das Dunkle „Shikkoku". Alle fünf sind nach traditionellen japanischen Farbtönen benannt. Der starke Bezug zur japanischen Tradition ist nicht nur in der Namensgebung und der Verwendung regionaler Zutaten gegeben, sondern auch in der geschmacklichen Komposition der Biere. Der zenbuddhistischen Wabi-Sabi-Ästhetik folgend, braut Coedo mit der leichten, eleganten japanischen Küche im Sinn. So sind milde, runde Biere entstanden, die

DER WABI-SABI-ÄSTHETIK FOLGEND, BRAUT COEDO MIT DER LEICHTEN, ELEGANTEN JAPANISCHEN KÜCHE IM SINN.

die zarten Geschmäcke der traditionellen Gerichte perfekt begleiten und hervorheben.

Seit Shigeharu Asagiri 2003 die Geschäftsführung der Coedo-Brauerei übernommen hat, legt er großen Wert darauf, das Geschäft international auszurichten. Inzwischen exportiert er seine Produkte auch nach Europa, China und in die USA. Das hat ihm die Aufmerksamkeit anderer Craft-Brauer eingebracht.

So ergab sich 2012 eine Zusammenarbeit mit der Brauerei Ballast Point aus San Diego. Das gemeinsame Bier ist ein spannender Cocktail panpazifischer Aromen. Es vereinigt Aromahopfen aus den USA, Australien und Neuseeland mit japanischem Sake-Reis und Schalen der ostasiatischen Zitrusfrucht Yuzu. Das „West to East IPA" ist das erste in Japan gebraute India Pale Ale.

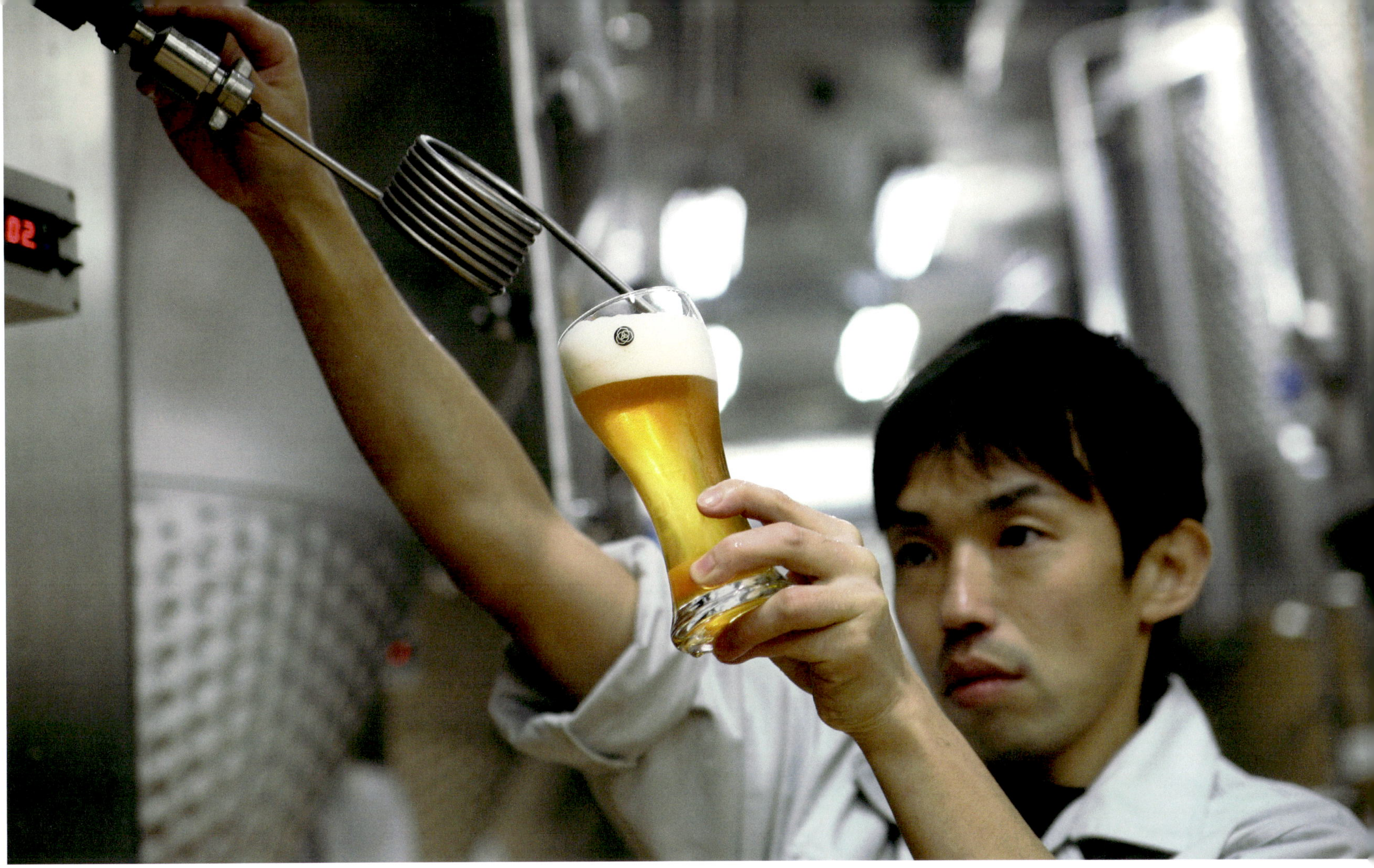

BEER BEAUTIFUL
COEDO
Shiro
BEER BEAUTIFUL
COEDO
Shikkoku
PREMIUM ALL MALT BEER
COEDO's beer is brewed from selected malts and hops with the technique of beer artisan, braumeister.

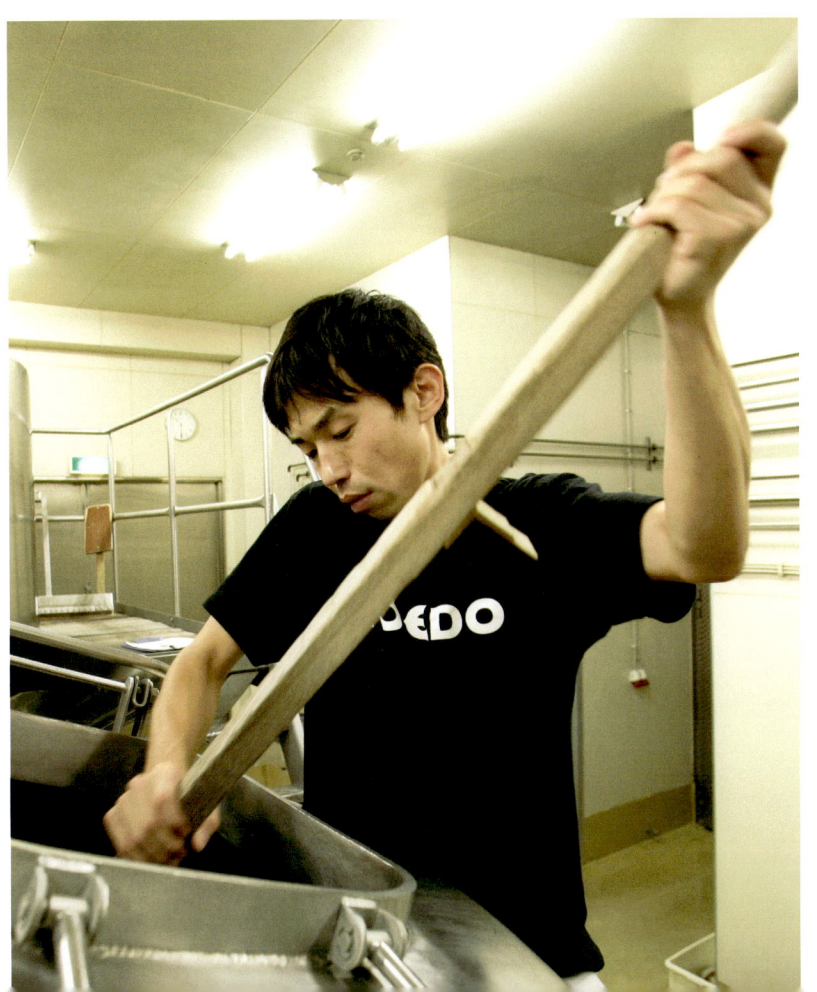

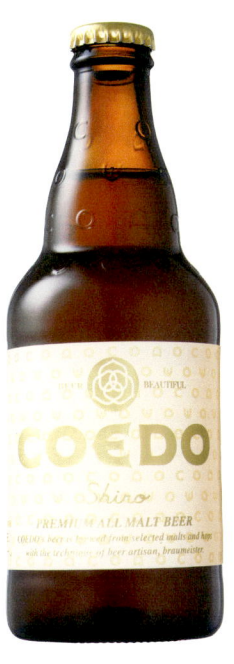

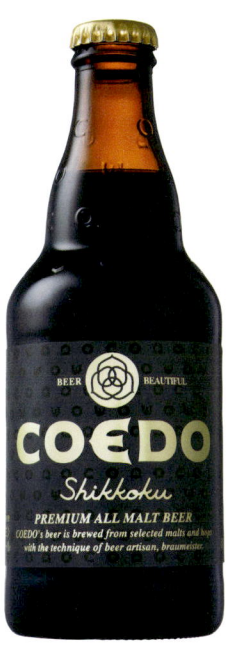

EVIL TWIN

MINDESTENS VERDOPPELT

ORT → NEW YORK, USA / KOPENHAGEN, DÄNEMARK
EIGENTÜMER / BRAUMEISTER → JEPPE JARNIT-BJERGSØ
GRÜNDUNG → 2010

Ein Däne zieht als Gypsy-Brauer von Brauerei zu Brauerei und verwirklicht so seine Vorstellungen von Bier. Dabei ist eine Kreation überraschender als die andere. Keine Frage – das kann nur der geniale Schöpfer von Mikkeller sein. Falsch gedacht! Er ist nicht Mikkel. Er ist der Doppelgänger und Schatten, das eineiige Double, der „böse Zwilling": Jeppe Jarnit-Bjergsø.

Da will man automatisch wissen, was die beiden unterscheidet. Vielleicht ist es Jeppes Art zu brauen, denn er hat nie den Anspruch, das gleiche Bier ein zweites Mal herzustellen. Er experimentiert lieber weiter. So können in einem Jahr mehr als 40 Biersorten entstehen. Seine preisgekrönten Stouts, India Pale Ales und Porters, mit kuriosen Namen wie „Hello my Name is Sonja" oder „Spicy Nachos", produziert er in zehn verschiedenen Brauereien, verteilt auf sechs Länder. Doch Jeppe Jarnit-Bjergsø konzentriert sich seit einigen Jahren vor allem auf einen Ort: New York City. In Brooklyn führt er die Bar „Tørst" (siehe Seite 140). Manche sagen, sein Ziel sei es, New York zur Bierwelthauptstadt zu machen.

Man würde es ihm zutrauen. Kurz nach der Gründung 2010 produzierte Evil Twin Brewing 1200 Hektoliter. Bisher hat sich diese Zahl jedes Jahr mindestens verdoppelt. Die Marke wird mit Lob überschüttet. New Yorker Toprestaurants wie „Momofuku Ko" und „Eleven Madison Park" führen seine Biere. Ihm sei die Trinkbarkeit das Wichtigste, sagt Jeppe – sein hochprozentiges „Bozo" hat er als Parodie auf all die geschmacksüberladenen Produkte gebraut, die bei den Rekordjägern des immer schrilleren Biers umjubelt sind, nicht aber bei Genießern.

Einst hatten die Zwillinge sich die Bierwelt aufgeteilt: Mikkel braute, Jeppe verkaufte. Jeppe eröffnete 2005 den Bierladen Ølbutikken in Kopenhagen und machte damit Mikkels erste Kreationen bekannt. Zugleich profitierte Jeppe von dem Wirbel, den diese weltweit erzeugten. Er ist außerdem Gründer und Inhaber der Distributionsfirma Drikkeriget, die Craft-Bier aus USA und anderen Ländern importiert. Irgendwann bekam auch Jeppe Lust aufs Brauen. Das Verhältnis der Zwillinge zueinander ist wohl nicht leicht. Für uns Bierliebhaber sind sie eine enorme Bereicherung. Alles wird zu flüssigem Gold, was die dänischen Brüder anfassen, ob gemeinsam oder eigenständig.

SEINE PREISGEKRÖNTEN STOUTS, INDIA PALE ALES UND PORTER PRODUZIERT ER IN ZEHN VERSCHIEDENEN BRAUEREIEN, VERTEILT AUF SECHS LÄNDER.

Jeppe Jarnit-Bjergsø

EVIL TWIN IMPERIAL BISCOTTI BREAK

IMPERIAL PORTER MIT ESPRESSO, VANILLE UND GERÖSTETEN MANDELN, GEBRAUT BEI WESTBROOK BREWING FÜR DIE BIER-KREUZFAHRT ROM–BARCELONA IM JUNI 2011. TIEFDUNKLE, SAHNIGE SCHAUMDECKE, KOMPLEXE RÖSTAROMEN: KAKAO, ETWAS KAFFEE, KARAMELL, RAUCH, MANDELN. VOLLMUNDIG, CREMIGES MUNDGEFÜHL. LEICHTE BITTERNOTEN, RUND UND HARMONISCH. WUNDERBAR ALS GENUSSTRUNK UND ZU SÜSSSPEISEN.

11,5
Vol.-%

BOXING CAT BREWERY

SHANGHAIWAY DURCH AMERIKA

ORT → SHANGHAI, CHINA
EIGENTÜMER → KELLEY LEE, MICHAEL JORDAN
UND LEE TSENG
BRAUMEISTER → MICHAEL JORDAN
GRÜNDUNG → 2008

Das ist gleich doppelt exotisch, jedenfalls für Chinas energie-geladene Metropole Shanghai: Bei Boxing Cat trifft moderne US-Küche auf traditionelle Braukunst. Das Konzept findet großen Anklang, seit der Eröffnung 2008 hat das Restaurant um die Inhaber Kelley Lee, Michael Jordan und Lee Tseng bereits zwei Ableger gegründet. Boxing Cat will als kulinarischer Pionier gutes Bier und gutes Essen „an die begierige Menschenmasse Shanghais bringen". Und das am besten im Eiltempo.

Die Autobahn Interstate 10, die von Floridas Atlantikküste durch Alabama, Mississippi, Louisiana, Texas, New Mexico und Arizona bis Los Angeles führt, ist denn auch die Inspirationsquelle der Boxing-Cat-Küche. Der Süden der USA ist geprägt von karibischen, französischen und mexikanischen Einflüssen. Chefköchin Kelley Lee bringt diese Geschmacksfülle auf den Punkt. Jede Spezialität wird im Restaurant selbst hergestellt. So werden Fleischgerichte typisch kalifornisch geräuchert und gepökelt, Därme von Hand mit Wurstmasse befüllt, Brote gebacken und sogar Sauerrahm und Buttermilch selbst zubereitet. Scharfe Gewürze dominieren, für die chinesischen Gourmets ein deutlicher Kontrast zu der eher milden Shanghaier Küche mit ihren oft stundenlang gegarten Gerichten.

Während Lee sich immer von den aktuellen Tendenzen der US-Topküchen anregen lässt, orientiert sich Braumeister Michael Jordan strikt an der Biertradition. So teuer es ist, lässt er die stilgerechten Malz-, Hefe- und Hopfensorten aus Europa, Neuseeland und USA importieren; das Wasser wird aufwendig filtriert. Leider darf er sein Bier nicht außerhalb des Lokals vertreiben. Im Standard-Portfolio sind Pils und Helles nach deutscher Art, britische Ales und ein amerikanisches IPA. Doch Jordan experimentiert auch. In seinem Tripel „Threat" (7,8 Vol.-%) ist ein Hauch von China versteckt: frischer Ingwer und Sezuanpfeffer; und das „King Louie Imperial Stout" (8 Vol.-%) mit Kaffee- und Rauchnoten ist dem

DAS BESTE DER WESTLICHEN BRAU-TRADITION, GEPAART MIT AMERIKANISCHER SÜDSTAATEN-KÜCHE.

Michael Jordan (links) und sein Brauteam

Brauerei-Namengeber gewidmet: Das Kätzchen Louie wurde im Gründungsjahr von der Boxerhündin des damaligen Braumeisters aufgezogen. Jordan, seit 2010 sein Nachfolger, organisiert jedes Jahr im Mai ein Festival der neuen Biere. Er hat die Rolle des Craft-Beer-Pioniers in China angenommen.

ALVINNE

WENN ELFEN TRÄUMEN

ORT → MOEN, BELGIEN
EIGENTÜMER → DAVY SPIESSENS, GLENN CASTELEIN
UND MARC DE KEUKELEIRE
BRAUMEISTER → DAVY SPIESSENS
GRÜNDUNG → 2003

Belgien vereint auf engem Raum so viele Biertraditionen, jede anders als alles, was man aus dem Rest der Welt kennt. Eine Reise durch das wunderbarste Land der Biere kann deshalb viel Verwirrung stiften. Denn während man tapfer mit den diversen Sauerbieren Bekanntschaft macht, Duvel mit Dubbel und Tripel mit Trappistenbier verwechselt, Braun-, Rot- und Witbiere durcheinander trinkt und aus Versehen auch ein Pilsje kostet, kommt immer wieder ein Wissender vorbei und flüstert: „Und Alvinne? Kennen Sie schon Alvinne?"

Tatsächlich ist Alvinne noch einmal etwas ganz anderes. Die Brauerei gehört zu den genialen Neugründungen des Landes. Um die Jahrtausendwende machte sich eine Handvoll belgischer Brauer auf, die Bierkultur zu erweitern: Hildegard von Ostaden (Urthel) erfand mit „Hop-It" die Kategorie der belgischen IPAs, Urbain Coutteau und sein Team von De Struise Brouwers ließen als Erste in Europa ihre Biere im Wein- oder Spirituosenfass reifen („Pannepot Reserva"). Und Davy Spiessens, der 2003 unspektakulär mit „Blond" und „Bruin" gestartet hatte, ließ seiner Elfe (das bedeutet das Dialektwort „Alvinne") prächtige Flügel wachsen. Er und sein Partner Glenn Castelein begannen die Grenzen des Geschmacks auszutesten, sie wagten sich an extrem bittere Ales oder ein saures Weißbier mit Raucharoma, experimentierten mit neuen Hopfensorten und Fassausbau.

Seit 2010 gehört Marc De Keukeleire zum Team, ein Lebensmittelingenieur, der nach jahrelanger Tüftelei eine eigene Hefekultur entwickelt hat. „Morpheus", der Gott der Träume, ist eine Mischung aus zwei obergärigen Hefestämmen mit Milchsäurebakterien, geeignet für saure wie nichtsaure Biere. Das rotbraune, säuerliche „Morpheus Wild Undressed" (5,2 Vol.-%) war die erste Kreation mit der neuen Hefe – und wurde zu einem Schlager in den USA.

Einst nannte Alvinne sich eine „Picobrouwerij", also viel kleiner als eine Mikrobrauerei. Nach zwei Umzügen haben die drei Inhaber inzwischen in Moen, einem Dorf nahe Kortrijk, eine ausgewachsene Produktionsstätte zur Verfügung. Zu den Highlights zählen die „Cuvée d'Erpigny" (15,2 Vol.-%), ein Barley Wine, der auf Montbazillac-Fässern reift, oder

Marc De Keukeleire, Glenn Castelein und Davy Spiessens

ALVINNE TESTET DIE GRENZEN DES GESCHMACKS AUS, WAGT SICH AN EXTREM BITTERE ALES ODER SAURE WEISSBIERE MIT RAUCHAROMA.

das Sommerbier „Freaky" (3,8 Vol.-%) mit seinem aufregenden Hopfenaroma. Beide sind schon moderne Klassiker. Doch die Alvinne-Macher sehen es weiterhin als ihre „Mission, mit exzellenten und innovativen Bieren die klassischen Grenzen zu sprengen". Die Reise durchs Bierwunderland Belgien endet nie.

ALE MANIA

PIONIER MIT EINFACHEN MITTELN

ORT → BONN, DEUTSCHLAND
EIGENTÜMER & BRAUMEISTER → FRITZ WÜLFING
GRÜNDUNG → 2010

Fritz Wülfing ist Ingenieur für Telekommunikation. Noch wichtiger ist dem Bonner der direkte Kontakt mit Menschen, ohne technische Hilfsmittel. Die herzliche Aufgeschlossenheit der Amerikaner hat es ihm angetan. Auf einer Reise durch Upstate New York im Jahr 1999 lernte er erstmals die Spezies der Craft-Brauer kennen, Quereinsteiger, die den Weg vom Heimbrauer zum Profi meistern. „Begeistert hat mich der Enthusiasmus", so Wülfing, den die Vielfalt der Craft-Biere ebenso faszinierte wie das Miteinander der neuen Brauer. Geheimniskrämerei oder Missgunst gebe es in dieser Szene nicht.

Inspiriert von dieser „Bewegung von unten", begann er 2002 selbst mit dem Heimbrauen: Pale Ales, IPAs, Stouts. Am liebsten gut Gehopftes. Auf weiteren Reisen ins „Mutterland des Craft" suchte er gezielt Braustätten auf und schaute den amerikanischen Vorbildern über die Schulter. Tipps und Tricks zum Maischverfahren und Hopfenstopfen nahm er mit nach Hause.

2010 brachte er sein „FritzAle IPA" in den Handel. Fritz Wülfing war damit zum ersten deutschen Craft-Brauer nach US-Vorbild geworden. Das sei doch keine große Sache, meint er in seiner fast aufreizend bescheidenen Art, „Craft-Brauen ist wie Heimbrauen, das geht mit einfachen Mitteln". Die Rezepte entwickelte er zu Hause, als „Kuckucksbrauer" in Hagen, in der Braustelle Köln oder in Siegburg nahm Wülfing dann selbst den Rührstock in die Hand.

„Dafür brauchte ich einen Jahresausstoß von 500 Hektolitern", winkte er damals ab, wenn man ihn auf Pläne für eine eigene Brauerei ansprach. Doch bereits nach drei Jahren war der Verkauf von null auf 400 Hektoliter hochgeschnellt, und jetzt macht Wülfing ernst. „Als Erstes nehmen wir die Abfüllanlage in Betrieb und dengeln dann Schritt für Schritt die Brauerei drum rum. Natürlich alles selber gebaut. Eine Brauerei muss nicht viel kosten, um gutes Bier zu machen." Passend zum Neuanfang erhält Wülfings Betrieb einen neuen Namen: Ale Mania.

Fritz Wülfing

EINE BRAUEREI MUSS NICHT VIEL KOSTEN, UM GUTES BIER ZU MACHEN.

Man kann den Eindruck gewinnen, dass Fritz Wülfing die Rolle als deutscher IPA-Pionier erst so richtig genießt, seit im ganzen Land die Konkurrenz sprießt. Denn ihm sind Craft-Bier-Quereinsteiger keine Rivalen, sondern herzlich begrüßte und unterstützte Kollegen. Endlich gibt es auch zu Hause eine Gemeinschaft der neuen Brauer.

GUSSWERK

STRENG FANTASIEVOLL

ORT → SALZBURG, ÖSTERREICH
EIGENTÜMER & BRAUMEISTER → REINHOLD BARTA
GRÜNDUNG → 2007

Den Duft von Bier hatte Reinhold Barta schon als Junge in der Nase. Er wuchs neben der Hubertus-Bräu im niederösterreichischen Städtchen Laa an der Thaya auf. Später verdiente er sich als Bierfahrer das Geld für sein Studium in Wien. Dort lernte er Lebensmittel- und Biotechnologie. Und das nicht nur theoretisch: In seiner Studentenwohnung wagte er Ende der Neunziger erste Brauversuche.

Dem angehenden Ingenieur ist die Heimanlage bald zu klein. Sein Ziel wird es, ökologisch untadelige Biere zu entwickeln. Den Abschluss macht Barta an der irischen Universität Cork und arbeitet dort ein Jahr lang in der Beamish-Brauerei. Und Ende 2001 erhält er in St. Pölten die Chance, seine Ideen als Braumeister zu verwirklichen.

Die Brauereigaststätte „Malzinger" liegt im sterilen Regierungsneubauviertel, doch bald sitzen Bierliebhaber aus ganz Österreich zwischen den Landtagsabgeordneten. Denn bereits mit seiner Eröffnungskreation hat Reinhold Barta auf sich aufmerksam gemacht – einem Irish Dry Stout. Selbst das schlichte Hausbier gestaltet der Jungbrauer mit viel Aromahopfen zu etwas Besonderem. Nun geht es Schlag auf Schlag: Schon ein Jahr später wirbt die Stieglbrauerei den neuen Star ab und ernennt Barta zum Geschäftsführer der Mikrobrauerei „Stiegl Ambulanz". Das Lokal wird schon nach wenigen Monaten von Conrad Seidls *Bier Guide* zum „Wiener Bierlokal des Jahres 2003" gekürt. 2005 wechselt Barta in die Stiegl-Zentrale nach Salzburg, um dort die „Monatsbiere" zu kreieren – experimentelle Kleinsude, alles streng biologisch und passend zur Jahreszeit: im Juni etwa ein „Holunderweizen". 2007 gründet er auf dem Gelände einer ehemaligen Glockengießerei in Salzburg sein eigenes Brauhaus Gusswerk.

„Bio ist für mich selbstverständlich", sagt Barta und freut sich, dass er damit nicht mehr allein ist: „Als ich begonnen habe, Bier zu brauen, haben wir den Konsumenten erst nach sechs Monaten gesagt, dass es bio ist", erzählt er, „und dann gab es Leute, denen das Bier auf einmal nicht mehr geschmeckt hat." Inzwischen sind fast alle Grundstoffe sogar nach den strengen Demeter-Richtlinien zertifiziert. Gusswerk arbeitet mit alten, schonenden Herstellungsverfahren: Das Bier soll

GUSSWERK ARBEITET MIT ALTEN, SCHONENDEN HERSTELLUNGS-VERFAHREN: DAS BIER SOLL SEINE VITAMINE, MINERALIEN UND SPUREN-ELEMENTE NICHT VERLIEREN.

Reinhold Barta (links) in seiner Brauerei

seine Vitamine, Mineralien und Spurenelemente nicht verlieren. Denn dies verleiht ihm mehr Geschmack.

Vor allem aber ist es Bartas Fantasie, die jedes Gusswerk-Bier so besonders macht. Etwa das „Synergy Hanfbier", dem die Hanfsamen einen nussigen Ton geben, oder „Black Betty" mit Kräutern wie Gundelrebe und Wermut. Rund ein Dutzend Biersorten hat Gusswerk im Sortiment, unüberschaubar ist die Zahl der Auszeichnungen. Für fast jedes der Biere und für ihren Braumeister. Sein Wissen gibt der Diplom-Biersommelier gern weiter.

Weiterentwickelt hat sich auch die Brauerei. Im Örtchen Hof, 15 Kilometer östlich von Salzburg, fand Barta 2013 Platz für einen vergrößerten Betrieb samt Gastronomie. Und natürlich ist die neue Anlage noch umweltbewusster: Durch Energierückgewinnung und einen Gastank kann der CO_2-Ausstoß um 25 Tonnen verringert werden. Eine Solaranlage ist geplant, damit die Stromversorgung autark sein kann. Alles für den Duft von naturreinem Bier.

ALTES MÄDCHEN/ RATSHERRN

WO DAS BIER DER STAR IST

ORT → HAMBURG, DEUTSCHLAND
EIGENTÜMER → AXEL OHM UND PATRICK RÜTHER
BRAUMEISTER → IAN PYLE
GRÜNDUNG → 2013

„Ja, die rauchigen Kneipen sind immer noch, wie sie mal war'n", singt Freddy Quinn in seinem Schlager „Hamburg, altes Mädchen", doch hier irrt der Sänger: Hell und freundlich ist der riesige Gastraum, eingerichtet mit bequemen Stühlen und groben Holztischen, im Mittelpunkt die große Theke mit ihren acht Zapfhahnen. Am Ende des Raums flackert ein Kaminfeuer, dahinter sind die Anlagen der Ratsherrn-Brauerei, und gleich über den Innenhof mit seinem kleinen Biergarten findet man einen gut bestückten Craft-Bier-Laden. In Hamburgs Schanzenhöfen steht eines der gelungensten Bierlokale Deutschlands.

Das liegt auch an dem hochwertigen Speiseangebot. Das Labskaus, ein sonst eher unansehnliches Seemannsessen, kommt sehr appetitlich auf den Tisch. Das Brot wird selbst gebacken. Die beliebten „Stullen" mit Räucherlachs oder Mozzarella sind Edelversionen eines Imbisses. Man schmeckt, dass das „Alte Mädchen" mit dem benachbarten Edelrestaurant „Bullerei" von Tim Mälzer, dem deutschen Jamie Oliver, zusammenarbeitet.

Das Ziel der Betreiber: weg vom biederen Bierimage, hin zu Vielfalt und Genuss. Seit März 2013 machen sie die Hamburger mit Craft-Bieren bekannt, ihr Personal haben sie dazu gut geschult. Und sie sind souverän genug, eine gute Auswahl an Flaschenbieren aus aller Welt anzubieten, obwohl dagegen ihre eigenen Schöpfungen mitunter einen schweren Stand haben. Das einzige rundum gelungene Produkt der Ratsherrn-Brauerei bleibt das gut gehopfte Pils. Das Rotbier ist bereits deutlich harmonischer geworden. An Pale Ale und „Hamburger Weißbier" wird sicherlich noch gearbeitet.

Denn der Ratsherrn-Chef Oliver Nordmann und die Gasthausgeschäftsführer Axel Ohm und Patrick Rüther sind Perfektionisten. Zur Eröffnung luden sie die Anwohner des Schanzenviertels ein, eine Woche lang zum halben Preis die Speisen

und Getränke des „Alten Mädchens" kennenzulernen. Das hat überzeugt – auch wenn viele sich den Besuch seither nicht oft leisten können: Die Preise sind happig. Es gehört zum Konzept, sich von den „rauchigen Kneipen" und ihrer Klientel abzusetzen. Das „Alte Mädchen" ist Abend für Abend voll.

In der deutschen Craft-Bier-Szene ist die norddeutsche Getränkegroßhandel- und Brauer-Dynastie Nordmann lang misstrauisch beäugt worden, nicht zuletzt wegen des unüberlegten Versuchs, sich für die Ratsherrn-Brauerei den Begriff „Craft Beer" markenrechtlich schützen zu lassen. Doch das ist längst verziehen: Mit ihrem gelungenen Gasthauskonzept haben Oliver Nordmann & Co. mehr zur Begeisterung der Hamburger und ihrer vielen Gäste für neue, aufregende Bierstile beigetragen als alle Konzepte und Kampagnen zuvor. Wer hier einmal Craft-Bier kennengelernt hat, dem geht es, wie Freddy Quinn singt: „Und du brauchst jede Nacht ein Glas mehr".

MIT IHREM GELUNGENEN GASTHAUSKONZEPT HABEN DIE BETREIBER DIE BEGEISTERUNG DER HAMBURGER FÜR NEUE, AUFREGENDE BIERSTILE ENTFACHT.

KREATIV-BRAUEREI KEHRWIEDER

KARIBIK IN DER HAFENSTADT

ORT → HAMBURG, DEUTSCHLAND
EIGENTÜMER & BRAUMEISTER → OLIVER WESSELOH UND
FRIEDRICH MATTHIES
GRÜNDUNG → 2011

Oliver Wesseloh und Friedrich Matthies

Sie lebten glücklich unter Palmen. Jetzt haben sie die Sonne nach Hamburg geholt. Oliver Wesseloh und Friedrich Matthies machen mit „Kreativbieren" ihre Heimatstadt glücklich.

Wesseloh war drei Jahre Braumeister in der karibischen Cayman Island Brewery, bevor er 2010 mit Frau und Kindern nach Miami übersiedelte – als Engineering & Sales Manager für einen Anlagenbauer. Erst dort, in den USA, lernte er die außergewöhnlichen Bieraromen handwerklich gebrauter Craft-Biere kennen.

Matthies hatte 2008 seine Ausbildung zum Brauer und Mälzer sowie 2011 sein Studium an der Technischen Universität Berlin zum Diplom-Braumeister abgeschlossen. Auch ihn lockte das Abenteuer der Ferne, er arbeitete als Brauer in Frankreich und auf der Mittelmeerinsel Menorca, danach wollte er in Südamerika sein Glück versuchen. Doch alles kam anders, als Matthies und Wesseloh sich trafen. Die beiden gestanden sich ihre Liebe zum Craft-Bier und beschlossen, nach Hamburg zurückzukehren und gemeinsam fantasievolle Biere zu entwickeln.

Seit 2012 stehen Wesseloh und Matthies nun im Dienst ihrer eigenen „Kreativbrauerei Kehrwieder". Nur die Brauerei selbst fehlt noch. Die Kosten für den geplanten Kauf und Umbau einer stillgelegten Anlage haben sie abgeschreckt: Traditionelle Brauereien seien für ihre Zwecke ungeeignet, „die meisten sind nur auf Standardpils ausgelegt", sagt Wesseloh. Ihre aus acht ausrangierten Milchtanks selbst zusammengeschweißte Anlage ist bis heute unbenutzt – eine geeignete und vor allem bezahlbare Halle in Hamburg ist nicht leicht zu finden.

Doch es gibt ja Mikrobrauereien, bei denen man brauen kann. Bei Rækker Mølle im dänischen Mitteljütland gelang ihnen gleich ein Coup: „Prototyp", ein hopfengestopftes helles Lager, die treudeutsche Sorte Export aromatisch neu

DIE ANLAGE HABEN SIE AUS ACHT AUSRANGIERTEN MILCHTANKS SELBST ZUSAMMENGEBAUT – ABER EINE GEEIGNETE HALLE IST NICHT LEICHT ZU FINDEN.

interpretiert. Die Kalthopfung mit Saaz und Simcoe bringt kräuterige und an Apfelsine erinnernde Aromen hinein – einen Strahl karibischer Sonne.

Ihre Craft-Bier-Pflicht erfüllten die beiden Kehrwieder-Brauer dann mit mehreren India Pale Ales im Fanø Bryghus auf der nördlichsten der dänischen Wattenmeerinseln. Eine weitere Kreation, ein nassgehopftes Pale Ale namens „Feuchter Traum", brauten sie mit frisch gepflücktem Cascade-Hopfen in Nittenau ein – das Bier gewann 2014 den Silver Award beim Dublin Craft Beer Cup.

Zum Hopfenernten in die Hallertau, zum Brauen in die Oberpfalz, regelmäßig alle drei Wochen für mehrere Tage nach Fanø – und seit Ende 2013 muss Oliver Wesseloh zusätzlich als Biersommelier-Weltmeister ständig überall präsent sein: Da ertönt der Hamburger Seemanns-Abschiedsgruß „Kehr wieder" ein bisschen zu häufig. Die Kreativbrauer haben schon einen Preis für die Vermittlung eines geeigneten Braugeländes in Hamburg ausgesetzt: Freibier, solange die Brauerei besteht. Also ein Glück, das der Gewinner hoffentlich sehr, sehr lange genießen wird.

DE MOLEN

MIT DONNER UND GLORIA

ORT → BODEGRAVEN, NIEDERLANDE
EIGENTÜMER → MENNO OLIVIER UND JOHN BRUS
BRAUMEISTER → MENNO OLIVIER
GRÜNDUNG → 2004

„Bommen & Granaten" (Bomben und Granaten), „Hel & Verdoemenis" (Hölle und Verdammnis), „Donder & Bliksem" (Donner und Blitz) – leise und ruhig mag es Brauer Menno Olivier nicht. Doch er benennt nicht nur seine Biere wortgewaltig, er braut sie auch genauso ausdrucksstark. Der Niederländer hat Freude daran, neue Rezepte zu entwickeln und die Grenzen des Erwartbaren auszudehnen. Von Pils über Wit, Saison, Porter und Stout bis zum Barley Wine – alle erdenklichen Stile finden sich im Repertoire der Brouwerij De Molen. Viele Sude werden einmalig oder nur saisonal gebraut, einige werden in Whisky- oder Weinfässern ausgebaut, manche gar destilliert.

Oliviers Karriere begann klassisch als Heimbrauer. Der Weg über mehrere Anstellungen, unter anderem bei der Stadsbrouwerij De Pelgrim in Rotterdam, hat ihn 2004 zur Gründung seiner Brauerei De Molen in Bodegraven geführt. Die namengebende Mühle, in der die Brauanlage steht, stammt aus dem Jahr 1697. Auf der Suche nach dem ultimativen Bier hat sich Olivier von der amerikanischen Mikrobrauerszene inspirieren lassen. So braut er zumeist hopfenbetont, experimentiert mit verschiedenen Gewächsen und höherem Alkoholgehalt. Auch die Neuinterpretation historischer Bierstile interessiert ihn: Das mit dem lieblichen, stiltypischen Kent-Golding-Hopfen versetzte Porter beispielsweise wurde nach einem englischen Rezept von 1914 gebraut.

Mit den dunklen Bierstilen Porter und Stout hat sich die Brouwerij De Molen denn auch einen Namen gemacht. Eines ihrer bekanntesten Biere in dieser Kategorie – „Hel & Verdoemenis", ein Russian Imperial Stout – hat viel Glorie auf Bierfestivals quer durch Europa gewonnen. 2010 wurde es von der Bewertungsplattform Ratebeer.com mit dem Gold Award für eine Platzierung unter den hundert besten Bieren weltweit ausgezeichnet – als einziges niederländisches Bier; die Brauerei selbst kam in die internationale Top Ten.

Der Standort der Brouwerij De Molen

MENNO OLIVIER BENENNT NICHT NUR SEINE BIERE WORTGEWALTIG, ER BRAUT SIE AUCH GENAUSO AUSDRUCKSSTARK.

Legendär sind die Gemeinschaftssude von De Molen mit De Struise Brouwers und Brouwerij Alvinne aus Belgien, mit der norwegischen Haandbryggeriet, mit Mikkeller aus Dänemark, Närke aus Schweden und mit den amerikanischen Brauereien Flying Dog, Three Floyds oder Cigar City. Zudem lädt De Molen einmal im Jahr internationale Craft-Bier-Größen zum Borefts Festival auf dem Brauereigelände ein.

Mit Leichtigkeit, Gelassenheit und vor allem viel Humor nimmt Menno Olivier so manche Hürde. „Rasputin", das opulente Russian Imperial Stout der Brauerei, musste kurz nach der Markteinführung in den USA zunächst vom Markt genommen werden. Die amerikanische Brauerei North Coast monierte Verletzung ihrer Markenrechte, da eine Verwechslungsgefahr mit ihrem Bier „Old Rasputin" bestehe. Die Niederländer benannten es kurzerhand um: „Disputin" heißt es jetzt in den USA – eine Prise Nonchalance, und dann passt es schon. Das verschmitzte Lächeln von Menno Olivier ist eben auch ein Markenzeichen der Brouwerij De Molen.

DE MOLEN: BLOED, ZWEET & TRANEN

DAS BRAUNE ALE KOMBINIERT ENGLISCHES TORFMALZ MIT BAMBERGER RAUCHMALZ, EINE GEWALTIGE SYMBIOSE VON BITTERKEIT, SÜSSE, BEERENFRÜCHTEN, KAFFEE-, SCHOKOLADEN- AROMEN UND RAUCH, DIE ÜBERZEUGT.

8,4
Vol.-%

SORI
DREI FINNEN IN ESTLAND

ORT → ESTLAND UND FINNLAND
EIGENTÜMER → PATRIK HURULA, HEIKKI UOTILA
UND SAMU HEINO
BRAUMEISTER → SAMU HEINO
GRÜNDUNG → 2013

„Ernsthaftes Bier für nicht so ernste Leute" wollen Patrik Hurula, Heikki Uotila und Samu Heino brauen. Die drei jungen Finnen meinen es ernst, auch wenn sie immer fröhlich wirken. Sie meinen es so ernst, dass sie ihre Heimat verlassen haben, um Bier nach ihren eigenen Vorstellungen brauen zu können. Der finnische Staat hat nämlich enge Vorgaben für alkoholische Getränke: Alles über einem Alkoholgehalt von 4,7 Prozent wird ausschließlich in staatlichen Monopolläden verkauft und hoch besteuert. Wer anders brauen und wirtschaftlich überleben möchte, muss nach Alternativen suchen.

Die Gründer der Brauerei Sori – ein Mikrobiologe, ein Marketingexperte und ein Mann für die Zahlen – haben ein Refugium im benachbarten Estland gefunden und mit einer Crowdfunding-Aktion zahlreiche Investoren überzeugt. So sind innerhalb kürzester Zeit über 620 000 Dollar Startkapital für die neue Brauerei zusammengekommen: eine Brauerei, die für belgisch-amerikanisch inspiriertes Craft-Bier steht, gebraut von traditionsbewussten Finnen in Estland.

Ihre Vorliebe für amerikanische und auch britische Bierstile leben Samu, Heikki und Patrik in ihrer „Sori Year Round"-Serie aus. Die Finnen geben diesen Bieren die spezielle Sori-Note: Das Porter lassen sie im Eichenfass reifen; im American Black IPA sorgen sie mit finnischem Roggen für mehr Balance im Malzkörper.

Ein überwältigendes Geschmackserlebnis bietet ihr Imperial Stout „Wake Me Up (Before You Coco)". Dieses tiefschwarze Stout mit einem Alkoholgehalt von acht Prozent und extremen 100 Bittereinheiten ist nach amerikanischer Machart mit den Hopfensorten Chinook, Magnum und Cascade kaltgehopft. Das bringt intensive Zitrusfruchtaromen ins Glas. Das besondere Etwas jedoch kommt von den peruanischen Kakaobohnen und dem aromatischen italienischen Espresso, die ebenfalls eingebraut wurden.

Der heimische Markt im Norden verlangt nach leichteren Bieren. Anders als ihre etablierten Kollegen verdünnen Sori nicht einfach stärker Eingebrautes, sondern setzen für jede Kreation einen eigenen Sud an. So lancieren sie in ihrer

DIE SORI-BRAUER ERFORSCHEN AUCH IHRE EIGENEN WURZELN UND MACHEN VOR DEM FINNISCHEN BIERSTIL SAHTI NICHT HALT.

Crowdfunding-Anteilscheine

Patrik Hurula, Samu Heino and Heikki Uotila

„Weird Nordic Market"-Serie internationale Bierstile, die sie mit geringerem Alkoholgehalt und individueller Note brauen. Wie etwa ihr Saison (4 Vol.-%), das sie mit Roggenmalz einmaischen. Im Zusammenspiel mit der belgischen Hefe verleiht die alternative Malzsorte dem Bier besonders erdig-würzige Aromen. Abgerundet wird der kernige Durstlöscher mit dem tschechischen Edelhopfen Saaz.

Bei aller Experimentierfreude sehen sich die jungen Brauer zuerst der Tradition verpflichtet. Respekt vor dem Geist jedes Bierstils lässt sie immer wieder zu den Wurzeln der Braukunst zurückkehren. Und das gilt nicht nur für belgische oder englische Klassiker. Die Sori-Brauer erforschen auch ihre eigenen Wurzeln und machen vor dem finnischen Bierstil Sahti nicht halt. Sahti wird aus Gerste, Roggen, Weizen und Hafer gebraut und überwiegend mit Wacholderbeeren und nur wenig Hopfen gewürzt. Man trinkt es sehr jung vom Fass, Flaschenabfüllung ist unüblich. Die einzige Möglichkeit also, diese Spezialität zu probieren, ist, die nicht ganz so ernsten Finnen in Estland zu besuchen.

THORNBRIDGE

MIKRO IM GROSSEN MASSSTAB

ORT → BAKEWELL, DERBYSHIRE, GROSSBRITANNIEN
EIGENTÜMER → JIM HARRISON, ALEX BUCHANAN
UND SIMON WEBSTER
BRAUMEISTER → ROB LOVATT
GRÜNDUNG → 2005

Auch Fanatismus kann einen weiterbringen – wenn er den Anstoß gibt, genau die andere Richtung einzuschlagen. Wer den Sommer im Ferienlager eines Antialkoholiker-Verbands verbringen muss, denkt nur an das eine: BIER. So erging es Jim Harrison und Alex Buchanan, als sie 14 waren und sich beim gemeinsamen Erdulden der Abstinenzpredigten anfreundeten. Heute, ein paar Jahrzehnte später, produzieren sie selbst das verteufelte Getränk – verteufelt gut.

Im Sortiment ist etwa das starke, dunkle und mit Honig eingebraute „Bracia", das an die Ales der Kelten erinnern soll. Das angenehme IPA „Jaipur", inzwischen auch ein Bestseller außerhalb Großbritanniens. „Kipling", ein sanftes südpazifisches Pale Ale mit Noten von Passionsfrucht. Das erfrischende Kölsch „Tzara".

Dabei wollte Jim Harrison, Chef der Thornbridge Brewery, nur eine Vertriebs- und Marketingfirma für Craft-Bier aus Derbyshire gründen. In der ländlich geprägten mittelenglischen Grafschaft hatte seine Frau, eine Millionärin, das Anwesen Thornbridge Hall gekauft. Rund 30 Mikrobrauereien gab es damals in Derbyshire, doch Harrison war unzufrieden mit der Qualität und Menge ihrer Ales. Er ließ 2004 eine Scheune zur Brauerei umbauen, holte seinen Freund Alex Buchanan als Marketingchef und vor allem: nur ausgezeichnete Braumeister. „Es sollte bloß kein Selbstverwirklichungsunternehmen werden", sagt Harrison. „Wir bauten ein professionelles Managementteam auf, um das Braupotenzial zu steigern."

Selten ist ein Businessplan so gut aufgegangen. Nach nicht einmal fünf Jahren ging in Bakewell nahe Thornbridge Hall eine neue Brauanlage in Betrieb, weitere drei Jahre später, 2012, musste sie erweitert werden, und 2013 stand das Management vor der Frage, ob die Brauerei in drei Schichten betrieben werden soll – der Export war innerhalb eines Jahres um 845 Prozent gestiegen. Neben Hunderten Auszeichnungen wurde Jim Harrisons Brauerei 2014 von der BBC zum besten Getränkehersteller Großbritanniens gekürt – übrigens knapp vor BrewDog: Deren Gründer, Martin Dickie, war der erste Braumeister von Thornbridge gewesen.

Rob Lovatt (Mitte) und zwei Brauer

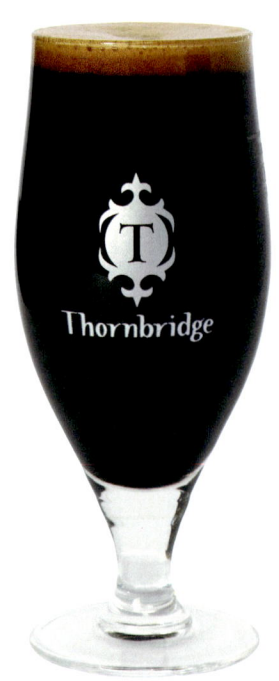

DEN SPAGAT ZWISCHEN PRODUKTIONSSTEIGE-RUNG UND MENSCH-LICHKEIT, REGIONALER VERBUNDENHEIT UND EXPORT, QUALITÄT UND WACHSTUM BEWÄL-TIGEN HARRISON UND BUCHANAN OHNE MÜHE.

Den Spagat zwischen Produktionssteigerung und Mensch-lichkeit, regionaler Verbundenheit und Export, bester Qua-lität und Wachstum bewältigen Harrison und Buchanan offenbar ohne Mühe. Den Treber, die ausgelaugten Rück-stände des Malzes, bekommen die Wildschweine. Und aufs 24-Stunden-Brauen wurde verzichtet.

PAX-BRÄU

TRINKEN FÜR DEN FRIEDEN

ORT → OBERELSBACH, DEUTSCHLAND
EIGENTÜMER & BRAUMEISTER → ANDREAS SEUFERT
GRÜNDUNG → 2007

Oberelsbach ist ein Dorf in der Rhön, einer dünnbesiedelten Mittelgebirgslandschaft fernab der großen Verkehrswege. Die örtliche Sehenswürdigkeit ist das Tabakpfeifenmuseum. Schräg gegenüber versteckt sich in einem Hinterhof der kleine Betrieb, der Oberelsbach auf die Weltkarte des Biers gebracht hat.

Im Ort selbst weiß man wenig von der Pax-Bräu. Der Supermarkt führt die Marke nicht, nur an der Tankstelle gibt es einige Literflaschen des Vollbiers. Leider liegt das Mindesthaltbarkeitsdatum weit in der Vergangenheit, und da Andreas Seufert, Pax-Inhaber und -Braumeister, seine Biere weder filtriert noch sonst wie stabilisiert, ist der Inhalt hinüber. Nebenbei erfährt man, dass der Pfarrer die Brauerei mit ihrem Malzgeruch am liebsten aus der Ortsmitte verbannen würde.

Mal wieder scheint der Prophet in seiner Heimat nichts zu gelten. Seufert könnte den Vergleich ziehen, denn er war Braumeister in Vietnam, arbeitete in Russland, Südafrika und China. Als dieser Auftrag beendet war, machte er sich selbständig. Mit dem Namen seiner Brauerei, dem lateinischen Wort für „Friede", ist es ihm ernst. Auf den markanten Etiketten schmiedet ein kräftiger Handwerker „Schwerter zu Zapfhahnen".

Aber in erster Linie will Seufert gute, individuelle Biere herstellen, solche, die sich nicht einreihen in den Einheitsgeschmack der Konzernprodukte, die in Tankstelle und Supermarkt massenhaft gekauft werden. Seufert greift auf strikt traditionelle Herstellungsverfahren und biologisch angebaute Rohstoffe der Region zurück, Strom und Wärme erzeugt er über Solarthermie und Fotovoltaik.

Die Standardbiere der Pax-Bräu haben scheinbar nichts mit den raffinierten Kreationen der Craft-Brauer zu tun. In Wirklichkeit sind gerade sie vollendete Handwerkskunst, „craft" im eigentlichen Sinne. Das kastanienfarbene untergärige Vollbier (5,2 Vol.-%) überrascht mit einer samtigen Rauchnote, auch im Weizen (5,2 Vol.-%) ist ein Hauch von Rauch zu erahnen, bis die kräuterartige Hopfennote einen knackigen Eindruck hinterlässt. Für beide gilt: Man will mehr davon.

STRIKT TRADITIONELLE VERFAHREN, BIOLOGISCH ANGEBAUTE ROHSTOFFE UND: EIN HAUCH VON RAUCH.

Und inzwischen will auch Seufert mehr. Er bietet seit 2012 jeden Monat ein geschmacksstarkes Spezialbier an. Die Palette reicht vom India Pale Ale „Cissy" über ein „Imperial Honey Stout" bis zu „Doppel Wit" und „Punk Rauch Johnny Hanson". Und im Dezember betritt der grandiose Doppelbock „Pacifator" mit dem satten Knall seines Bügelverschlusses die Bühne. Auch diese Kreation ist natürlich unfiltriert und nicht pasteurisiert, aber dank des Alkoholgehalts (8–9 Vol.-%) über Jahre hinweg lagerfähig. Von jedem Monatsbier gibt es maximal 2000 Liter. Ein Glück, dass die Oberelsbacher davon nicht viel wegtrinken.

NØGNE Ø

KOMPROMISSLØS

ORT → GRIMSTAD, NORWEGEN
EIGENTÜMER → KJETIL JIKIUN UND GUNNAR WIIG
BRAUMEISTER → KJETIL JIKIUN
GRÜNDUNG → 2002

Kjetil Jikiun

„Die Norweger wollten unser Bier nicht kaufen, sie sagten immer: ‚Das schmeckt nicht nach Bier'", berichtet Kjetil Jikiun von den Anfängen seiner Brauerei. Inzwischen sind seine Landsleute wohl auf den Geschmack gekommen, denn zwölf Jahre nach der Gründung hat sich die Produktion von anfänglich 300 Hektoliter jährlich auf über 3500 Hektoliter mehr als verzehnfacht. Nøgne Ø ist jetzt die größte handwerkliche Brauerei des Landes.

Dass der Weihnachtsmann in Grimstad braut, erkannten Bierfreunde weltweit schon früh. Bis heute werden rund 80 Prozent der Produktion exportiert. Der Norweger mit dem Rauschebart hat schon mit Craft-Bier-Größen wie Mikkeller aus Dänemark, BrewDog aus Schottland und Stone Brewing aus Kalifornien gemeinsam gebraut. Und für das Russian Imperial Stout „Dark Horizon" gab es 2008 Gold beim World Beer Cup in San Diego.

Die südnorwegische Küste vor Grimstad säumen kleine, karge Inseln. „Nøgne Ø", nackte Insel, bedichtete der große Henrik Ibsen eine von ihnen in seiner poetischen, noch sehr vom Dänischen beeinflussten Sprache. Durch den Dichter ließ sich Kjetil Jikiun inspirieren für seine Brauerei. Und untertitelte sie als „Det kompromissløse bryggeri".

Kompromisslos und kreativ war er schon als Hobbybrauer, ganz besonders im Umgang mit Vorschriften. Vor der Gründung der Brauerei flog er als SAS-Pilot durch die Welt. Dabei hortete er oft exotische Hopfenpellets im Cockpit, kühlte seltene Hefen in der Bordküche und legte damit so manche Sicherheits- oder Zollbestimmung kreativ aus.

Die Kreativität hat Kjetil sich für seine über 20 Ale-Sorten erhalten. Dabei vertraut er vor allem auf Maris Otter, das aus seiner Sicht beste von Hand vermälzte britische Malz, und auf die vier großen C der amerikanischen Aromahopfen: Cascade, Centennial, Chinook und Columbus. Und auf die Flaschengärung. Damit gelingen ihm eigenwillige und sehr eindrucksvolle Biere aus der gesamten Palette der obergärigen Brauart.

AUCH NACH DER BETEILIGUNG EINER GROSSBRAUEREI: AM SUDKESSEL STEHT KJETIL JIKIUN IMMER NOCH SELBST.

Eine neuere Kreation, das „Norse Smackdown Saison", ist ein Gemeinschaftssud mit der Craft-Brauerei Boxing Cat aus Shanghai. Das goldene Ale verbindet norwegische Wacholderbeeren und chinesischen Chrysanthementee. Die Saison-Hefe bringt würzig-fruchtige Ester-Aromen. Das Ergebnis ist ein erfrischendes Bier mit blumig-zitrusartigen Noten.

Im November 2013 ging ein kleiner Rums durch die Craft-Bier-Szene: Hansa Borg Bryggerier, der nach Carlsberg-Ringnes zweitgrößte Brauereikonzern in Norwegen, übernahm 54 Prozent der Geschäftsanteile von Nøgne Ø. Die Fans weltweit begannen am Weihnachtsmann zu zweifeln. Doch Kjetil wäre nicht er selbst, wenn er dazu nicht einfach nur milde schmunzeln würde. Am Braukessel steht er nämlich immer noch selbst. Und Kompromisse macht er bei seinem Bier eben nicht.

HARVIESTOUN

WHISKYFÄSSER UND ZUNGENBRECHER

ORT → ALVA, CLACKMANNANSHIRE, GROSSBRITANNIEN
EIGENTÜMER → KEN BROOKER
BRAUMEISTER → STUART CAIL
GRÜNDUNG → 1984

Dass die Schotten etwas von Whisky verstehen, ist kein Geheimnis. Was aber wohl passiert, wenn man altes Motoröl in einem zuvor mit Whisky belegten Eichenfass einlagert? Die Antwort darauf gibt die Brauerei Harviestoun mit ihrem „Ola Dubh", dem „schwarzen Öl". Um es vorwegzunehmen: köstlich, einzigartig, überwältigend.

Für den Versuch wurde das pechschwarze, fast zähflüssige Imperial Porter „Old Engine Oil" genommen – ein verführerisch-seidiges Ale mit Nuancen von Kaffee und sehr dunkler Schokolade. Die Fässer, in denen vorher Single Malt Whisky 12, 16 oder 30 Jahre lang gelagert worden war, lieferte die Highland Park Distillery aus Orkney. Das „Motoröl" durfte sich dort für jeweils unterschiedlich lange Perioden ausruhen und währenddessen eine Komplexität entwickeln, die Connaisseure nach nur einem Schluck still und glücklich macht. Der perfekte Digestif. Je nach Reifedauer und Fassart spielen sich Torf, Gewürze, Karamell oder Kaffee in den Vordergrund.

1984 gründete Ken Brooker die Brauerei nahe dem Anwesen Harviestoun, Grafschaft Clackmannan, in einer etwa 200 Jahre alten Farm. Der Braukessel stand im früheren Kuhstall, das Equipment war aus ausrangierten Geräten zusammengetragen und selbstgebastelt. Etwa 20 Jahre lang braute Brooker dort die Biere, die bis heute den guten Ruf der Brauerei ausmachen: „Bitter & Twisted", „Schiehallion", „Ptarmigan" und natürlich „Old Engine Oil" und „Ola Dubh".

Als der Eigentümer die Farm verkaufen wollte, zog die Brauerei fünf Meilen weiter nach Alva, wo sie bis heute ihr Zuhause hat. Brooker nutzte die Gelegenheit, eine neue, größere und maßgeschneiderte Anlage zu installieren. 14 000 Hektoliter der begehrten Ware liefert sie heute.

Nach zweijährigem Intermezzo im Besitz einer Großbrauerei ist Harviestoun seit 2008 wieder unabhängig. Ken Brooks hat sich zur Ruhe gesetzt, bleibt aber der Brauerei verbunden. Und Braumeister Stewart Cail, der seit den Anfangstagen dabei ist, behält weiter den Überblick über die Braukessel.

IN WHISKYFÄSSERN ENTWICKELT DAS *MOTORÖL* EINE KOMPLEXITÄT, DIE NACH NUR EINEM SCHLUCK STILL UND GLÜCKLICH MACHT.

Dutzende Preise haben die Harviestoun-Biere im Laufe der Jahre erhalten. Der besondere Stolz der Brauerei sind die drei Goldmedaillen, die die mächtige Verbrauchervereinigung CAMRA (Campaign for Real Ale) dem „Schiehallion", einem Lagerbier, vergeben hat. Das gut gehopfte, trockene Bier mit anhaltendem Finish hat selbst die Verfechter der althergebrachten obergärigen Sorten begeistert – temperamentvoll und in den schottischen Lowlands verwurzelt.

GRIMM ARTISANAL ALES

VON PICKLES, ROSEN UND BELGISCHER HEFE

ORT → NEW YORK, USA
EIGENTÜMER & BRAUMEISTER → LAUREN UND JOE GRIMM
GRÜNDUNG → 2013

Alles, was sich irgendwie vergären lässt, haben Lauren und Joe Grimm seit 2005 schon eingelegt. Und das ist jede Menge. Schließlich ist die List, Nahrungsmittel kontrolliert zersetzen zu lassen, damit sie umso haltbarer werden, eine der ältesten Konservierungsmethoden der Menschheit. Sauerkraut, Kimchi, Kombucha, Met, Kwass oder Cidre sind nur eine kleine Auswahl dessen, was Milchsäurebakterien und Hefepilze aus ein wenig Kohlenhydrat machen können. Der Weg zum Bier ist da nicht mehr weit. Faszinierend, diese mikroskopisch kleinen Wesen.

Die Grimms jedenfalls kamen nicht von ihnen los. Sie widmeten ihre ganze Aufmerksamkeit den oft unbeachteten Mikroorganismen. Über Hopfen und Malz weiß jeder Brauer viel zu erzählen. Was aber die Hefen beim Brauprozess anstellen, welch komplexe Aromen sie entstehen lassen, darüber machen sich nicht viele Gedanken. Dabei ist die Transformation der Geschmäcke durch die Fermentation der richtig spannende Teil. In „Bees in the Trappe" zum Beispiel, einem Honigbier in der Art eines belgischen Tripels, zeigen Lauren und Joe, wie der süße Honig bei der Umwandlung in Alkohol ein sehr trockenes Bier ergibt.

Den entscheidenden Anstoß für die Beschäftigung mit der Mikrobiologie beim Brauen lieferte – wie könnte es anders sein – eine Reise nach Belgien. Auf seiner Tour durch das Land lernte der Musiker Joe Grimm die Vielfalt der dortigen Biere kennen. Ob Dubbel, Oud Bruin, Saison oder Lambik, die belgischen Braumeister wissen um die Magie der wilden oder der gezüchteten Hefen.

Seit dem offiziellen Start ihrer kleinen Wanderbrauerei im Sommer 2013 haben die Absolventen der School of Art in Chicago eine Reihe von Bieren herausgebracht, die die einzigartigen Ester-Profile verschiedener Hefen herausarbeiten und

Lauren und Joe Grimm

DIE KLEINE WANDERBRAUEREI HAT EINE REIHE VON BIEREN HERAUSGEBRACHT, DIE DIE EINZIGARTIGEN PROFILE VERSCHIEDENER HEFEN HERAUSARBEITEN.

mit den zarten Aromen von Kräutern, Gewürzen und Blüten ergänzen. Zum Auftakt gab es das belgische Ale „From The Hip" (7 Vol.-%) mit hellem Malz, Weizenmalz und Styrian-Golding-Hopfen. Der besondere Dreh kam von den Bio-Hagebutten, deren Samen die Grimms sorgfältig von Hand entfernt hatten. Es folgten Tripels, Porter, ein Saison.

Alle Rezepte werden in der heimischen Küche in Brooklyn entwickelt und in kleiner Auflage in regionalen Brauereien produziert. Die Hefen kommen zwar aus Belgien oder Schottland, bei den restlichen Zutaten legen die Grimms jedoch Wert auf regionale Herkunft. Das Malz beispielsweise stammt von einer Farm im New Yorker Umland.

Und wem ein Grimm-Ale besonders gut schmeckt, der sollte jeden Schluck genießen, denn wiederholt wird der Sud nicht. Es gibt schließlich noch viele Hefe-Spielarten zu erkunden.

MEANTIME BREWING COMPANY

VOLLER ZEIT-GESCHMACK

ORT → LONDON, GROSSBRITANNIEN
EIGENTÜMER & BRAUMEISTER → ALASTAIR HOOK
GRÜNDUNG → 2000

Zeit zum Nachdenken, Zeit zum Experimentieren, Zeit, sich auf Traditionen zu besinnen – Alastair Hook nimmt sich viel Zeit, um das Beste aus der Londoner Brautradition herauszuholen. Mit seiner Meantime Brewery ist er seit 2000 in aller Ruhe dabei, alte Bierstile historisch getreu nachzubrauen und gleichzeitig die Erwartungen der Biergenießer zu sprengen. Porter und India Pale Ale prägten einst Londons Ruf als Bierhauptstadt, und Hooks Interpretationen gelten heute als die authentischsten Vertreter dieser Stile.

Doch mit der Meantime Brewery sieht sich Alastair Hook nicht allein der britischen Brautradition verpflichtet, sondern vor allem dem Wunsch nach unkomplizierten und erfrischenden Bieren, die handwerklich perfekt sind und schmecken.

Auf der Suche nach der besten Rezeptur hat ihn sein Weg über Schottland und die USA auch nach Deutschland geführt. Während seines Braustudiums Ende der Achtzigerjahre an der Heriot-Watt University Edinburgh jobbte er jeden Sommer in Kalifornien und schloss 1989/90 ein Aufbaustudium an der Akademie Weihenstephan der TU München an. Der Kontakt mit der amerikanischen Mikrobrauerszene einerseits und der traditionellen deutschen Braukunst andererseits haben seine Haltung als Brauer entscheidend beeinflusst. In Großbritannien drehte sich damals alles um Real Ale, ungefiltertes obergäriges Bier, das wenig Kohlensäure hat und lauwarm serviert wird. Entgegen diesem Trend braute Alastair Hook seit Anfang der Neunzigerjahre (damals bei Brauereien in Kent und in Fulham) schlichte, süffige, exzellente Lagerbiere nach Dortmunder und Pilsener Art – handwerklich, nicht pasteurisiert, mit ausreichend Zeit zum Reifen. Getreu seinem Motto „Time. Time. Time. For a fuller flavour".

Er war mit seinem „German Style" der Einzige in Großbritannien. Hooks Interpretationen eines Wiener Lagers und eines Oktoberfest-Märzen haben mehrfach internationale Preise gewonnen. Und seine Meantime Brewing war die erste

Alastair Hook

HOOKS INTERPRETATIONEN VON PORTER UND INDIA PALE ALE GELTEN ALS DIE AUTHENTISCHSTEN VERTRETER DIESER STILE.

britische Brauerei, die beim World Beer Cup – dem wichtigsten Bierwettbewerb weltweit – Medaillen holte. Diesen Erfolg hat sie seit 2004 bei jeder Ausgabe des Wettbewerbs wiederholt. Für seine Verdienste um die britische Braukunst ernannte die British Guild of Beer Writers Alastair Hook 2008 zum Brauer des Jahres.

Die Leidenschaft für gutes Bier hört für Hook nicht beim Brauen auf. Sein Anliegen ist es auch, den Konsumenten ein tieferes Verständnis für das Produkt zu vermitteln. Dafür betreibt Meantime das Pub „Greenwich Union" und das „Old Brewery", eine Brauerei mit Bar, Restaurant und Besucherzentrum im 1836 erbauten Brauhaus Old Royal Naval College, das heute zum UNESCO-Welterbe gehört.

Und dass die Meantime Brewery nicht allein in der Tradition verwurzelt ist, beweist sie mit dem preisgekrönten Coffee Porter. Das innovative Ale wird – als erstes britisches Bier – mit fair gehandelten Kaffeebohnen aus Ruanda gebraut.

TO ØL

WILDER RITT FÜR DIE GESCHMACKSKNOSPEN

ORT → KOPENHAGEN, DÄNEMARK
EIGENTÜMER → TOBIAS EMIL JENSEN, TORE GYNTHER
BRAUMEISTER → DIVERSE
GRÜNDUNG → 2010

Tobias Emil Jensen und Tore Gynther

Nicht viele Lehrer würden ihre Schüler ermutigen, Bier zu brauen. Genau das ist aber Tobias Emil Jensen und Tore Gynther passiert. Zum Glück! Denn nur wenige Jahre später beglücken sie nun die Biergenießer weltweit mit einzigartig geschmacksstarken Bieren. Der erstaunlich liberale Lehrer im Jahr 2005 war kein Geringerer als Mikkel Borg Bjergsø, der spätere Gründer von Mikkeller. Er hatte zunächst seinen Schulleiter davon überzeugen müssen, dass die Anschaffung einer Brauanlage für die Schulküche notwendig sei, um Schülern die biochemischen Grundlagen der Fermentation beizubringen. Viele Nachteinsätze später – denn die Bierprojektgruppe durfte die Schulküche für ihre Experimentalsude nur benutzen, wenn die Schule geschlossen war – hatten Tobias und Tore verstanden: Mit guten Zutaten lässt sich guter Geschmack kreieren.

2006 gründete Mikkel Borg Bjergsø seine Brauerei. Tobias und Tore übten derweil weiter auf ihrer Heimanlage, bis sie 2010 für ihr erstes kommerzielles Bier bereit waren. Ihr Vorhaben sprach sich in der Szene schnell herum, und so bekam auch ihr ehemaliger Braulehrer Wind von den Plänen. Mikkel bot seinen Schützlingen sofort eine Zusammenarbeit zwischen Mikkeller und der Neugründung To Øl an. Das daraus entstandene „Overall IIPA" war ihr erstes markttaugliches Produkt.

To Øl heißt so viel wie „zwei Bier". Bei zwei Bieren ist es jedoch nicht geblieben. In der kurzen Zeit ihrer Marktpräsenz haben sie eine beeindruckende Fülle an Suden herausgebracht: vom sommerlich-leichten „Sundancer Steam Beer" mit nur drei Prozent Alkoholgehalt über „First Frontier", ein klares, frisches, amerikanisch kaltgehopftes IPA, bis zum „Dangerously Close To Stupid", dem Imperial IPA mit enormen Mengen der Hopfensorten Citra und Centennial und 9,3 Prozent Alkoholgehalt.

Wer To-Øl-Biere trinkt, lässt sich auf ein Geschmacksrodeo ein: „Dangerously Close but No Cigar" wurde auf Zedernholzchips gelagert, das „Baltic Frontier Seabuckthorn IPA" mit Sanddorn und Wacholderbeeren eingebraut. „Blossom

DER MUT ZUM UNGE-WÖHNLICHEN HAT DEN JUNGEN DÄNEN DIE SYMPATHIEN DER BIER-LIEBHABER WELTWEIT EINGEBRACHT.

American Wheat" zelebriert die Fülle der Natur mit Kornblumen, Hibiskusblüten, Ringelblumen, Rosen, Hagedorn und Himbeerblättern.

Der Mut zum Ungewöhnlichen hat den jungen Dänen die Sympathien der Bierliebhaber weltweit und im Januar 2013 eine Platzierung in der Top 50 der besten Brauereien weltweit auf der Bewertungsplattform Ratebeer.com eingebracht.

Ihre Ideen setzen Tobias und Tore genau wie Mikkeller in fremden Braustätten um, beispielsweise in Belgien. „Wir sind Gypsies und stolz darauf", sagt Tore. Sie schätzen die Freiheit und die soziale Komponente dieses Ansatzes. Auch den Traum von der eigenen Bierbar konnten sie zusammen mit ihrem früheren Lehrer verwirklichen: Seit 2013 laden „Mikkeller & Friends" Biergenießer aus der ganzen Welt nach Nørrebro in Kopenhagen ein und verwöhnen sie mit einer unvergleichlichen Bierauswahl.

VAGABUND-BRAUEREI

AUS DEM KIEZ FÜR DEN KIEZ

ORT → BERLIN, DEUTSCHLAND
EIGENTÜMER & BRAUMEISTER → MATT WALTHALL, DAVID
SPENGLER UND TOM CROZIER
GRÜNDUNG → 2011

Drei Amerikaner wollen im Bierland Deutschland eine Brauerei eröffnen. Ihr Handwerk haben sie im Internet und aus Büchern gelernt. Ihr Ziel: Berlin zeigen, wie Biervielfalt geht. Das Vorhaben hört sich tollkühn an und würde einem deutschen Banker gewiss einen heiteren Tag bescheren. Die Finanzierung über Kreditinstitute war deshalb undenkbar. Matt, David und Tom war schnell klar, dass sie im zertifikatgläubigen Deutschland einen anderen Weg zur eigenen Braustätte finden müssen. Warum also nicht gleich die zukünftigen Konsumenten fragen, ob sie das Produkt überhaupt haben wollen? Crowdfunding nennt sich die Lösung: Menschen zahlen für Ideen, die sie unterstützenswert finden. Und die Idee schlug ein: Innerhalb von zwei Monaten kamen über 20 000 Euro für die technische Ausstattung zusammen. Investiert von Berliner Bierbegeisterten. Ihre Dividende: Bier, T-Shirts und die Freude, das Gemeinschaftsprojekt Vagabund-Brauerei entstehen und Fahrt aufnehmen zu sehen.

Aus dem bescheidenen Küchenprojekt dreier Freunde ist so die erste Craft-Bier-Bar in Berlin entstanden. Neben den eigenen Suden – American Pale Ale, India Pale Ale, Coffee Stout, „Szechuan Saison" – schenken sie Biere anderer Berliner Mikrobrauer aus. Der Zusammenhalt untereinander ist groß. Ob mit Thorsten Schoppe, Johannes Heidenpeter oder beer4wedding, die Vagabund-Brauer sind in ständigem Kontakt mit ihren Kollegen, tauschen Ideen aus und sorgen dafür, dass nicht zweimal das gleiche Bier in der neuen deutschen Bierhauptstadt gebraut wird. Vielfalt ist ihnen schließlich wichtig.

Das amerikanische Bier kommt im traditionellen Arbeiterkiez Wedding gut an. Die meisten Kunden, die die Tür unter dem Vagabundenbündel am Eingang öffnen und den kleinen Gastraum füllen, wohnen in der unmittelbaren Umgebung. Ein bunt gemischtes Publikum, genau wie der Wedding. Als Teil dieser Gemeinschaft und weniger als Trendsetter, sondern vielmehr als Bewahrer einer Tradition sehen sich Tom, David und Matt. Noch im 19. und Anfang des 20. Jahrhunderts

Matt Walthall, Tom Crozier, David Spengler

DREI AMERIKANER BRINGEN DIE BIER-VIELFALT NACH BERLIN.

David Spengler in der Vagabund-Craft-Bier-Bar

Left chalkboard:

VAGABUND REINHEITSGEBOT

Wir verwenden nur
Malz
Wasser,
Hopfen
Hefe
und gelegentlich natürliche
Gewürze,
um den Geschmack des Bieres
ergänzen, nicht zu verbergen.

Wir verwenden kein Malzextrakt
um unser Bier zu färben,
oder Hopfenextrakt
um es zu würzen.

Unser Bier ist nicht gefiltert,
pasteurisiert,
oder homogenisiert.

Wir mischen Bier nicht
mit Cola,
Limonade,
oder Fruchtsaft.

Center chalkboard:

CRAFT BEER ON TAP

BREWERY	BEER	alc.	PRICE	
NØGNE Ø	IMPERIAL STOUT	9%		5,90 €
PYRASER	Rotbier	4,6%	0,3 / 2,90 €	0,4 / 3,60 €
SCHÖNRAMER	I.P.A	8%	0,3 / 4,10 €	0,4 / 4,90 €
VAGABUND	Szechuan Saison	5,2%	0,3 / 3,10 €	0,4 / 3,90 €

Top right chalkboard:

Talisker 10 - 45,8%
Single Malt 2cl - 3,50€
Scotch Whisky 4cl - 6,00€

Laphroaig - 40%
Islay Single Cask 2cl - 3,50€
Malt Scotch Whisky 4cl - 6,00€

Maker's Mark - 45%
Kentucky Straight 2cl - 3,00€
Bourbon Whisky 4cl - 5,00€

Lower right chalkboard:

LIKÖR
PREUSSISCHE
SPIRITUOSEN
MANUFAKTUR

Kaffee 30%
Pflaume 30%
Schweden-punsch 32%
Galgant 35%
Quitte 30%
Holunderblüten 21%

2cl · 3€   4cl · 5€

Lower left image text:

FRESH BEER
BREWED HERE

hatte jedes Viertel in Berlin sein eigenes lokales Brauhaus. Daran wollen die drei Amerikaner anknüpfen: eine Brauerei aus dem Kiez für den Kiez. Wer will, kann mal beim Brauen zuschauen oder mithelfen. Dieses Überschaubare, Familiäre ist den drei Freizeitbrauern und auch ihren Kunden und Unterstützern wichtig. Nur wenn jemand nach einem Radler verlangt, ringt Matt schon mal um Fassung.

Von den drei Gründern kann bislang nur einer Vollzeit in der Brauerei arbeiten und davon leben. Die anderen zwei arbeiten weiter als Englischlehrer. Ganz behutsam gehen sie vor und geben ihrem kleinen Unternehmen wie einem richtig guten Bier die nötige Zeit zum Reifen.

FREIGEIST BIERKULTUR

GELASSENER BRAUCHTUMSBRUCH

ORT → KÖLN, DEUTSCHLAND
EIGENTÜMER → PETER ESSER, SEBASTIAN SAUER
BRAUMEISTER → PETER ESSER
GRÜNDUNG → 2009

Sebastian Sauer

Jedes Jahr im Mai veranstaltet Braustelle, Kölns kleinste Brauerei, das „Festival der Bierkulturen" unter dem Motto: „Klassische und innovative Bierspezialitäten auch jenseits von Reinheitsgebot und Kölschkonvention". Unter den Ausstellern sind europäische Craft-Bier-Größen wie De Molen, Alvinne und Trois Dames, vor allem aber kann man von Jahr zu Jahr miterleben, wie prächtig sich die neue deutsche Brauerszene entwickelt. Ein Wochenende lang liegt ihr Mittelpunkt in Köln-Ehrenfeld.

Aber auch im Rest des Jahres lohnt der Besuch des einstigen Arbeiterstadtteils. Seit dem Jahr 2001 betreibt Peter Esser seine Brauereigaststätte und macht dort sehr gute Biere, scheinbar normale ebenso wie unkonventionelle. Eines davon ist „Pink Panther", ein erdbeerrotes Weizenbier, dem er beim Kochen Hibiskusblüten hinzufügt. Sie geben dem Bier leuchtende Farbe und den fruchtig-säuerlichen Geschmack.

Seine Craft-Bier-Serie „Freigeist Bierkultur" kreiert Esser zusammen mit dem Autodidakten Sebastian Sauer, der auch mit anderen Brauern zusammenarbeitet. Sauer ist ein Unikum: der vielleicht einzige Craft-Bier-Macher ohne Pale Ale im Portfolio. „Das tausendste IPA zu brauen wäre nicht gerade innovativ", sagt er, „meine Biere sollen ein weiteres geschmackliches Spektrum bieten." Er forscht in der Literatur nach einst beliebten, heute verschollenen deutschen Bierstilen und versucht sie neu zu erfinden. Zum Beispiel das Lichtenhainer: Das sehr saure, leicht rauchige Weißbier aus dem Jenenser Vorort wurde bis ins 20. Jahrhundert in ganz Deutschland vertrieben, man trank es aus gepichten Holzkrügen. „Abraxas" (3,8 Vol.-%) und das stärkere „Abraxxxas" (6 Vol.-%) waren 2010 die ersten Freigeist-Kreationen, eine Annäherung an den alten Stil ohne strengen Anspruch auf Authentizität.

Da die historischen und anderen Biere der Braustelle sich nicht unbedingt in den Rahmen der aktuellen Biergesetzgebung zwängen lassen, fehlt oft das Wörtchen „Bier" auf dem Etikett. Sauer meint: „Was hat man in Deutschland gegen ein

Peter Esser

DIE KREATIONEN VON FREIGEIST NÄHERN SICH ALTER BRAUKUNST UND VERLASSEN DENNOCH DIE TRADITIONEN.

Bier einzuwenden, das mit Koriander oder mit Kirschen gebraut wird? Solange es schmeckt und nicht schädlich ist, sollte es doch jedem recht sein, oder?" Vielleicht noch mutiger als der Verstoß gegen nationale Gebote ist Essers Bruch mit lokalen Traditionen: Sein Kölsch „Helios" lässt er unfiltriert, und er braut sogar das Getränk, das sinnbildlich für Kölns ewigen Nebenbuhler Düsseldorf steht – Altbier. Überdies in zwei Versionen: „Ehrenfelder Alt" mit 4,8 Volumenprozent und „Freigeist Hoppeditz", eine Doppelsticke mit 7,5 Prozent und Geschmacksnoten von Rauchmalz. „Kölner Altbier, das gab gleich einen Aufschrei", erinnert sich der Braumeister. Die Lokalmedien zeterten, Peter Esser blieb ruhig. Können kennt keine Konventionen.

TOCCAL-MATTO

EXPERIMENT MIT TEMPERAMENT

ORT → FIDENZA, ITALIEN
EIGENTÜMER → BRUNO CARILLI
BRAUMEISTER → ALESSIO GATTI
GRÜNDUNG → 2008

Tradition verpflichtet. Aus der Region Emilia-Romagna stammen viele der Köstlichkeiten, mit denen man weltweit die Cucina Italiana assoziiert: Prosciutto di Parma, Parmigiano Reggiano, Mortadella, Pancetta, Aceto Balsamico di Modena. Bruno Carilli hat die Brauerei Toccalmatto in Fidenza gegründet, direkt an der Gourmetstrecke Piacenza—Parma—Modena—Bologna. Da ist es nur folgerichtig, dass seine Biere als die perfekte Ergänzung zu diesen Kulturheiligtümern gedacht sind.

Zunächst gemeinsam mit dem Mikrobrauer Andrea Paini und später mit Alessio Gatti produziert Carilli temperamentvolle Biere. Seine große Liebe gilt dem Hopfen. Dieser ist, nach seiner Aussage, die Hauptzutat seiner Biere. Das hört sich etwas ungewöhnlich an, schließlich wird Hopfen beim Brauen eher wie ein Gewürz eingesetzt. Doch Carilli ist gern auch etwas eigensinnig: „Wir machen es so, wie wir es wollen – oder gar nicht", sagt er dann einfach.

Doch diese Hopfenbesessenheit führt nicht, wie man befürchten könnte, zu extrem überhopften Bieren. Die Toccalmatto-Brauer sind sehr auf die Balance von Aroma und Geschmack bedacht. Jedes Bier hat ein einzigartiges Hopfenprofil. Das „Re Hop" beispielsweise ist ein mit Cascade gehopftes Pale Ale mit frischen Zitrusaromen typisch amerikanisch. Im „Stray Dog" dagegen kommen die traditionellen britischen Sorten Challenger und Styrian Goldings mit dem amerikanischen Citra zusammen. So spielen würzig-erdige Aromen mit intensiv fruchtigen Akzenten und ergeben ein gefährlich leicht trinkbares Ale.

Sehr raffiniert sind auch die norditalienischen Interpretationen klassischer Stile wie Kölsch, Saison oder belgisches Wit. Und auch da dreht sich alles um den Hopfen. Bruno Carilli, früher Manager in Lebensmittel- und Getränkekonzernen, hat ein dichtes Netzwerk von Hopfenbauern und -händlern aufgebaut, um immer neues und interessantes Material zum Experimentieren zur Hand zu haben.

Bruno Carilli

BRUNO CARILLIS LIEBE GILT DEM HOPFEN: EIN DICHTES NETZWERK VON HOPFENBAUERN LIEFERT IHM STETS NEUES MATERIAL ZUM EXPERIMENTIEREN.

Ein gelungenes Experiment ist das „Zona Cesarini". Hopfen aus aller Welt – Pacific Gem, Sorachi Ace, Palisade, Citra, Motueka und viele mehr – sorgen für eine unnachahmliche Explosion tropischer Fruchtaromen, gut eingebettet in einen weichen, kokosmilchartigen Körper. Exotisch, rassig, betörend. Bei diesem Bier versteht man am besten, was Bruno Carilli meint, wenn er sagt: „Wir brauen Biere mit Temperament."

CAMDEN TOWN

AM BESTEN IM PUB

ORT → LONDON, GROSSBRITANNIEN
EIGENTÜMER → JASPER CUPPAIDGE
BRAUMEISTER → ALEX TRONCOSO
GRÜNDUNG → 2010

Das Bier hat Jasper Cuppaidge in London festgehalten. Die britische Hauptstadt war eigentlich nur Zwischenstopp auf seinem Heimweg vom Mexiko-Urlaub nach Australien. Er verpasste den Flug, weil er sich zu lange im Pub aufhielt, er verpasste den nächsten Flug, weil er schon wieder in der Kneipe saß. „Im Westbourne Pub in Notting Hill hat alles begonnen", sagt Cuppaidge. „Ich habe es geliebt!" Das Flugticket wurde nie benutzt. Heute ist Cuppaidge Besitzer der Camden Town Brewery und eine Schlüsselfigur der jungen Londoner Brauszene.

Der Australier hat das Bier im Blut. Sein Großvater, Laurie McLaughlin, war 50 Jahre lang Inhaber der McLaughlin's Brewery in Queensland, seine Mutter erbte das Unternehmen als junge Frau. Doch in der Londoner Gastronomie begann Jasper Cuppaidge bei null, arbeitete sich vom Gläsereinsammler hoch, bis er 2006 sein eigenes Pub eröffnen konnte: das „Horseshoe" in Hampstead im Norden Londons. Kurz darauf, anlässlich des 50. Geburtstags seiner Mutter, will Cuppaidge das traditionsreiche Familienbier von McLaughlin nachbrauen und baut sich eine kleine Anlage in den Keller des Lokals. Das Bier schmeckt, die Brauanlage bleibt im Einsatz – und inspiriert ihn zu weiteren Kreationen.

Denn Jasper Cuppaidge ärgert sich, dass er sich viele Biere von weither liefern lassen muss. Lager und Weizen aus Deutschland, Pale Ale aus Amerika. Warum werden solche Produkte nicht auch in London gebraut? Der Australier beschließt, das selbst in die Hand zu nehmen. Anfang 2010 lässt er sieben Eisenbahn-Brückenbogen im Stadtviertel Camden Town umbauen und mit einer Brauanlage der deutschen Firma Braukon ausstatten. Bereits im Sommer des Gründungsjahres gehen die ersten Biere der Marke „Camden Town Brewery" über seinen Tresen. Mittlerweile führen mehr als 250 Pubs in und um London sein Sortiment: „Hells Lager" und die zitrusfruchtige Variante „USA Hells Lager" (mit viel amerikanischem Hopfen), „Camden Pale Ale", „Gentleman's Wit" mit Bergamotte und

Alex Troncoso und Jasper Cuppaidge

DER AUSTRALIER JASPER CUPPAIDGE HAT DAS BIER IM BLUT. SEIN GROSS-VATER WAR FÜNFZIG JAHRE LANG INHABER EINER BRAUEREI IN QUEENSLAND.

das Stout „Camden Ink". Auch immer mehr Londoner Restaurants haben Camden-Bier auf der Karte.

In der Woche wirft die Brauerei rund 450 Hektoliter aus. Das sind 80 000 Pints, die schneller verkauft als produziert sind, weshalb Cuppaidge nun doch wieder importieren muss: Weitere 300 Hektoliter lässt er in Bayern produzieren. 95 Prozent der Camden-Town-Biere werden im Ausschank verkauft, denn für Jasper Cuppaidge schmeckt das Bier immer noch am besten im Pub. Für den Genuss seiner Biere muss man sich also nach London aufmachen – sicherheitshalber ohne Rückflugticket.

THE LOST ABBEY/PORT BREWING

KALIFORNISCH KLEIN-BELGIEN

ORT → SAN MARCOS, KALIFORNIEN, USA
EIGENTÜMER → TOMME ARTHUR, VINCE UND GINA
MARSAGLIA, JIM COMSTOCK
BRAUMEISTER → TOMME ARTHUR UND MATT WEBSTER
GRÜNDUNG → 2006

Bourbon, Brandy, Sherry, Wein – mehr als tausend Eichenfässer stehen im Keller von Port Brewing in Kalifornien. Darin reifen Biere, die es so in den Vereinigten Staaten selten gibt: inspiriert von der belgischen Biertradition, gebraut im Geiste der großen Trappistenbiere. Vince Marsaglia, einer der Gründer von Port Brewing, ist weder Mönch, noch hat er Verbindungen zu einem Kloster, aber den Traum einer Klosterbräu hegte er lange. Und wenn sich eine Gelegenheit bietet, weiß er sie zu ergreifen.

Die erste Gelegenheit bot sich, als er Tomme Arthur für „Pizza Port", sein damaliges Brewpub, engagierte. Der Brauer teilte Marsaglias Liebe für belgische Biere. Er braute die bewährten Westküsten-Ales und experimentierte nebenbei mit wilden Hefen – mit Brettanomyces und Bakterien, die außerhalb von Belgien oft als Organismen angesehen werden, die das Bier verderben. Gleich die ersten Versuche haben begeisterte Abnehmer gefunden. Nur an den kleinen Auflagen hatten die Genießer etwas auszusetzen.

Die zweite Gelegenheit ergab sich 2005, als Stone Brewing aus ihrem damaligen Brauhaus in San Marcos auszog, um sich an anderer Stelle zu vergrößern. Eine Chance für Port Brewing, an diesem Ort eine eigene, belgisch inspirierte Produktlinie aufzubauen und der steigenden Nachfrage zu begegnen. The Lost Abbey war aus der Taufe gehoben.

Das Label steht für herausfordernde, komplexe Ales. Belgien liefert dabei die Inspiration. Tomme Arthurs Ziel ist es nicht, die bekannten Stile getreu nachzubrauen, sondern den Geist zu bewahren und weiterzuentwickeln. Die Idee für ein bestimmtes Geschmacksprofil weist den Weg, der Brauprozess folgt. Die sauren Braustile, besonders die fassgereiften Lambiks, haben es Arthur angetan. Da die wilden Hefen, die sich im Gebälk alter belgischer Braustätten ansiedeln, für eine

TOMME ARTHUR, DER MAGIER DER HEFEN, VERWIRKLICHT SEINE VERSION EINER KLOSTER-BRÄU IN KALIFORNIEN.

Spontanvergärung in Kalifornien nicht zur Verfügung stehen, experimentiert Arthur bewusst mit verschiedenen Kulturen und Zutaten: unterschiedlichen Brettanomyces-Stämmen, Milchsäurebakterien, Mikroorganismen aus dem Holz der Eichenfässer, Früchten und Kräutern. Das Mischen der verschiedenen gereiften Biere ist dann die Kür. Manchmal braut Arthur auch mit zahmen Lagerhefen, vergärt sie aber bei höheren, Ale-typischen Temperaturen.

Die unkonventionelle Herangehensweise hat Tomme Arthur zum Kultstar der Craft-Bier-Szene mit großer, treuer Anhängerschaft gemacht. Dabei wirkt er in der persönlichen Begegnung eher scheu. Der „Magier der Hefen" hat sich trotz des Ruhms seine Bescheidenheit und Hingabe bewahrt.

Bereits 2006, im ersten Jahr von Lost Abbey, regnete es Auszeichnungen: beste Kleinbrauerei und bester Kleinbrauer beim Great American Beer Festival; ein Jahr später Champion Small Brewery und Brewer beim World Beer Cup. Unzählige Preise bekamen die einzelnen Biere der Lost Abbey, eins jedoch sticht hervor: „Cuvée de Tomme". Diese Kostbarkeit ist eine Verbeugung vor den roten Ales Flanderns. Ein mit Rosinenpüree gebrautes Quadrupel, vergoren mit drei Brettanomyces-Hefen, gelagert auf Sauerkirschen in Bourbon- und Rotweinfässern – eine Einladung, sich auf die Magie einzulassen und sich zum keltischen Kreuz, dem Zeichen der Lost Abbey, zu bekennen.

TØRST BAR

HIGHEND-DURSTLÖSCHER

ORT → NEW YORK, USA
EIGENTÜMER → JEPPE JARNIT-BJERGSØ UND
DANIEL BURNS
GRÜNDUNG → 2013

Daniel Burns

Zwischen Telefonläden und einem chinesischen Take-away scheint die strenge, weiße Fassade der Bierbar Tørst fast deplatziert. Den Gast erwartet ein modernes Interieur aus Holz und viel Marmor. Der Tresen mit seinen 21 Zapfhahnen dominiert den Raum. Dahinter erblickt man den Star der Bar: den Fluxkompensator. Im Film *Zurück in die Zukunft* ist er das Herzstück der Zeitmaschine, bei Tørst der Kern der Biermagie. Denn der Flux Capacitor, erfunden vom kalifornischen Brauer Gabe Gordon (Beachwood Brewing), erlaubt es, für jede Sorte die Karbonisation und die Temperatur zu regulieren. So wird das Bier stets perfekt serviert. Ein Stout etwa mit einem Gasgemisch von neun Teilen Kohlendioxid zu einem Teil Stickstoff und einer Temperatur von zwölf Grad Celsius, ein Pils mit einem 6/4-Mix bei vier Grad. Die Zapfgriffe sind von Hell nach Dunkel angeordnet. Vollendung in Form und Funktion: Dahinter kann nur ein Skandinavier stecken. Inhaber der Bar, deren Name schlicht „Durst" bedeutet, ist der Däne Jeppe Jarnit-Bjergsø von Evil Twin.

Als der Brauvagabund 2011 seinen Schwerpunkt von Kopenhagen nach Brooklyn verlagerte, weil seine Biere in den USA an Popularität gewannen und er daran teilhaben wollte, plante er bereits eine Schenke für hohe Ansprüche. In dem Kanadier Daniel Burns hat Jarnit-Bjergsø den perfekten Partner gefunden. Burns war einst Pâtissier in den Spitzenrestaurants „The Fat Duck" (London) und „Noma" (Kopenhagen), danach leitete er die Entwicklungsabteilung der Edelgastronomiekette Momofuku. Jetzt betreibt er im hinteren Teil von Tørst das „Luksus", ein kleines Restaurant mit nicht viel mehr als 20 Sitzplätzen, das ein elaboriertes Fünf-Gänge-Menü mit passenden Bieren anbietet. In der Bar selbst kann man seinen Hunger auf schlichtere Weise stillen, mit Suppe und Smørrebrød beispielsweise.

Doch die Hauptsache bleiben die Biere. Neben den 21 wechselnden Spezialitäten vom Fass sind rund 200 Sorten Flaschenbier auf Lager. Zwei Barley Wines sind im Einsatz, einer im vorderen, der andere im hinteren Teil des Lokals. Und Mikkel Borg Bjergsø von Mikkeller hat für seinen Zwillingsbruder

ERSTKLASSIGES, WOHLTEMPERIERTES BIER STEHT BEI TØRST IM MITTELPUNKT, JE NACH GESCHMACK GIBT ES DAZU EIN FÜNF-GÄNGE-MENÜ ODER SMØRREBRØD.

ein Spezialbier kreiert. Das „It's Alive" ist ein belgisches Wildhefe-Ale, für Tørst mit Rhabarber eingebraut.

Die Bar serviert natürlich auch viel von Evil Twin – Jarnit-Bjergsø: „Ich glaube, dass ich einige der besten Biere der Welt braue. Andere denken das auch." Bei der riesigen Auswahl wäre die einzige Ursache, warum man Tørst doch durstig verlässt, ein zu dünner Geldbeutel: Selbst für New Yorker Verhältnisse sind Preise bis zu zwölf Dollar für einen 0,15-Liter-Schluck bemerkenswert.

BEVOG

EIN SLOWENE IM EXIL

ORT → BAD RADKERSBURG, ÖSTERREICH
EIGENTÜMER & BRAUMEISTER → VASJA GOLAR
GRÜNDUNG → 2013

Das slowenische Bier fand er zu langweilig, also lernte Vasja Golar selbst zu brauen. Pils und Schwarzbier sollten es nicht werden, sondern obergärige Sorten. Da die administrativen Hürden auf dem Weg zur eigenen Brauerei in der Heimat schier unüberwindbar waren, wich der junge Slowene auf das benachbarte Österreich aus. Hier, im steirischen Bad Radkersburg kurz hinter der slowenisch-österreichischen Grenze, errichtete er im Herbst 2012 sein kleines Brauhaus, und bereits Anfang 2013 waren die ersten Bevog-Biere auf dem Markt: ein Pale Ale, ein India Pale Ale, ein Smoked Porter und ein Oatmeal Stout.

Das bernsteinfarbene Pale Ale „Tak" ist mit vier Edelsorten kaltgehopft und besticht mit frischen zitrusfruchtigen Aromen. Mit 5,5 Prozent Alkoholgehalt und 35 Bittereinheiten (IBU) ist es ein sehr harmonisches, gut trinkbares Bier. Das IPA „Kramah" dagegen ist eine richtige Hopfenbombe mit 70 IBU und 7 Volumenprozent Alkohol. Mango-, Litschi-, Holunder- und Grapefruitaromen buhlen um Aufmerksamkeit und sind dabei so gut im Malzbett eingebunden, dass eine hervorragende Balance entsteht.

Aber auch mit dunklen Bierstilen überzeugt Brauer Golar. Das Oatmeal Stout „Baja" umschmeichelt die Zunge mit den stiltypischen Schokoladen- und Kaffeearomen aus Röstmalz und gerösteter, unvermälzter Gerste, während die Haferflocken zur samtig-weichen Textur beitragen. Im „Ond", einem Smoked Porter, hat Vasja Golar seine Vorliebe für Rauchmalze ausgelebt. Das fast schwarz wirkende Ale mit Nuancen dunkler Schokolade, Karamellnoten, würzig-holzigen Aromen und Rauch ist ein komplexer Trunk für Genießer.

Seine ersten Sude brachten dem Autodidakten bereits viel Anerkennung. Auch Feinschmecker und Spitzenköche sind bereit, die neuen, geschmacksintensiven Bierkreationen auszuprobieren und ihren Gästen anzubieten. „Bestätigung geben uns die bisher erworbenen Auszeichnungen und Preise, vor allem aber die vielen zufriedenen Genießer unserer Biere", so Vasja Golar. Diese Genießer finden sich nicht zuletzt in seiner Heimat, die er zum Brauen hatte verlassen müssen: Beim Ljubljana Festival Piva erhielt Bevog 2013 die Goldmedaille für die beste Brauerei.

DEN TRAUM VON DER EIGENEN BRAUEREI KONNTE VASJA GOLAR ERST IM NACHBARLAND VERWIRKLICHEN.

CIGAR CITY

DER GENUSSINDUSTRIESTANDORT

ORT → TAMPA, FLORIDA, USA
EIGENTÜMER → JOEY REDNER
BRAUMEISTER → WAYNE WAMBLES
GRÜNDUNG → 2008

Einem Zigarrenbaron wird die Situation in Kuba zu heiß, er setzt aufs amerikanische Festland über und stampft neben dem Dörfchen Tampa eine Fabrik, mitsamt Häusern für seine Arbeiter, aus dem Boden. Das war 1885. Um die Leute bei Laune zu halten, gehörte zur Infrastruktur des nagelneuen Ortes bald auch eine Brauerei. Die Genussmittelproduktion boomt, Tampa wird zur Zigarrenhauptstadt, und das Bier ist überall begehrt.

120 Jahre nach Gründung der Zigarrenstadt sitzt Joey Redner in seiner Bar in Tampas Nobelviertel Davis Islands und ärgert sich. Die letzte Brauerei in Floridas drittgrößter Stadt hat dichtgemacht, und er kann gar kein lokales Bier mehr anbieten. Redner macht sich kundig, setzt sich mit der Branche und der Wissenschaft des Brauens auseinander und betont mehrfach in seiner Bierkolumne der lokalen *Tampa Bay Times,* dass genau jetzt die Zeit reif sei für eine gediegene Brauerei in der Stadt. Keiner hört auf ihn, also stampft er sie selbst aus dem Boden.

„Das beste Bier der Welt brauen und mit Leuten von nah und fern das faszinierende Kulturerbe von Tampas Zigarrenstadt teilen": Unter dieser Devise startete 2008 Cigar City Brewing. Mit seiner Idee, erstklassiges Craft-Bier für Florida zu produzieren, hatte Redner schnell einen immensen Erfolg. Er begann in einer kleinen Lagerhalle, musste nach kurzer Zeit in eine fünfmal so große Betriebsstätte umziehen, die inzwischen schon wieder zu klein geworden ist. 66 Angestellte treiben das Unternehmen an, der Umsatz betrug 2013 fast zehn Millionen Dollar.

Zum Konzept gehören Pubs und Tasting Rooms in der Region. Es soll inzwischen Amerikaner geben, die ihre Flugroute so legen, dass sie in Tampa Aufenthalt haben, um dort im einzigen Flughafen-Brewpub der Welt einzukehren. Der Erfolg ist auch ein Verdienst des Braumeisters Wayne Wambles. Der Mann braut die unterschiedlichsten Stile nahezu perfekt, das „Jai-Alai IPA" ebenso wie „José Martí American Porter" oder die Berliner Weiße mit Passions- und Drachenfrucht.

Und das Imperial Stout „Hunahpu" mit Kakao-, Vanille- und Zimtnoten trifft mit seinen elf Volumenprozent die Begier vieler Amerikaner nach möglichst starken Gebräuen. Es wird

IN TAMPA, FLORIDA ERÖFFNETE JOEY REDNER DAS EINZIGE FLUGHAFEN-BREWPUB DER WELT.

Wayne Wambles

nur einmal jährlich eingebraut und lediglich in der Brauerei ausgeschenkt. Vielleicht ist deshalb die Sucht der Bierfans nach dieser Ikone fast gefährlich geworden: Als am „Hunahpu Day" im März 2014 die Biertanks leer waren, fingen die enttäuschten Besucher an zu randalieren – immerhin hatten sie 50 Dollar Eintritt gezahlt. Nun will Redner auf künftige Partys lieber verzichten.

Zu feiern gab es dennoch genug. 2013 wurde Cigar City von Ratebeer.com zur viertbesten Brauerei der Welt gekürt, da ist es zum „besten Bier der Welt" nicht weit.

BIRRA DEL BORGO

REAL ALE UND ENZIAN

ORT → BORGOROSE, ITALIEN
EIGENTÜMER & BRAUMEISTER → LEONARDO DI VINCENZO
GRÜNDUNG → 2005

„ReAle": das Aushängeschild der Brauerei Birra del Borgo und eines der bekanntesten italienischen Craft-Biere. Bereits der Name verrät die wichtigste Inspirationsquelle für Brauer Leonardo Di Vincenzo: britische, im Fass gereifte Real Ales. Er ist fasziniert von den kräftigen Bieren mit fruchtigen Aromen und wenig Kohlensäure. Bis er seine erste eigene Version davon brauen konnte, sollten jedoch einige Jahre vergehen.

Die ersten Brauversuche unternahm Di Vincenzo bereits 1999 während seines Biochemiestudiums. Was als Hobby begann, nahm recht bald überhand und bedeutete das Ende seiner akademischen Ambitionen. Statt das Studium abzuschließen, machte er sich auf eine ausgedehnte Bierreise durch Europa. Er wollte zunächst die charakteristischen Bierstile Deutschlands im Detail kennenlernen und praktische Erfahrung sammeln, bevor er sich der reichen belgischen Tradition widmete, um schließlich in Großbritannien zu seiner ersten Liebe, dem echten Ale, zurückzufinden.

Leonardo Di Vincenzo

2005 gründete Leonardo schließlich die Brauerei del Borgo in Borgorose, einem kleinen Dorf in der Provinz Riete, an der Grenze von Latium zu den Abruzzen. Hier entstanden die Rezepte für die Biere, die die Brauerei berühmt gemacht haben: „ReAle", „Duchessa", „DucAle". Insbesondere „ReAle" steht für die Detailverliebtheit des Hauses del Borgo. Das bernsteinfarbene Pale Ale erfreut mit sortentypischen Zitrusaromen. Die fruchtige Nase entsteht durch die Kombination der Hopfensorten Amarillo, Cascade und East Kent Golding. Den Körper geben Maris-Otter- und Karamellmalze. Mit relativ niedriger Karbonisierung bewahrt „ReAle" den Geist des Stils.

Heute braut Birra del Borgo etwa 30 Biersorten jährlich. Einige davon sind das ganze Jahr über verfügbar, andere werden nur saisonal angeboten. Allen gemeinsam ist jedoch neben der Treue zur Brautradition des jeweiligen Stils die spezifisch italienische Herangehensweise. Das bedeutet vor allem den Einsatz ungewöhnlicher regionaler Zutaten. Exemplarisch dafür steht das „Genziana", ein würziges Ale mit Koriandersamen nach belgischer Brauart. Den besonderen Dreh bekommt dieses Bier durch die Verwendung der Enzianwurzel.

ALLEN BIEREN GEMEINSAM IST DIE ITALIENISCHE HERANGE-HENSWEISE: DER EINSATZ UNGEWÖHNLICHER REGIONALER ZUTATEN.

Die Pflanze ist in Borgorose weit verbreitet und wird hauptsächlich für die Herstellung des aromatisch-bitteren Enzianschnapses gebraucht. Di Vincenzo ist es gelungen, das kräuterige Aroma des Enzians einzufangen, ohne die überwältigende Bitterkeit vorschmecken zu lassen.

Solche Spezialitäten sind es, die del Borgo neben Baladin zu einem der bekanntesten Vertreter der neuen italienischen Craft-Bier-Bewegung gemacht hat. Gemeinsam mit Teo Musso von Birra Baladin hat Di Vincenzo das „Open Baladin" in Rom eröffnet – eine Bierbar, die ausgesuchte italienische und internationale Craft-Biere zu bester italienischer Küche serviert.

Die Italian Connection reicht inzwischen bis nach New York: „La Birreria", ein Brewpub auf der Dachterrasse des New Yorker Gourmet-Shops Eataly, ist eine Zusammenarbeit von Leonardo Di Vincenzo mit Teo Musso sowie Sam Calagione von der Dogfish Head Brewery und wird vom internationalen Publikum begeistert aufgenommen.

DARK FORCE

VOM AUSSEHEN HER WIE EIN STOUT,
SPRENGT DIESES TIEFSCHWARZE BIER
DIE STILKATEGORIEN. STATT GERSTE IST
WEIZENMALZ VERBRAUT UND MIT EINER WEIZEN-
BIERHEFE VERGOREN. WÜRZIGE
HOPFENBITTERE, RÖSTKAFFEE, LAKRITZE
UND SÜSSE, DUNKLE FRÜCHTE BETÖREN
DIE SINNE. MIT VIEL ALKOHOL – DAS
WAHRSCHEINLICH EINZIGE
IMPERIAL WEIZEN-STOUT
DER WELT.

9
Vol.-%

HAAND-BRYGGERIET

IN GUTEN UND SCHLECHTEN ZEITEN

ORT → DRAMMEN, NORWEGEN
EIGENTÜMER → JENS MAUDAL, RUNE ERIKSEN,
ARNE EIDE UND EGIL HILDE
BRAUMEISTER → JENS MAUDAL
GRÜNDUNG → 2005

Ob Geburt, Hochzeit oder Beerdigung, wichtige Ereignisse werden in Norwegen mit Bier begossen. Die vier Freunde von Haandbryggeriet haben deshalb zwei Produktlinien entwickelt. Eine widmet sich ganz den beliebten, international bekannten Stilen wie dem Pale Ale, Porter und Imperial Stout. Die zweite interpretiert traditionelle norwegische Braustile auf neue Art.

Das „Farewell Ale" ist eine solche Hommage an einen alten Brauch. Dieser besagt, dass jeder Hof des Landes immer ein wenig Braumalz vorrätig haben muss, falls jemand unerwartet stirbt. Der Verstorbene wird erst zu Grabe getragen, wenn das Bier trinkfertig ist und auf ein gutes Leben im Jenseits angestoßen werden kann. Dieses Bier nennen die Norweger Gravøl – Grabbier –, und „Farewell Ale" ist Haandbryggeriets moderne Version davon.

Braumeister Jens Maudal entschloss sich 2005, gemeinsam mit drei Freunden eine eigene kleine Brauerei in Drammen, südlich von Oslo, zu starten. Klein blieb sie aber nicht lange. Von anfänglich 40 000 Litern hat sich die Produktion auf über 350 000 Liter im Jahr gesteigert. Die Biere werden nicht nur im Inland verkauft, sondern inzwischen auch in die USA exportiert.

Wie es sich für eine „Handbrauerei", so die Übersetzung des Namens, gehört, sind die Biere unfiltriert, nicht pasteurisiert und ohne nachträglichen Zusatz von Kohlensäure. Echte Ales also. Mal mit Wacholder, mal mit Sanddorn, mit Blaubeeren oder in Aquavit-Fässern gereift. Früher probierte Maudal alle Rezepte zuerst auf seiner Heimanlage. Immer und immer wieder, bis er vom Ergebnis überzeugt war. Heute traut er sich, auch mal gleich einen größeren Sud anzusetzen. Und „es wird meist okay", meint der Brauer.

Das finden auch seine Kollegen – De Molen aus den Niederlanden, Närke aus Schweden kommen gern nach Drammen, um mit Haandbryggeriet gemeinsam neue Rezepturen auszuprobieren.

HAANDBRYGGERIET SORGT FÜR DIE WIEDERBELEBUNG DER NORWEGISCHEN BRAUKUNST.

BRASSERIE DE LA SENNE

STADTARCHÄOLOGIE

ORT → BRÜSSEL, BELGIEN
EIGENTÜMER & BRAUMEISTER → YVAN DE BAETS UND
BERNARD LEBOUCQ
GRÜNDUNG → 2010

Brüssel um 1860: Mitten durch die Stadt fließt die Senne, links und rechts von ihr stehen viele der rund 200 Brüsseler Brauereien. Alle machen Lambik, viele auch das leichte Tafelbier sowie Braun- und Weißbiersorten. Ein paar Jahre später ist der Fluss verschwunden: kanalisiert, umgeleitet, überbaut; und nach wenigen Jahrzehnten gibt es auch so gut wie keine Brauerei in Brüssel mehr.

150 Jahre später suchen Yvan De Baets und Bernard Leboucq nach Spuren des verschwundenen Erbes. Die beiden Brüsseler wollen ihre Heimatstadt wieder zur Biermetropole machen. Geduldig hat De Baets in der Literatur und historischen Dokumenten die belgische Braukultur erforscht. Er ließ sich von alten Brauern alles über die einst üblichen Sorten erzählen. Das Brauen hingegen hat er bei einem Craft-Bier-Pionier gelernt, in der westbelgischen Brauerei De Ranke, die mit ihren Ales „Noir de Dottignies" und „XX Bitter" für Stärke steht. Diese landläufige Vorstellung von belgischer Bierkultur stellen die Senne-Brauer auf den Kopf: „Unser Ausgangspunkt ist es, Biere mit viel Geschmack, aber so wenig Alkohol wie nötig herzustellen", sagt De Baets, „wir brauen das, was wir gern selbst trinken." Nach einem langen Arbeitstag sei ein Starkbier wie etwa Tripel fehl am Platz: „Da will ich etwas Unbeschwertes, erfrischend und geschmackvoll."

Also erschafft die Brasserie de la Senne einige der alkoholarmen Stile neu. Ihr dunkles „Stouterik" und das blonde „Taras Boulba" (um 4,5 Vol.-%) sind fantastisch ausbalancierte, komplexe, einzigartige und leichtgängige Biere – und, immer wieder überraschend, beide von der belgischen Bierkultur inspiriert. „Das Standardgetränk war einst Bier, nicht etwa Wasser", so De Baets. Ob in den Klöstern, auf dem Land oder in der Stadt, jeder trank früher seine sechs oder sieben Liter Leichtbier täglich.

Das Ur-Bier der Senne-Brauer aber ist natürlich das „Zinnebir" („Zinne" heißt der Fluss im Dialekt). Bereits 2002 hat Bernard Leboucq das Ale (6 Vol.-%) für ein Brüsseler Fest erfunden, danach brauten er und De Baets gemeinsam

FRÜHER TRANK MAN BIER STATT WASSER – DIE LEICHTGÄNGIGEN BIERE DER BRASSERIE DE LA SENNE ERFINDEN DIE ALKOHOLARMEN STILE NEU.

an verschiedenen Stätten, bis sie endlich 2010 ihren eigenen Betrieb, im Brüsseler Stadtteil Molenbeek-Saint-Jean, eröffnen konnten. Und inzwischen sind auch stärkere Sorten dabei. Etwa das dunkle Winter-Ale „L'Equinox" und das Tripel „Jambe-de-Bois" (beide 8 Vol.-%). Andere, wunderbare Verschnitte mit Lambik (von der Brauerei Cantillon) wie das unvergessene "Saison de la Senne" sind leider so gut wie nie erhältlich: ausverkauft!

Wahrscheinlich könnten die beiden ihre gesamte Produktion problemlos in den USA absetzen. Aber sie wollen vor allem den Brüsselern ihre ortstypischen Biere wiedergeben. Und dann wird eines Tages vielleicht auch der Fluss Senne wieder ans Tageslicht geholt.

Bernard Leboucq und Yvan De Baets

BRAUHAUS RIEGELE

KULTUR FÜR GÄSTE UND PILZE

ORT → AUGSBURG, DEUTSCHLAND
EIGENTÜMER → SEBASTIAN PRILLER SENIOR
BRAUMEISTER → FRANK MÜLLER
GRÜNDUNG → 1874

Sebastian Priller-Riegele

Sebastian Priller-Riegele ist ein mutiger Mann. Zusammen mit seinem Vater hat er aus einem alteingesessenen Familienunternehmen fast heimlich eine ideenreiche Craft Brewery gemacht und zugleich die bewährten Stile beibehalten – die er peu à peu verfeinert. Der ehemalige Biersommelier-Weltmeister versteht es, die Augsburger unaufdringlich zu bewussten Biergenießern heranzubilden.

Zu seinen größten Freuden zählt es, im brauereieigenen Wirtshaus zu sitzen und die Gäste zu beobachten: wie sie das Allerweltsgetränk neu entdecken, intensiv genießen und darüber diskutieren, beispielsweise wenn ihnen das Imperial Stout „Noctus 100" bei Zimmertemperatur oder der Weizenbock „Augustus 8" im Bordeauxglas serviert wird. „Bier muss endlich den Stellenwert bekommen, den es verdient", sagt Priller-Riegele. Er bietet Braukurse und Sensorikschulungen an, ist in ganz Deutschland unterwegs, um andere, um ihre Zukunft besorgte mittelständische Brauer mit Elan und Ideen zu einer kontrollierten Offensive anzuregen.

Mit den acht hochpreisigen „Brauspezialitäten für den besonderen Moment" zeigt er, was er darunter versteht. Pale Ale, Porter, Belgian Ale, Pils, Bockbiere – Priller-Riegele erfindet das Bier nicht neu, sondern steigert die bewährten Sorten zur Perfektion.

Die Rezepte dafür entwickelte er mit Frank Müller. Der ist der Hefe-Crack der deutschen Brauszene. Mehrere hundert Stämme hortet der Braumeister in seiner Hefebank, gut 20 davon sind im Augsburger Brauhaus Riegele stets in Gebrauch. Zum Vergleich: Die meisten deutschen Brauer kultivieren genau zwei Hefen für all ihre Biere, eine ober- und eine untergärige. Dabei können die Einzeller aus dem Reich der Pilze mehr, als nur den Malzzucker in Alkohol und Kohlensäure umwandeln. „Die Hefe vermittelt zwischen den Geschmackskomponenten, sie baut das Konstruktionsgerüst", schwärmt Müller. Und sie bildet eigene Noten aus, die von Banane, Apfel und Aprikose über Vanille bis hin zu Rauch reichen, „Hefe macht definitiv über 50 Prozent des Geschmacks aus".

DER AUGSBURGER ENGAGIERT SICH FÜR EINE NEUE WERTSCHÄTZUNG DER DEUTSCHEN BIERKULTUR.

Neue Hefen zu testen, ihre Nuancen mit Hopfenaromen und Malzgeschmäcken zu kombinieren, das kostet Zeit. An seiner obergärigen Kreation mit der unscheinbaren Bezeichnung „Kellerbier" hat Müller drei Jahre lang getüftelt. Das cremige Mundgefühl bewirkt die Beigabe von Weizenmalz zu den Pilsener und Münchner Gerstenmalzen, für das prägnante Bittere sorgen zwei Hallertauer Edelhopfen. Aber der Grundton, die Fruchtigkeit von Aprikose und Pfirsich, stammt von einem der Lieblinge aus Müllers Sammlung: einer englischen Ale-Hefe.

LA BOLLEUR

EISIGER FUN-FAKTOR

ORT → AMSTERDAM, NIEDERLANDE
EIGENTÜMER → STEIE VAN VUGT
GRÜNDUNG → 2005

Bier befeuert die Kreativität. Das drückt sich nicht allein in kunstvollen Flaschenetiketten aus, sondern auch in den Arbeiten zahlreicher Maler und Fotografen.

Einen handfesten Ansatz hat das Designstudio La Bolleur 2011 im niederländischen Tilburg gezeigt. Das „Huttenfestival" mit dem eigenwilligen Beinamen „De Vlek" – das bedeutet (Schmutz)fleck – brachte Künstler, Musiker, Designer und Architekten zusammen, die gemeinsam ein temporäres Hüttendorf aufbauten. Über einen Zeitraum von mehr als einer Woche wurde der wuselnden Traumstätte mit Theater, einer Fabrik, verschiedenen Bars, Restaurants sowie einem Lagerfeuer und Spielplatz Leben eingehaucht.

La Bolleurs Beitrag war eine Zapfhahn-Installation. Eine kuriose Konstruktion, passend zur Festival-Traumwelt: Ein Biertank stand in einem Turm auf Pfeilern und war durch einen Eistunnel mit der Bar verbunden. Der zum Zapfen nötige Druck entstand durch die Höhe, und das flüssige Gold strömte eisgekühlt an die Bar. „Es war fantastisch", schwärmen die Macher.

Spaß ist für das Team eine durch und durch ernste Angelegenheit, schließlich sind die Mitglieder über die Organisation von Partys und Dinnern zusammengekommen. Als interdisziplinäres Designstudio hat sich La Bolleur bislang eher mit Arbeiten in Grafik-, Produkt- und Raumdesign einen Namen gemacht. Das Erfolgserlebnis beim Huttenfestival war den Amsterdamern aber Ansporn genug, sich weiter dem Thema Bier zu widmen. Sie gestalteten den Auftritt der Brouwerij Troost – von der Markenidentität über die Inneneinrichtung bis zur Bestuhlung der Terrasse. Ein Gesicht à la Bolleur. Doch damit nicht genug: 2012 kreierte La Bolleur das ominöse „Boys Beer" für eigene Feierlichkeiten. Ob dieses auch von Girls getrunken werden kann, bleibt zu klären. Schließlich heißt der Designer-Claim: „Expect anything."

DER ERFOLG BEIM FESTIVAL WAR ANSPORN, SICH WEITER MIT DEM THEMA BIER ZU BESCHÄFTIGEN.

NÓMADA

DIE STEPPENWÖLFE

ORT → SABADELL BEI BARCELONA, SPANIEN
EIGENTÜMER & BRAUMEISTER → SAMI CLARET UND
JAVIER ALDÉA
GRÜNDUNG → 2011

Von Ort zu Ort wandern, den Bedürfnissen folgen, an keinen Standort gebunden sein. Den Freunden Sami Claret und Javier Aldéa ist das Nomadentum nicht Notwendigkeit, sondern Bedürfnis. Beim Brauen geht es ihnen immer auch um eine Geschichte, die Landschaft oder eine künstlerische Perspektive.

Die Wege von Claret und Aldéa kreuzten sich 2011. Beide verfügten schon über Erfahrung als Mikrobrauer, und Aldéa hatte gerade das Edelbierlokal „Kitsch" in der baskischen Hauptstadt Vitoria-Gasteiz eröffnet. Zusammen mit Ramón Sorribes vom Online-Bierversand Cervezalandia.es war schon ein paar Monate später das erste gemeinsame Bier produziert. Bereits 2012 wurde Nómada auf der Bierbewertungsplattform Ratebeer.com unter die fünf besten neuen Brauereien der Welt gewählt. Ihr „Royal Porter a la taza" (10,5 Vol.-%) galt schnell als eines der besten Imperial Porter überhaupt.

Mit diesem gewaltigen Einstieg gewann Nómada sofort internationale Aufmerksamkeit. Restaurants und Bars in aller Welt orderten die Biere.

Vielleicht gerade weil sie keinen festen Standort haben, widmen die Nómada-Brauer ihre Kreationen gern einer bestimmten Region. So beim whiskyfassgelagerten Stout „Moose Islay" (12 Vol.-%), das an die herbe Natur der schottischen Hebriden erinnern soll. Vor allem aber bei ihrer 2014 eingeführten „Landscape"-Serie. Dazu gehören bisher „Tundra" (6 Vol.-%) und „Estepa" (5,5 Vol.-%). Beide sind Farmhouse Ales; die Steppe wird trocken und rötlich interpretiert, der Charakter der polaren Tundra mit ihren Flechten und Gräsern soll durch kräuterige Noten zum Ausdruck kommen. Die Landscape-Serie ist „frei und chaotisch wie die Natur, im selben Augenblick aber technisch detailliert wie eine Fotografie".

Das bekannteste Nómada-Bier neben dem Porter bleibt aber das „Papaya Crash", ein sehr bitteres Double IPA (9,2 Vol.-%), dem die Tropenfrucht ein unaufdringlich fruchtiges Gegengewicht verleiht. Beide Nómada-Klassiker wurden kürzlich einer optischen Neugestaltung unterzogen. Durch ihre Tätigkeiten in der Bar und im Verkauf ist den Brauern

FREI UND CHAOTISCH WIE DIE NATUR, ABER TECHNISCH DETAILLIERT WIE EINE FOTOGRAFIE.

Javier Aldéa und Sami Claret

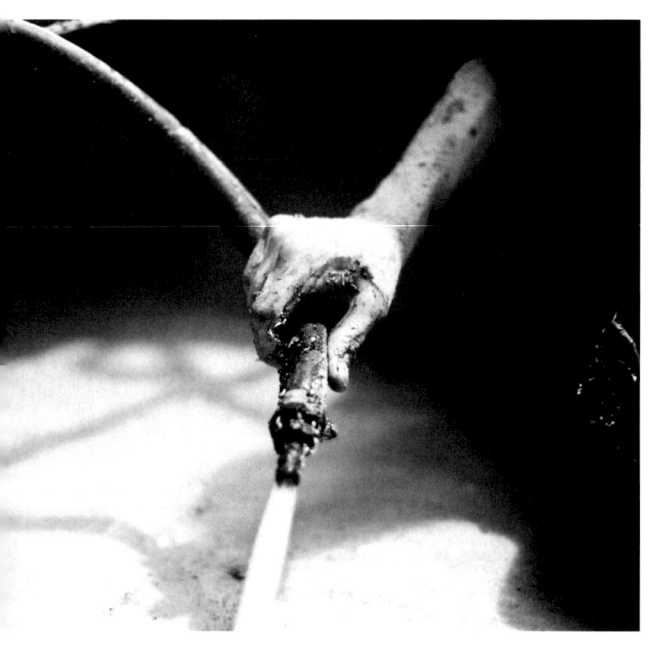

bewusst, dass Äußerlichkeiten zählen. Bisher haben sie auf ihrem Treck durch verschiedene Brauereien nicht mehr als 3000 Hektoliter im Jahr produzieren können. Ob es dabei bleibt oder ob sie mit ihrer Kreativität und akribischen Technik auch einmal mehr brauen werden, wird sich auf ihrem Weg ergeben. Die Nomaden ziehen weiter.

PÕHJALA

ESTNISCHE NACHT

ORT → TALLINN, ESTLAND
EIGENTÜMER → PEETER KEEK, GREN NOORMETS,
TIIT PAANANEN UND ENN PAREL
BRAUMEISTER → CHRIS PILKINGTON
GRÜNDUNG → 2012

Zehn Minuten Fußweg führen vom mittelalterlichen Stadtkern der estnischen Hauptstadt Tallinn in das aufstrebende Viertel Kalamaja. Zehn Minuten, die zwei Welten verbinden. Die herausgeputzte Altstadt mit den bei Touristen beliebten historischen Denkmälern einerseits und das einst raue Arbeiterviertel andererseits. Kalamaja war früher der wichtigste Fischereihafen der Stadt, heute besiedeln junge Familien den Stadtteil, Architekten und Designer haben heruntergekommene Fabrikgebäude in Beschlag genommen. Ein Spielplatz für Menschen mit Ideen und genau der richtige Ort, um das experimentierfreudige Publikum mit Ausgefallenem zu begeistern.

In diesem Umfeld setzen die Sandkastenfreunde Peeter Keek, Gren Noormets und Enn Parel von Põhjala ihre Ideen von gutem Bier um. Ein Baltic Imperial Porter mit dem klangvollen Namen „Öö" zum Beispiel, „Nacht" auf Estnisch. Das pechschwarze, ölige Ale gleitet sanft ins Glas und baut eine feste, cremefarbene Schaumkrone auf. Was Guinness verspricht, hält die estnische „Nacht" ganz ohne Stickstoffkapsel: Sie kann einen Penny tragen. Die typischen Röstaromen, Kaffee, Karamell, Lakritze und Dörrobst, breiten sich sowohl in der Nase als auch auf Zunge und Gaumen genüsslich aus. Die stolzen 9,5 Volumenprozent Alkohol werden gut vom Malzkörper aufgefangen, der eine geschmackliche Tiefe von Rauch über Schokolade bis hin zu dunklen Früchten entwickelt. Mit solchen Suden setzen sich die Põhjala-Brauer vom Geschmackseinerlei der heimischen Industriebiere ab.

Ihre Brauversuche haben sie zwar als Hobby gestartet, von Anfang an hatten sie aber den Ehrgeiz, eines Tages nicht nur ihre Freunde mit Selbstgebrautem zu versorgen, sondern gleich das Land an seine Bierwurzeln zurückzuführen. Mit

PÕHJALA HAT EINE MIKRO-REVOLUTION AUSGELÖST: DIE ESTEN WOLLEN AM LIEBSTEN LOKALES CRAFT-BIER TRINKEN.

Peeter Keek und Gren Noormets (vorn)

Peeter Keek

Tiit Paananen, dem Skype-Manager für Estland, haben sie kurz nach der Eröffnung der Brauerei einen wirtschaftserfahrenen Bierbegeisterten ins Boot geholt und sich dann zu den Bierpunks von BrewDog nach Schottland aufgemacht. Sie wollten, sagen sie, „von den Besten lernen" und ihren Idolen über die Schulter schauen.

Chris Pilkington, den sie dort kennengelernt haben, hat sich daraufhin kurzerhand im Nordischen Territorium — so die Übersetzung von Põhjala — niedergelassen. Er hilft, die neue Brauerei aufzusetzen und das Portfolio zu erweitern. Inzwischen gibt es ein vielbeachtetes Roggenbier, ein Witbier nach belgischer Art, ein IPA und ein Black IPA von den Craft-Bier-Pionieren aus Tallinn.

Põhjala hat eine „Õllerevolutsioon", eine Bierrevolution, im Land ausgelöst. Die Esten waren schon immer bierbegeistert. Jetzt wollen sie am liebsten lokale Craft-Erzeugnisse trinken. Hobbybrauer schöpfen Mut, es den Vorreitern gleichzutun. Fünf neue Mikrobrauereien sind schon aktiv. Und auch viele Lokalbesitzer haben die Zeichen der Zeit erkannt. Sie stellen ihre Bierauswahl auf Geschmacksstarkes um und lernen, die neuen Kreationen mit Speisen zu kombinieren.

Die größte Herausforderung für Põhjala ist es nun, die wachsende Nachfrage zu befriedigen. Denn nicht nur die Bohemiens von Kalamaja wollen die estnischen Nächte mit einem Glas „Öö" feiern.

ROOIE DOP
FEUERKOPF AUS DEM VERLIES

ORT → UTRECHT, NIEDERLANDE
EIGENTÜMER → MARK STROOKER
BRAUMEISTER → MARK STROOKER
GRÜNDUNG → 2012

Mark „The Dude" Strooker trinkt gern Bier, spricht gern über Bier, braut gern Bier. Und am liebsten alles gleichzeitig. Im Keller an einer Anlegestelle in Utrecht hat er den perfekten Ort dafür geschaffen: „The Brew Dungeon". Dort im Brau-Verlies schenkt er seine Kreationen aus, bastelt an neuen Rezepten und diskutiert darüber mit Bierliebhabern. Die soziale Komponente ist dem Mittdreißiger wichtig. Bierbrauen ist für ihn ein Evolutionsprozess, und daher hat er auch für andere Meinungen ein offenes Ohr.

Auf Stiltreue legt Mark keinen Wert. Schmecken sollen die Biere einfach. Und hin und wieder auch überraschen. So braut er sein Coffee Porter „Daily Grind" mit Guatemala-Antiqua-Kaffee, und das „Utrecht Strong Ale" ist ein Hybrid, das Strooker kaum definieren mag. Malziges Double IPA, hopfenstarker Barley Wine oder American Strong Ale? Das Grübeln überlässt er anderen.

Aber auch mit seinen klassischen Craft-Bieren wie intensiv gehopften Ales, opulenten Stouts und fassgereiften Sorten ist Strooker überaus erfolgreich. Sein „Chica Americana IPA", gehopft mit Cascade und Columbus, und das „Double Oatmeal Stout" überzeugten die Biergenießer von Anfang an.

Am liebsten braut Strooker zusammen mit anderen Brauern: „Es macht Spaß, gemeinsam Rezepte zu entwickeln und voneinander zu lernen." So ist auch das „De Passie Imperial Passion Fruit White IPA" entstanden, ein Kollaborationssud mit den Brauereien Ilkley aus Großbritannien und Oersoep aus den Niederlanden. Das erfrischend säuerliche IPA bekommt seine fruchtige Note durch die Zugabe großer Mengen frischer Passionsfrucht.

Für kommerzielle Auflagen reichen Strookers Kapazitäten bei weitem nicht. Da trifft es sich gut, dass er enge Verbindungen zu der Brauerei De Molen hat. Dank deren Unterstützung sind die Flaschen mit der roten Kappe inzwischen in über 20 Ländern zu haben. Strookers nächstes Ziel ist eine eigene Brauerei. Bis es so weit ist, trifft man ihn im „Dungeon" an. Wer Selbstgebrautes hat, kann es ruhig mitbringen – Mark Strooker spricht gern darüber.

AUF STILTREUE LEGT MARK STROOKER KEINEN WERT: SEINE BIERE SOLLEN SCHMECKEN UND ÜBER-RASCHEN.

Mark Strooker

167

Jay Goodwin

THE RARE BARREL

DIE ZÄHMUNG DER WILDEN HEFEN

ORT → BERKELEY, KALIFORNIEN, USA
EIGENTÜMER → JAY GOODWIN, ALEX WALLASH UND
BRAD GOODWIN
BRAUMEISTER → JAY GOODWIN
GRÜNDUNG → 2013

Geduldig muss man sein, wenn man saure Biere braut. Bis zu drei Jahre Ruhezeit im Fass reklamieren diese für sich. Eine junge Brauerei, die sich ausschließlich sauren Stilen widmet, braucht neben hingebungsvoller Ausdauer aber auch Mut: Außerhalb Belgiens sind die herausfordernden, spritzig-säuerlichen Biere noch recht wenig verbreitet, Produzenten gibt es so gut wie nicht.

Bis auf Jay Goodwin und Alex Wallash. Sie haben sich 2013 mit der Eröffnung von The Rare Barrel im kalifornischen Berkeley getraut, diesen ungewöhnlichen Weg zu gehen. Jay hatte bereits bei The Bruery im südlich von Los Angeles gelegenen Placentia Erfahrungen mit Fasslagerung und dem Brauen saurer Biere gesammelt. Dabei ist er auf Ideen gekommen, die seine Geuze-Herstellung von der belgischen Praxis abhebt.

Die Würze wird in fremden Brauereien gekocht, die Gärung und die Lagerung in Holzfässern erfolgen im eigenen Keller. Damit steht The Rare Barrel noch der Tradition der belgischen Bier-Blender nahe, wie sie etwa von Tilquin und Drie Fonteinen ausgeübt wird. Diese kaufen junge, spontan vergorene Sauerbiere von Lambikbrauereien, lassen sie in Fässern reifen und verschneiden sie dann zu Geuzen.

Der entscheidende Unterschied zur belgischen Lambiktradition ist jedoch, dass die Kalifornier sich nicht auf Mikroorganismen aus der Luft verlassen, sondern die Infizierung mit kultivierten Wildhefen bewusst einleiten.

Diesen Part genießt Braumeister Jay Goodwin am meisten. Hier kann er mit Brettanomyces (Wildhefekulturen), Milchsäurebakterien, Rotwein-, Tequila- und anderen vorbelegten Fässern sowie mit verschiedenen Früchten experimentieren. Fruchtige, erdige, säuerliche und durchaus auch muffige Aromen entstehen dabei, in welcher Art und Ausprägung, ist trotz aller Kultivierung nicht kontrollierbar. Unbeirrbar gibt die Zeit das ihre dazu: Sie bringt Tiefe

WILDHEFEKULTUREN, MILCHSÄUREBAKTERIEN UND DER FAKTOR ZEIT SIND DIE ZUTATEN DER SAUERBIERE VON THE RARE BARREL.

und Komplexität ins Bier sowie milde Nuancen, die an Wein erinnern.

Die Zahl der Liebhaber facettenreicher Sauerbiere steigt. Einmal im Jahr laden die Jungbrauer zur großen Verkostung in ihren Fasskeller ein. Bierenthusiasten, Food-Journalisten, Sommeliers, Brauer und Feinschmecker probieren sich durch die Kollektion und nominieren die besten Fässer. Aus ihnen wählen die Brauer ihr „Rare Barrel", das sie auf der anschließenden Party an alle Teilnehmer freimütig ausschenken. Die Mikroorganismen aus diesem Fass werden auf den nächsten Sud übertragen, in der Hoffnung, die außergewöhnlichen Geschmäcke des „Rare Barrel" zu reproduzieren.

HERMAN BELGIAN BAR

DIE BOTSCHAFT

ORT → BERLIN, DEUTSCHLAND
EIGENTÜMER → BART NEIRYNCK
GRÜNDUNG → 2012

Dubbel, Tripel, Lambik, Geuze, Bruin, Blonde, Saison, Wit, Bière brut, Trappisten- und Abteibiere – wenn es um Biervielfalt geht, macht niemand den Belgiern etwas vor. Auf über tausend Biere kommen die Schätzungen für das kleine Land. Rund hundert davon können seit Dezember 2012 in Berlin verkostet werden.

Der Maler und Filmemacher Bart Neirynck hat sich ein Stück Heimat nach Berlin-Prenzlauer Berg geholt. Die Flaschenwand hinter den vier Zapfhahnen bildet das Herzstück der minimalistisch eingerichteten Bar und wirkt wie eine Werkschau der besten belgischen Brauereien. Dazu erklärt der Barbesitzer gern Geschmacksnuancen, Farben und Braumethoden. Überwältigt vom Angebot, entscheiden sich so manche Gäste einfach für das Bier mit dem für sie klangvollsten Namen: „Delirium Tremens", „Mort Subite", „Moinette Blonde", oder wie wär's mit einem „Gulden Draak" oder der „Duchesse de Bourgogne"? „Gute Strategie!", sagt dann Bart und lächelt sanft. Fast so wie der ältere Herr auf der Bierkarte – Herman, Barts früherer Deutschlehrer. Ihm hat der junge Belgier seine Bar gewidmet.

Das Lokal hat sich schnell zum Anziehungspunkt für ein internationales Publikum entwickelt. Aber auch die im Banne des Reinheitsgebots aufgewachsenen einheimischen Biergenießer wissen dank Neiryncks diplomatischem Außendienst inzwischen mehr über ihr Nachbarland und sind vom Facettenreichtum des traditionsreichen Getränks fasziniert. Bar Herman – die belgische Bierbotschaft.

Die Bar wurde als erste und einzige in Deutschland für den Zwanze Day der Brasserie Cantillon ausgewählt. Seit 2008 gibt die Brüsseler Lambikbrauerei einmal jährlich im Herbst einen limitierten Sondersud mit ungewöhnlichen Zutaten heraus. Das Bier bleibt bis zum Zwanze Day geheim und wird dann in rund 50 handverlesenen Lokalen auf der Welt gleichzeitig ausgeschenkt. Zu den Auserwählten zu gehören, kommt einem Ritterschlag gleich.

Bart Neirynck

WERKSCHAU DER BESTEN BIERE BELGIENS: DIE FLASCHENWAND HINTER DER BAR.

TOP HOPS

HIMMEL AUF ERDEN

ORT → NEW YORK, USA
EIGENTÜMER → TED KENNY
GRÜNDUNG → 2012

Ted Kenny

Eine lange, geschwungene Bar mit 20 Zapfhahnen, Holzregale mit Bierflaschen aus aller Welt und dahinter: die Schatzkammer. In einem Gewölbe reiht sich Kühlschrank an Kühlschrank, hinter deren Türen über 700 verschiedene Craft-Biere lagern. Der Traum jedes Bier-Geeks. Der überwiegende Teil des Sortiments stammt aus amerikanischen Craft-Brauereien, aber auch Belgien, Skandinavien, Großbritannien und Deutschland sind gut vertreten.

Eigentümer Ted Kenny hat mit Top Hops den Bierhimmel auf die Erde geholt. Mit Hilfe von Architekt Russell Glover ist ein kulturelles Zentrum rund ums Bier entstanden. Ein Ort, an dem sich Connaisseure und Anfänger wohlfühlen. Während die Kenner über Farbe, Aroma, Körper und Bittere fachsimpeln, werden die Einsteiger vom Fachpersonal umsorgt und anhand von Bierproben in die Geheimnisse von Hopfen und Malz eingeführt. Passende kleine Leckereien sind an der Bar erhältlich – Oliven, Brezeln, Aufschnitt- und Käseplatten. Fast alle Snacks kommen vom nahe gelegenen Essex Street Market. Das Erlebnis wird durch zahlreiche Veranstaltungen ergänzt. Brauer stehen bei Verkostungen zu ihren Produkten Rede und Antwort, Bierbücher werden in Lesungen vorgestellt, und in Seminaren wird das passende Bier zur Serrano-Pfeffer-Schokolade gesucht.

Ob man nun ein frisch Gezapftes an der Bar oder einen Schatz aus dem Kühlschrank in netter Gesellschaft genießt, man kann den Laden nie verlassen, ohne sich eine Flasche für zu Hause zu kaufen. Oder ein Sixpack. Oder sich einen „Growler" abfüllen zu lassen. Ted Kenny ist ein Verfechter der großen, wiederbefüllbaren Henkelflaschen: „Es ist eine fabelhafte Möglichkeit, auch zu Hause immer frisches Bier zu haben."

Seit der Eröffnung im Januar 2012 hat es der gebürtige New Yorker für keine Sekunde bereut, seinen Job im Vertriebsmanagement des Bierkonzerns Anheuser-Busch aufgegeben zu haben. Im Gegenteil. Er genießt es, jetzt „Händler und Fürsprecher von großartigem Bier" zu sein und die Wertschätzung des Handwerks zu fördern. „Letztendlich ist es nur Bier", meint Kenny. „Ich hoffe aber, jedem Gast einen neuen und ihm unbekannten Bierstil präsentieren zu können." Ob Anfänger oder Vollblut-Bierliebhaber – ein himmlisches Versprechen.

JEDER GAST SOLL EINEN NEUEN, IHM UNBEKANNTEN BIERSTIL KENNENLERNEN.

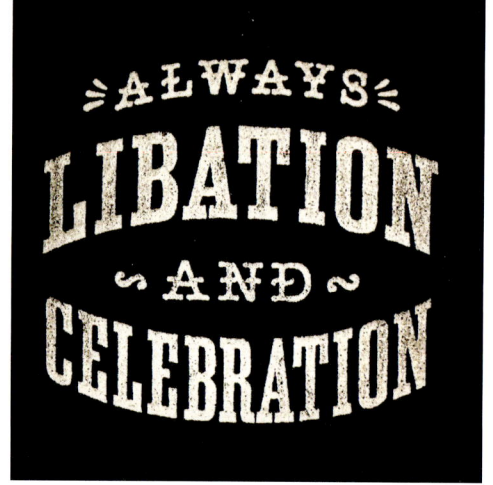

Bei Top Hops gibt es 20 Biere vom Zapfhahn

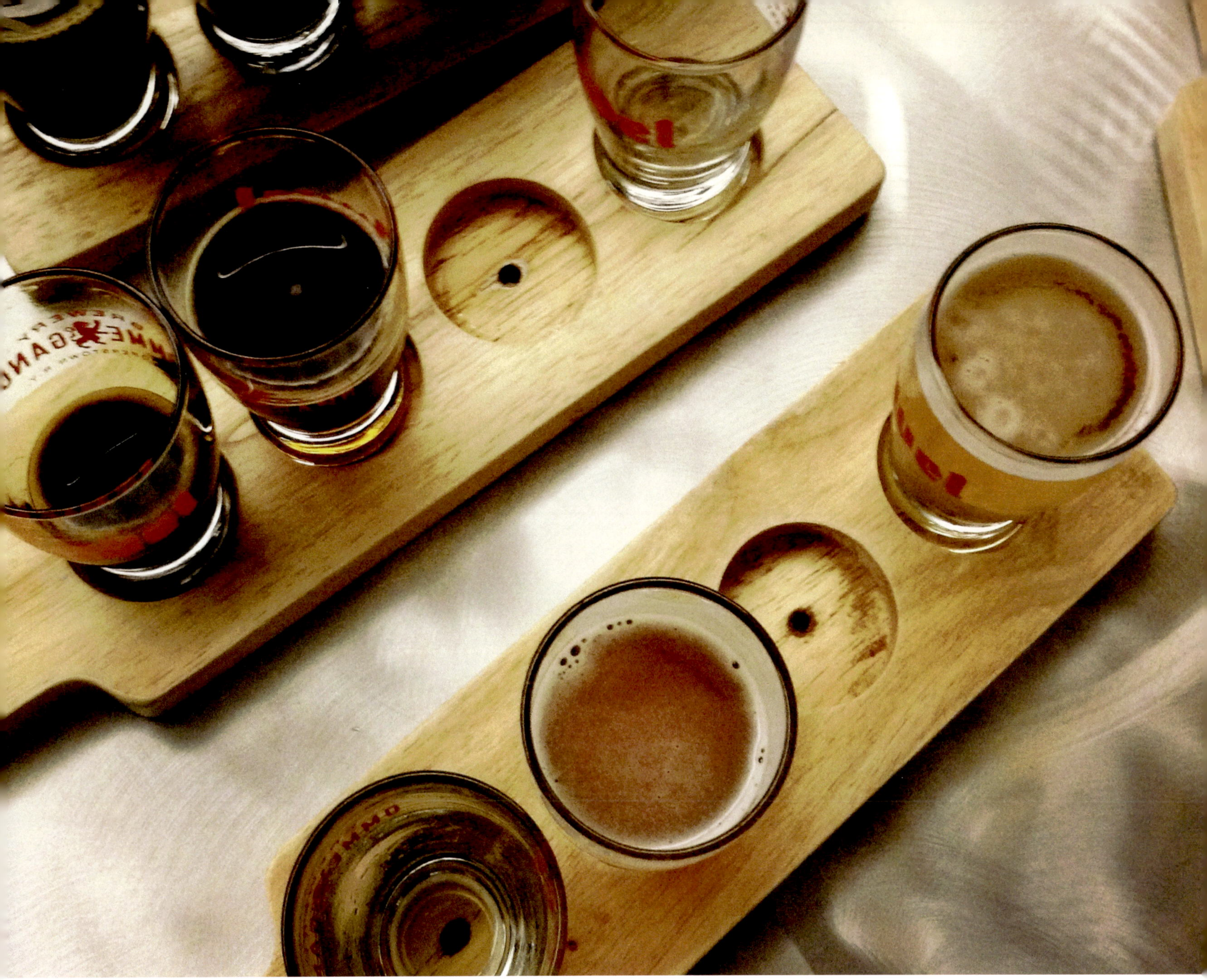

over
700
this
way
Bottles

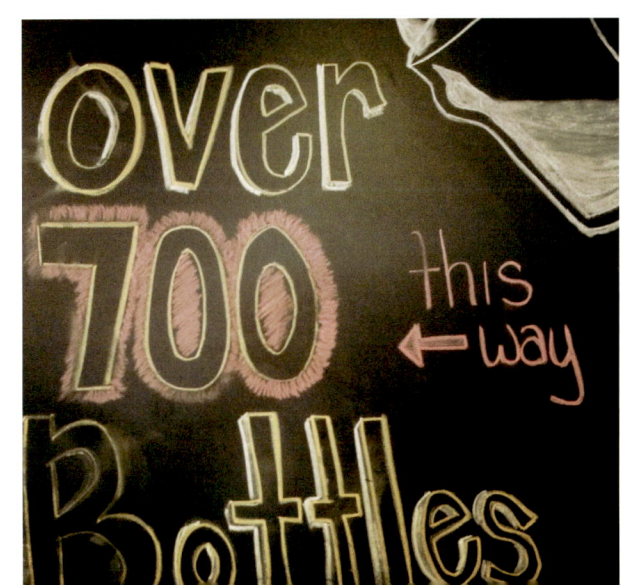

PRIVATE LAND-BRAUEREI SCHÖNRAM

RITTER DES GRÜNEN GOLDES

ORT → PETTING-SCHÖNRAM, BAYERN, DEUTSCHLAND
EIGENTÜMER → ALFRED OBERLINDOBER
BRAUMEISTER → ERIC TOFT
GRÜNDUNG → 1780

Eric Toft

Typisch Chiemgau, dort, wo Bayern am bayerischsten ist: Der Brauer ist blond und kräftig, bläst Horn in der Dorfkapelle, kraxelt am liebsten auf die Berge. Wo der Naturbursche in der Hirschledernen wirklich herkommt, merkt man erst, wenn er mit Verwandten telefoniert – in amerikanischem Englisch. Sein Lebensweg hat Eric Toft von Wyoming nach Oberbayern geführt. Seit 1998 arbeitet er bei der Brauerei Schönram als Braumeister. „Ich fühl mi dahoam", sagt er in akzentfreiem Dialekt.

Dem Braukünstler ist nichts so zuwider wie Bier mit Allerweltsgeschmack. Deshalb hat er ja vor fast 30 Jahren die USA verlassen. Eric Toft, damals 21, war Geophysik-Student und Hobbybrauer, als sich ihm die Chance bot, in Saudi-Arabien zu arbeiten. Er entschied sich gegen das Öl und für den Alkohol – und zwar konsequent: Toft ging nach Europa, um die Kunst des Brauens von Grund auf zu lernen. Lehre in Ulm, Diplomstudium in Weihenstephan, zwei Jahre in einer belgischen Brauerei.

Und dann nach Schönram. Dort hatte Alfred Oberlindober gerade die Landbrauerei von seinem Vater übernommen, in achter Generation. Qualifikation und Können des etwa gleichaltrigen Amerikaners sagten ihm zu. Eric Toft machte aus der vernachlässigten alten Sorte Altbayerisch Dunkel eine neue Delikatesse, veredelte die traditionellen Stile und revolutionierte in aller Gelassenheit die bayerische Bierwelt: Bei ihm bestimmt nicht nur das Malz den Geschmack, sondern auch und immer aufregender der Hopfen.

Den Umgang mit Aromahopfen hat Toft in Belgien gelernt. Nun komponiert er für jedes Rezept ein eigenes Hopfenprofil.

DER AMERIKANER ERIC TOFT REVOLUTIONIERT IN ALLER GELASSENHEIT DIE BAYERISCHE BIERWELT.

SAPHIR-BOCK

GOLDGELB MIT WARMEN REFLEXEN, FEINE WEISSE SCHAUMKRONE. DER DUFT IST FRUCHTIG-HERB UND ERINNERT AN ZWETSCHGEN, MELONE, LIMETTE. DER ANTRUNK IST WEICH UND BESONDERS FEINPERLIG. BLUMIGE NOTEN, DIE AN GERANIEN ERINNERN, ERGÄNZEN DIE KRÄFTIGE BITTERE, DIE IM LANGEN FINISH EINE KRÄUTERIG-PFEFFRIGE SCHÄRFE ZEIGT.

8
Vol.-%

So verfeinern vier Gewächse sein Pils: der pfeffrig-grasige Hallertauer Tradition, der vollblumige Spalter Select, duftiger Hersbrucker und fruchtiger Hallertauer Mittelfrüh. Folgerichtig war es auch Toft, der das wohl erste deutsche IPA braute: „Bavaria's Best India Pale Ale".

So weist der Mann, der einst nach Deutschland kam, um das Brauen zu lernen, inzwischen den deutschen Brauern den Weg. Toft engagiert sich im bayerischen Hopfenforschungszentrum Hüll bei der Zucht aromastarker Flavor Hops. „Der Eric ist ein Glücksfall", sagt der Geschäftsführer des Deutschen Hopfenpflanzerverbandes, sagt Schönram-Chef Oberlindober, sagen die Chiemgauer. Sagt jeder, der sein Bier trinkt.

BROOKLYN BREWERY

I ♥ NEW BEER

ORT → NEW YORK, USA
EIGENTÜMER → STEVE HINDY
BRAUMEISTER → GARRETT OLIVER
GRÜNDUNG → 1988

Gutes tun reicht nicht; man muss auch darüber sprechen. Wohl jeder Amerikaner kennt inzwischen Stimme und Gesicht dieses Mannes: Seit über 20 Jahren macht Garrett Oliver Craft-Bier in den USA bekannt. Beispielsweise mit Fernsehduellen, in denen Oliver gegen einen Weinkenner antritt, um passende Begleitgetränke für die Gänge eines Menüs auszuwählen. Sein Buch „The Brewmaster's Table" über die „Freuden der Kombination von echtem Bier mit echtem Essen" ist seit dem Erscheinen im Jahr 2003 zu einem kulinarischen Klassiker geworden – appetitanregend, witzig und klug.

Denn Oliver ist nicht nur Symbolfigur der neuen Bierkultur, er ist auch ihr Hirn. Zur Verblüffung manch eines Brautechnik-Lehrstuhlinhabers wurde der Quereinsteiger von der Oxford University Press beauftragt, die Enzyklopädie „Oxford Companion to Beer" herauszugeben (erschienen 2011).

Auf wundersame Weise schafft er es trotz seiner Auftritte und Termine, auch am Sudkessel zu stehen. Garrett Oliver ist seit 1994 der Braumeister der Brooklyn Brewery. Das passt: In Brooklyn nahm alles seinen Anfang. Dort, in dem New Yorker Stadtteil östlich von Manhattan, landeten im 19. Jahrhundert die Immigranten, viele davon aus Deutschland. Sie brachten den Wunsch nach gutem Bier und ihre Brautradition mit. Brooklyn wurde zu einem Brewing Pot: Um 1900 gab es dort rund vier Dutzend Betriebe, die meist geschmacksintensive Lagerbiere produzierten.

Dann kam die Prohibition. Wie überall in den USA ließ sie auch in dem Einwandererstadtteil nicht viel Bierkompetenz übrig. „Ab 1933, nach mehr als zwölf Jahren Alkoholverbot, waren die Amerikaner bereit, alles zu trinken, was man ihnen vorsetzte", erläutert Oliver den Siegeszug der flauen, billig produzierten Massenbiere. Rheingold, die letzte unabhängige Brauerei in Brooklyn, musste 1976 kapitulieren. Der große Brauort war trockengelegt.

Es brauchte einen wie Steve Hindy, um das Erbe wiederzubeleben. Ausgerechnet im Nahen Osten war der Reporter zum

GARRETT OLIVER LÄSST SICH VON DER GANZEN GENUSSSZENE ZU NEUEN BIERSTILEN INSPIRIEREN.

Garrett Oliver

Steve Hindy

Hobbybrauer geworden – in Kuwait die einzige Chance auf ein Glas Bier.

1988 gründete er mit einem Nachbarn die Brooklyn Brewery und engagierte den deutschstämmigen Braumeister William M. Moeller. Für seine erste Kreation, das „Brooklyn Lager", konnte Moeller auf die Rezepte seines Großvaters zurückgreifen; Etiketten und Corporate Identity gestaltete der Designer Milton Glaser, bekannt für das „I ♥ NY"-Logo.

Die Anfangsjahre waren schwer, nur wenige Gaststätten wollten Brooklyn-Bier anbieten: zu stark, zu teuer, zu unbekannt. Dann kam Garrett Oliver. Er hatte in einem Brewpub in Manhattan das Brauen gelernt – und bald von sich reden gemacht. „Ich verstehe das Brauen im Sinne eines Küchenchefs", so Oliver. „Ich lasse mich inspirieren von Gewürzen und Techniken anderer Brauer ebenso wie von der ganzen Genussszene. So finde ich zu neuen Bierstilen." Etwa das „Black Chocolate Stout", die belgisch inspirierten „Local 1" und „Local 2" – oder, zusammen mit Hans-Peter Drexler von Schneider Weiße, die berühmte „Hopfenweiße".

Heute ist Brooklyn Brewery eine der bekanntesten und erfolgreichsten Craft-Brauereien der Welt. Mit ihrer Einsatz- und Experimentierfreude haben Hindy und Oliver vielen Mikrobrauereien den Weg geebnet. Und ganz nebenbei ist es ihnen gelungen, Brooklyn zurück an die Spitze der besten Brauorte zu führen.

FETTE SAU BBQ

ZECHER, PORK UND TEUFEL

ORT → NEW YORK, USA
EIGENTÜMER → JOE UND KIM CARROLL
GRÜNDUNG → 2007

Der Trend bringt manchmal ein Déjà-vu. Wie glücklich war man, als in den USA oder Deutschland die ersten guten Restaurants endlich echtes Bier und vice versa die Biergaststätten auch inspiriertes Essen anboten. Nicht nur Schnitzel, „Ratsherrenteller" (= Fleisch pur) und „Braumeisterplatte" (= viel Fleisch pur).

Und jetzt steht man in der langen Schlange vor einem der angesagtesten Lokale im Brooklyner Viertel Williamsburg, und was es dort gibt, ist: sehr viel Fleisch pur. Das Barbecue-Restaurant „Fette Sau" führt seinen Namen mit Recht. Man serviert Schweinebauch, Spare Ribs und Pulled Pork, außerdem Lamm- und Rindfleisch; das Geschirr ist Metzgerpapier, bezahlt wird nach Gewicht.

Doch während des Wartens darf man schon mit dem Wichtigsten beginnen und sich ein Bier holen. „Fette Sau" kann sich einer vorzüglichen Auswahl lokaler Biere rühmen, alle vom Fass, einige speziell für das Restaurant gebraut. Beim Publikum ist Captain Lawrence „Liquid Gold" beliebt, ein Ale nach belgischer Art; andere Marken sind Allagash, Brooklyn Brewery, Greenport Harbor, Coney Island Brewing oder die Peekskill Brewery mit ihrem Sauerbier; das „Kelso Nut Brown Lager" von Greenpoint Beer Works passt dann gut zu den mächtigen Schälrippchen.

Kim und Joe Carroll, die Betreiber, kennen sich aus. Direkt gegenüber betreiben sie die Bierbar „Spuyten Duyvil" („spuckender Teufel" oder „spuck den Teufel an", eine historische Bezeichnung aus der Zeit, als die Stadt noch den Niederlanden gehörte). Seit 2003 machen sie die New Yorker mit geschmackvollen Bieren bekannt, in der Bar gibt es dazu Käsehäppchen. Als die Autowerkstatt in der Straße schließen musste, griffen die Carrolls zu und eröffneten das Restaurant, denn wer gut trinkt, will auch gut essen. Stammgäste empfehlen, das Fleisch ohne die angebotenen Saucen zu kosten, denn nur so kann man beides pur schmecken und genießen: das vorzüglich gegarte Fleisch und das feine Bier. Déjà-vu ade: So hat man es eben doch noch nie erlebt. Und nach dem Händewaschen geht es zum Digestif in den „Spuyten Duyvil".

„FETTE SAU" KANN SICH EINER VORZÜGLICHEN AUSWAHL LOKALER BIERE RÜHMEN, ALLE VOM FASS, EINIGE SPEZIELL FÜR DAS RESTAURANT GEBRAUT.

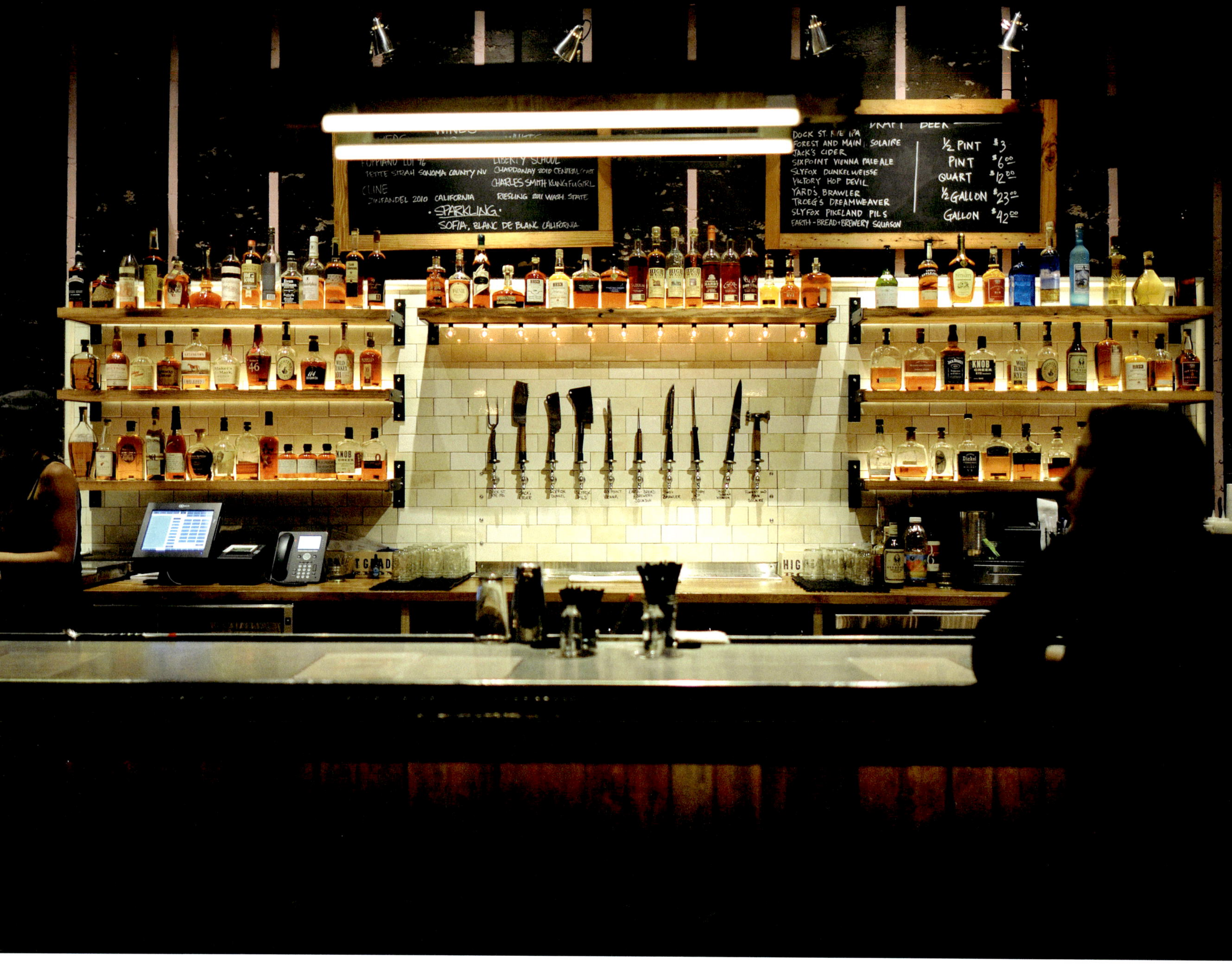
DRAFT BEER
DOCK ST. RYE IPA
FOREST AND MAIN SOLAIRE
JACK'S CIDER
SIXPOINT VIENNA PALE ALE
SLYFOX DUNKELWEISSE
VICTORY HOP DEVIL
YARDS BRAWLER
TROEG'S DREAMWEAVER
SLYFOX PIKELAND PILS
EARTH+BREAD+BREWERY SQUASON
½ PINT $3
PINT $6⁰⁰
QUART $12⁰⁰
½ GALLON $23⁰⁰
GALLON $42⁰⁰
CLINE
ZINFANDEL 2010 CALIFORNIA
LIBERTY SCHOOL
CHARLES SMITH KUNG FU GIRL
RIESLING 2011 WASH. STATE
SPARKLING
SOFIA, BLANC DE BLANC CALIFORNIA

BOXED WATER IS BETTER.

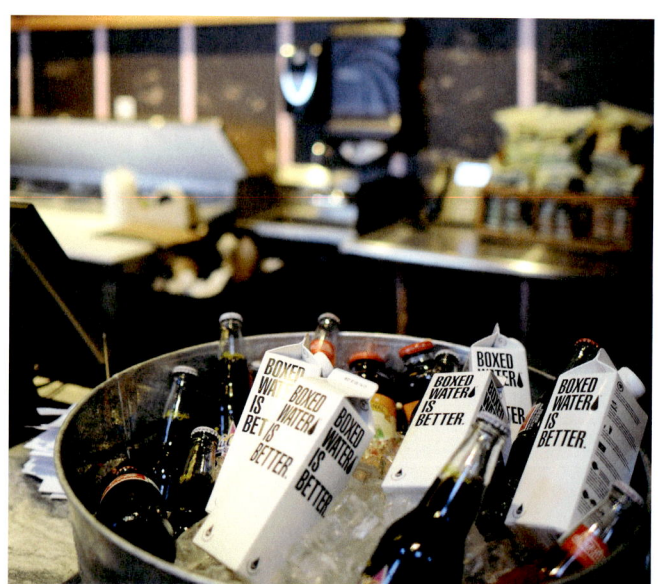

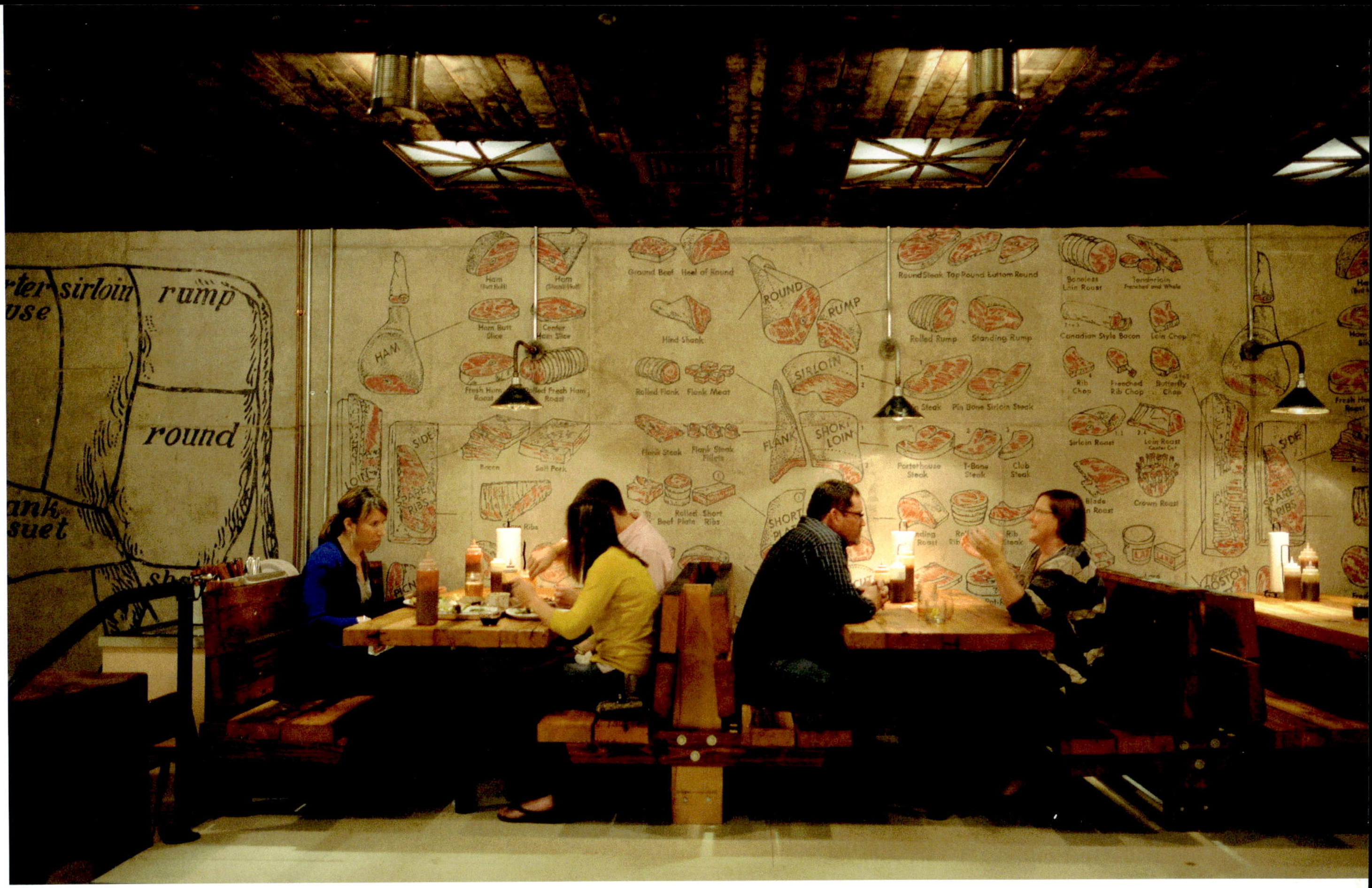
sirloin
rump
round
suet

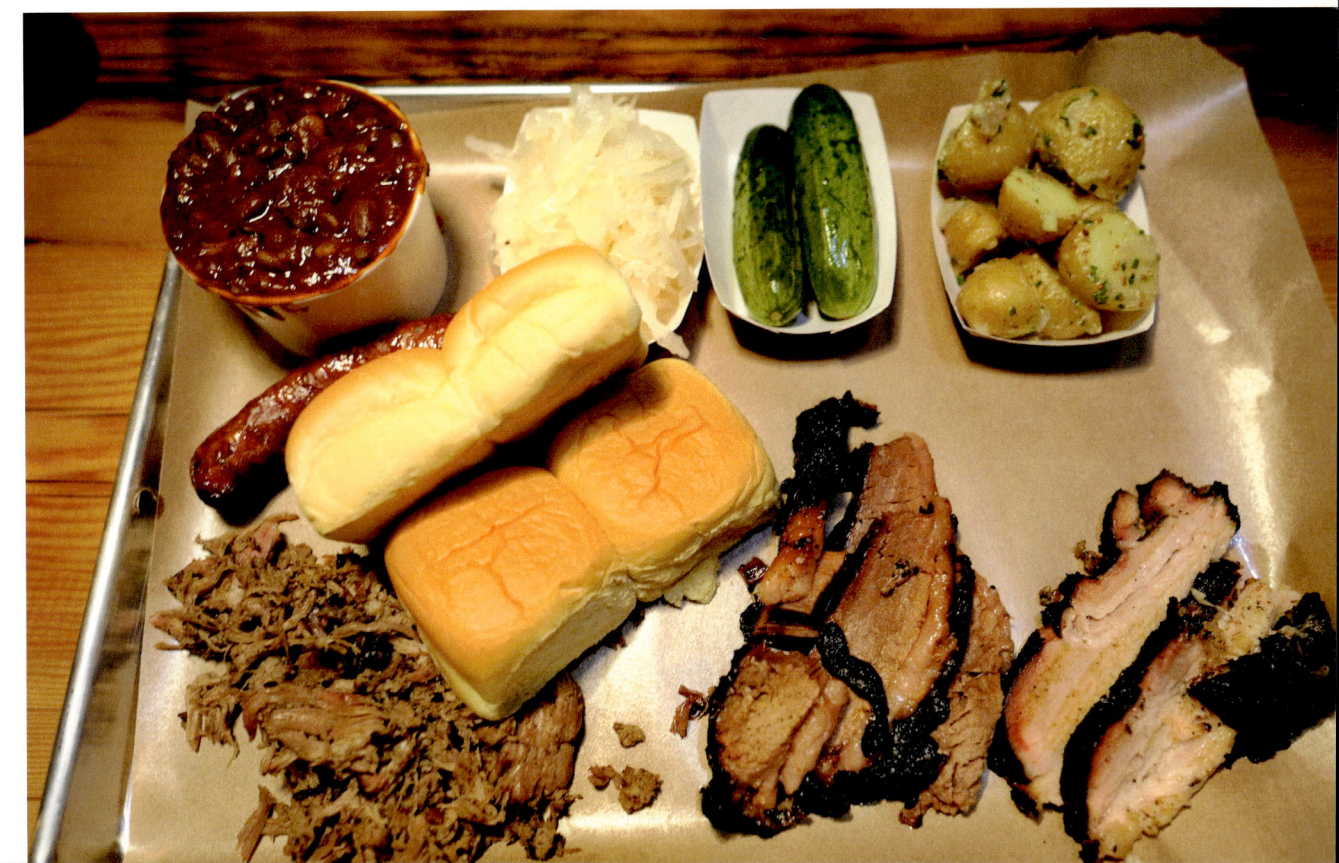

OERSOEP

EIN KESSEL BUNTES LEBEN

ORT → NIMWEGEN, NIEDERLANDE
EIGENTÜMER & BRAUMEISTER → SANDER KOBES UND
KICK VAN HOUT
GRÜNDUNG → 2012

Wenn von „Ursuppe" die Rede ist, meint die Wissenschaft das Gemisch toter Materie, aus dem irdisches Leben hervorgegangen ist. Wenn ein Brauer ebendiesen Begriff benutzt, dann spricht er von der Maische aus Malz und Wasser. Aus dieser entwickelt sich bekanntlich das Bier. Sander Kobes und Kick van Hout wollen in ihrer Brauerei Oersoep (Ursuppe) nicht weniger, als „neues Leben" zu kreieren.

Dabei können sich die neuen, komplexen Biere durchaus aus alten Brautechniken ergeben. „,Ur' bedeutet auch den Rückgriff auf Traditionen", sagt Kobes. Hauptsache, aus der Suppe wird etwas Aufregendes. Oersoep-Biere sollten beim Beisammensein genossen werden, am besten zu einer Mahlzeit unter Freunden. Deshalb sind die Bierflaschen groß (0,75 Liter) und schön. Und die Palette ist inzwischen so abwechslungsreich, dass man zu jedem Gang die passende Sorte findet. Denn die beiden jungen Brauer lieben es zu experimentieren: „Wir brauen parallel immer sechs verschiedene Sorten in Chargen zu je einem Hektoliter."

Um den Überblick zu behalten, ordnen van Hout und Kobes jedes Bier einer von vier Kategorien zu. Zu den bislang fast 20 „Saison"-Sorten gehören Variationen mit Dinkel oder das dunkle „Bonne Nuit" mit einer Prise Rosmarin; die Weizen-Rohfruchtzugabe bei „De Witte Molen" lässt Oersoep in der gleichnamigen Nimwegener Windmühle von 1760 mahlen. Auch für die Serie „Donker en diep" (dunkel und tief) haben die unermüdlichen Tüftler insgesamt schon zwei Dutzend unterschiedliche Brühen angerührt, darunter das „Holy Smoke" (5,7 Vol.-%) als Verbeugung vor den drei Urbierländern: ein Stout aus deutschem Rauchmalz, belgischer Ale-Hefe und britischem Hopfen.

Ihre ambitionierteste Reihe heißt „Gott ist gütig": Im Kühlschiff bringen Mikroben und wilde Hefen aus der Luft die Gärung in Gang. Danach fermentiert die Suppe mehrere Monate lang in Holzfässern, die alle ein eigenes Mikroklima vorweisen; die Kunst liegt im Verschneiden der numinosen Fassinhalte. Es geht aber auch einfacher. „Bruisend (sprudelnd) en blond" sind samtzarte Biere mit würzigen oder fruchtigen Noten. Man könnte meinen, dass diese Linie die harmloseste sei. Aber auch Blonde haben Biss, wie etwa das IPA

OERSOEP VERKAUFT NUR GROSSE FLASCHEN, DENN BIER SOLLTE GEMEINSAM GENOSSEN WERDEN.

Sander Kobes und Kick van Hout

„Brettanosaurus Rex" mit zweiter Brettanomyces-Gärung. Es vereint Bitterkeit, fruchtige Hopfenaromen und Lederartiges von den Wildhefekulturen.

2014 konnte die Brauerei, ihrem Namen getreu, in eine ehemalige Fabrik für Heinz-Tomatensuppe umziehen. Allerdings sollen hier am Ufer der Waal in ein paar Jahren Wohnhäuser gebaut werden. Aber mit ein bisschen Hilfe vom gütigen Gott wird es bis zum Abriss noch lange dauern.

BOSTEELS

TRADITIONELL ERFINDERISCH

ORT → BUGGENHOUT, BELGIEN
EIGENTÜMER & BRAUMEISTER → IVO UND ANTOINE
BOSTEELS
GRÜNDUNG → 1791

Was macht eigentlich ein regionaler Brauer, wenn die Kundschaft beginnt, andere Biere zu bevorzugen? a) Er klagt in der Lokalzeitung den Wankelmut der Menschen an, braut unbeugsam in bewährter Qualität weiter und kann seine Gerätschaften bald verkaufen, b) er imitiert seufzend die zeitgemäßen Biere.

Es gibt noch einen dritten, mutigen Weg. Diesen beschreitet die Familienbrauerei Bosteels in Buggenhout, einem Städtchen inmitten des Dreiecks Brüssel–Gent–Antwerpen. Sie setzt sich an die Spitze der Bewegung, indem sie selbst ganz neue Biere auf den Markt bringt. Die müssen die anderen erst mal nachmachen.

Die Brauerei wurde 1791 gegründet; beim Anblick der Brauervilla von 1859 lässt sich erahnen, dass der Betrieb von Anfang an Erfolg hatte. 1938 übernahm Antoine Bosteels in fünfter Generation und machte zusammen mit seiner erfinderischen Frau Adrie van Eecke (aus einer westflämischen Brauerfamilie) die Brauerei zu einer der populärsten in Flandern; vor allem das „Prosit Pils" war beliebt. Als wegen der Supermarktkonkurrenz der Lagerbierverkauf zurückging, konterte Bosteels Ende der Siebziger mit einem betont altmodischen, bernsteinfarbenen Ale: „Pauwel Kwak" (8 Vol.-%), das in einer mutigen Marketingstrategie im unpraktischen Kutscherglas samt Holzhalterung präsentiert wurde. Hatte Bosteels die Renaissance der klassischen belgischen Biere vorausgeahnt? 1996 erfand ihr Brauer Iwan De Meyer mit dem „Tripel Karmeliet" (8,4 Vol.-%) ein weiteres ausgezeichnetes Ale im alten Stil: trockener als das „Kwak", aber mit drei Getreiden (neben Weizen und Gerste auch Hafer) cremig und fruchtig.

Das Pils-Zeitalter ist bei Bosteels vorbei. Ihr Meisterstück haben die heutigen Inhaber, der lebenslustige Ivo und sein Sohn Antoine, zur Jahrtausendwende erschaffen: das Champagnerbier „Deus Brut des Flandres". Wer nun die wahren Erfinder dieses Bierstils sind, darüber debattiert man in den Kneipen des Städtchens bis heute. War es Bosteels oder die andere ortsansässige Brauerei De Landtsheer mit ihrem „Malheur"? Stolz können die Buggenhouter auf beide Brauereien sein.

Die Brauervilla in Buggenhout

IHR MEISTERSTÜCK HABEN DER LEBENS-LUSTIGE IVO UND SEIN SOHN ANTOINE ZUR JAHRTAUSENDWENDE ERSCHAFFEN: DAS CHAMPAGNERBIER „DEUS BRUT DES FLANDRES".

Mit 30 Mitarbeitern produziert Bosteels heute 100 000 Hekto-liter im Jahr und hat mehrere Millionen Euro investiert, um die Kapazität zu erhöhen. „Das Verlangen nach Spezialbier ist in der ganzen Welt gestiegen", sagt Antoine.

Das merken auch andere. Ein internationaler Private-Equity-Investor will sich an dem Familienunternehmen beteiligen. Die aktuelle Frage lautet also: Was macht eigentlich ein re-gionaler Brauer, wenn er zu viel Erfolg hat? Vertrauen wir darauf, dass Bosteels wieder eine mutige Antwort findet.

BREWDOG

LAUT UND SCHAMLOS

ORT → ELLON, ABERDEENSHIRE, GROSSBRITANNIEN
EIGENTÜMER → JAMES WATT UND MARTIN DICKIE
BRAUMEISTER → MARTIN DICKIE
GRÜNDUNG → 2007

Mit Selbstsicherheit, großspurigem Auftreten und einem guten Gespür fürs Geschäft haben sich die Freunde James Watt und Martin Dickie an die Spitze der europäischen Craft-Bier-Bewegung vorgekämpft. 2007 gründeten die damals 24-jährigen Schotten ihren Betrieb, heute zählt BrewDog weltweit mehr als 200 Mitarbeiter und hat jährliche Umsatzsteigerungen von bis zu hundert Prozent zu verzeichnen.

Ihren Kampf gegen freudlose Lager und stumpfe Ales haben Watt und Dickie von Anfang an mit viel Einsatz geführt. Die ersten Kreationen wurden auf Wochenmärkten verkauft, aber bereits ein Jahr nach Gründung machte das Imperial Stout „Tokyo*" Schlagzeilen. Nicht nur wegen der dreisten Marketingstrategie – BrewDog behauptete, „Tokyo*" sei das stärkste britische Bier aller Zeiten –, sondern vor allem wegen des Aufschreis selbsternannter Jugendschützer: Ein Bier mit 18,2 Volumenprozent Alkohol sei „unverantwortlich". Als noch schlimmer stufte es der britische Verband der Alkoholikaproduzenten ein, dass BrewDog seine Flaschen nicht servil mit Warnungen spickt, sondern auf den Etiketten schamlos die Freuden der Trunkenheit propagiert: „Auch bei der Mäßigung muss man sich mäßigen. Woraus folgt: Du brauchst, gelegentlich, einen Exzess."

Das Plädoyer für freudvolle Zügellosigkeit hat seinen Preis: Ein Drittelliterfläschchen „Tokyo*" kostete rund zehn Pfund, so viel wie anderthalb Kisten Industriebier aus dem Supermarkt. Ob die beiden Schotten nicht nur Rekorde brechen, sondern gut brauen können, war in der Craft-Bier-Szene eine Zeitlang umstritten. In den Anfangsjahren war möglicherweise manch allzu punkige Geschmacksnote der BrewDog-Ales gar nicht beabsichtigt. Doch bald bewiesen Watt und Dickie, dass sie auch filigrane Stile beherrschen: etwa mit dem Pale Ale „Dead Pony Club" (3,8 Vol.-%) und dem sauberen Schwarzbier „Zeitgeist" (4,9 Vol.-%).

Längst exportieren sie nach Schweden, Japan und den USA. Und sie wollen ihr Publikum begeistern, möglichst live wie bei einem Punkkonzert: 2010 machten sie in Aberdeen eine Kneipe auf, seitdem wurden mehr als ein Dutzend Brew-Dog-Bars in Großbritannien und weitere in Tokio, São Paulo

SIE WOLLEN IHR PUBLIKUM BEGEISTERN, MÖGLICHST LIVE WIE BEI EINEM PUNK-KONZERT.

sowie auf dem europäischen Kontinent eröffnet. Auch Berlin wird mit einem Ableger bereichert.

BrewDog hat in den ersten sieben Jahren Hunderte verschiedener Biere kreiert, am liebsten extrem. Vielleicht ist dennoch das „Punk IPA" (5,6 Vol.-%) das Meisterstück. Es hat eine leicht goldene Farbe, Akzente von tropischen Früchten und Karamell und ist erschwinglich. So wird es nicht nur von alten Punks geschätzt: Es soll schon manchen Grünschnabel vom Griff nach albernen Biermischgetränken geheilt haben.

BrewDogs erste Bar in Brasilien

James Watt und Martin Dickie

DER HOPFEN FÜR DAS ALE WÄCHST AUF DEN FARMEN NEBENAN.

Olav Vier Strawe (oben) und Seth Wood

WOODFOUR

COMET IM WEINLAND

ORT → SEBASTOPOL, KALIFORNIEN, USA
EIGENTÜMER → SETH WOOD UND OLAV VIER STRAWE
BRAUMEISTER → SETH WOOD
GRÜNDUNG → 2013

Im Barlow-Komplex von Sebastopol, einem Städtchen nördlich von San Francisco, dreht sich alles ums handwerklich Hergestellte. Das neugestaltete ehemalige Gewerbegebiet ist schnell zum Anziehungspunkt im Sonoma Valley avanciert. In 17 edlen Metallgebäuden mit Wildwestcharme haben sich etwa ein Bronzeschmied, ein Glasbläser, der Dorfbäcker, Gin-Destillateure, namhafte Winzer und ein Kaffeeröster niedergelassen. Zu den kulinarischen Highlights gehört die 2013 eröffnete Woodfour-Brauerei mit ihrem Restaurant. Die Inhaber Seth Wood und Olav Vier Strawe wollen auf das hohe Niveau der kalifornischen Craft-Beer-Bewegung noch eins draufsetzen.

Der Amerikaner Wood bringt mehr als zehn Jahre Erfahrung in der Brau- und Gastroszene mit. Der Deutsche Vier Strawe hat in Deutschland und den USA ein Telekommunikationsunternehmen aufgebaut – und in Kalifornien die Freuden raffinierter Ales schätzen gelernt. Zusammen bauen die zwei Bierbeseelten eine Brauerei auf, die auf sorgfältig gefertigte Biere höchster Qualität fokussiert. Während sich Wood ganz auf seine Braukunst konzentriert, dirigiert Strawe das tägliche Geschäft und kümmert sich zudem um die Bierakademie, die er ebenfalls 2013 mit Sylvia Kopp, der Mitherausgeberin dieses Buches, in Berlin ins Leben gerufen hat.

Seine Kreationen offeriert Wood den Gästen im Pub und beliefert damit Restaurants und Biershops im nördlichen Kalifornien. Ob das „Brett Comet Session Ale" (4,6 Vol.-%), eingebraut mit Comet-Hopfen von Farmern aus der Umgebung, ein belgisches Dubbel, das im Pinot-noir-Fass gereift ist (6,7 Vol.-%), oder das Wildhefe-Ale „Sour Farmhouse" (4,7 Vol.-%) mit Aprikose- und Apfelaromen, jedes Bier hat einen ausgeprägten Charakter. Im Restaurant bieten Wood und Strawe außerdem drei wechselnde Gastsude vom Fass und drei bis vier Dutzend Flaschenbiere aus aller Welt.

Dazu gibt es das passende Essen. Chefkoch Jamil Peden ist ein ebenso eigenwilliger Künstler wie Wood, er kocht Essen mit Seele. „Bites" für den kleinen Hunger oder ausgefuchste Menüs, mit frischem Pazifikfisch oder Tagesgemüse von den benachbarten Farmen. Inhaber Wood: „Wir zeigen unseren

*Seth Wood und Sebastian Sauer (Freigeist Bierkultur)
arbeiten an einem Kollaborationssud*

Kunden, was mit Bier möglich ist." Woodfours innovative
Biere, gepaart mit frischer kalifornischer Küche, gewinnen
deshalb in dem vom Wein geprägten Sonoma Valley immer
mehr Freunde.

Seth Wood mit einer alten Berliner Weiße aus dem Jahr 1972

THE KERNEL

OHNE GROSSES DRUMHERUM

ORT → LONDON, GROSSBRITANNIEN
EIGENTÜMER → TOBY MUNN, EVIN O'RIORDAIN UND
CHRIGL LUTHY
BRAUMEISTER → EVIN O'RIORDAIN
GRÜNDUNG → 2009

Nur nicht bevormunden! Man muss den Leuten nicht sagen, was sie in einem Bier zu schmecken haben. Man kann ihnen ruhig etwas Respekt entgegenbringen und ihnen zutrauen, dass sie es selbst herausfinden. Ein Name, ein Datum und der Alkoholgehalt – viel mehr muss auf einem Bieretikett nicht stehen. So einfach ist das.

Und so leise und bescheiden im Auftreten ist auch Evin O'Riordain mit seiner Kernel Brewery. The Kernels erfrischende, hopfenbetonte Pale Ales und India Pale Ales gehören zu den besten, die man in London – und auch weit über die Stadtgrenzen hinaus – trinken kann, die nach historischem Vorbild gebrauten Porter und Stouts sind weltweit begehrt. Dabei hat O'Riordain nie Zeit und Energie in Marketing investiert. „Wir haben uns dafür entschieden, das Bier für sich sprechen zu lassen", sagt er. Mundpropaganda sei immer noch das beste Mittel.

Für den damaligen Käsehändler begann alles mit einer Dienstreise nach New York. Die dortigen frischen, intensiv gehopften Ales mit klarem Profil beeindruckten ihn. Fasziniert stellte er fest, dass seine amerikanischen Kollegen genauso über Bier sprachen wie er selbst über Käse. Da kannte er auch jede Kuh mit Namen.

Zu Hause in London suchte er nach Vergleichbarem und hörte zunächst lautes Getöse aus Schottland. Die BrewDog-Punks stopften IPAs mit amerikanischem Aromahopfen und rührten kräftig die Werbetrommel. Tonlage und Lautstärke entsprachen zwar nicht O'Riordains Naturell, aber die Botschaft wies in die richtige Richtung.

Der Wahllondoner mit irischen Wurzeln schloss sich daraufhin den London Amateur Brewers an und lernte das Brauen. Er wollte Biere, die einen zwingen, sie aufmerksam zu trinken – intensiv gehopft, mit anhaltender Bittere, herausgearbeitetem Malzkörper und Geschmackstiefe; jedes einzelne mit einem individuellen Charakter. 25 verschiedene Hopfensorten und 18 Malztypen hat er bislang verwendet. Und kein einziges Bier wird zweimal gebraut. Denn jedes verdiene es, dass man sich ihm neu und unvoreingenommen annähere, ohne vorgefertigte Erwartungen.

EIN NAME, EIN DATUM UND DER ALKOHOLGEHALT – VIEL MEHR MUSS AUF EINEM BIERETIKETT NICHT STEHEN.

The Kernels zurückhaltend etikettierte Flaschen stehen inzwischen in Michelin-besternten Londoner Restaurants auf dem Tisch. O'Riordains Interesse gilt der Hauptstadt, der Vertrieb soll weitestgehend lokal bleiben. Der bodenständige Brauer denkt nicht an eine Markterweiterung, sondern an neue Bierexperimente: an Fasslagerung zum Beispiel, oder warum nicht wieder mal ein Sauerbier?

Und der Name? Er ist ebenso bodenständig: „das Getreidekorn". Die Grundzutat jedes Bieres. Eben der Kern.

HEIDEN-PETERS

HOPFEN-UND-MALZ-COLLAGEN

ORT → BERLIN, DEUTSCHLAND
EIGENTÜMER & BRAUMEISTER → JOHANNES
HEIDENPETER
GRÜNDUNG → 2012

Donnerstagabend, Markthalle Neun in der Berliner Eisenbahnstraße: internationales Stimmengewirr, taiwanisches Gua Bao, französische Austern, koreanisches Bibimbap und gute Laune. Street Food Thursday heißt die Veranstaltung, die allwöchentlich Besucher aus der ganzen Stadt nach Kreuzberg lockt. Die lange Schlange in der einen Ecke der Halle gilt dem Mann mit der Schiebermütze hinter den drei Zapfhahnen. Es fließt Hausgebrautes.

Johannes Heidenpeter schenkt hier seine Ales aus, lächelt schüchtern und kann den Ansturm immer noch nicht ganz fassen. Bis vor zwei Jahren war der Absolvent der Berliner Universität der Künste freischaffender Künstler. Ist er immer noch. Nur steht er zurzeit nicht an der Staffelei. Seit ihn das Bierfieber gepackt hat, investiert er seine ganze Zeit in den Bau und Ausbau seiner Brauanlage im Keller der Markthalle. Die für Collagen gesammelten Materialien hat er in der Bar verbaut. Und den Pinsel schwingt er höchstens, wenn er neue Etiketten entwirft. Doch das Brauen gibt ihm durchaus künstlerische Befriedigung. Wenn aus vielen guten Einzelzutaten etwas Neues und Spannendes entsteht, dann ist das nicht sehr viel anders, als eine Collage zu erschaffen.

Und wenn an normalen Markttagen sich der Andrang etwas legt, hat er Zeit für einen Plausch mit den anderen Anbietern in der Markthalle. Denn im Gespräch kommt man auf Ideen, und neue Ideen bedeuten bei Johannes Heidenpeter derzeit nur eines: neue Biere. Für einen Smoked Porter hat er zum Beispiel das Malz bei den Nachbarn von Big Stuff Smoked BBQ gedarrt. In der sommerlich-erfrischenden „Saisonnière", einer Kreuzung aus einem belgischen Saison und einem amerikanisch angehauchten Pale Ale, hat er Kakaoschalen von Bonvodou, dem örtlichen Meister handwerklicher Schokolade, verbraut.

Immer wieder kommen neue Biere in den Zapfhahn. Seit der Eröffnung vor knapp zwei Jahren hat der Autodidakt etwa 50 verschiedene Ales kreiert. Alle paar Wochen ändert sich

DIE BESUCHER DER MARKTHALLE SIND GESPANNT, WOMIT HEIDENPETER SIE BEIM NÄCHSTEN MAL ÜBERRASCHEN WIRD.

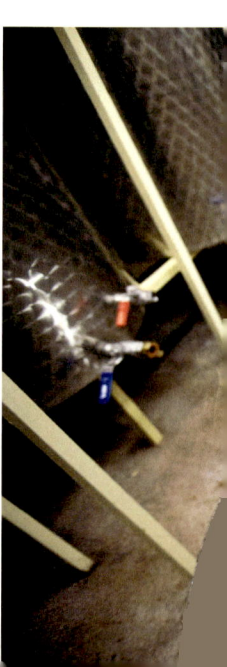

Johannes Heidenpeter

das Sortiment, sodass auch die vielen regelmäßig wieder-
kehrenden Gäste gespannt sind, womit sie beim nächsten
Mal überrascht werden. Zwei der größten Publikumslieb-
linge werden aber häufiger aufgelegt: die elegant-fruchtige
„Thirsty Lady" mit zarten Holunderblütennoten und das tro-
pisch-zitrusfruchtige Pale Ale.

An Ideen mangelt es Johannes Heidenpeter nicht. Irgendwann wird er Kunst und Bier noch enger zusammenführen.

An Heidenpeters Craft-Bier-Bar

Heidenpeters braut im Keller der Markthalle Neun in Berlin-Kreuzberg

WEISSES BRÄUHAUS G. SCHNEIDER & SOHN

GESAMTKUNSTWERK IN WEISS

ORT → KELHEIM, BAYERN, DEUTSCHLAND
EIGENTÜMER → GEORG VI. SCHNEIDER
BRAUMEISTER → HANS-PETER DREXLER
GRÜNDUNG → 1872

Was wäre bayerischer als ein Weißbier? Und doch ist es allein der Entschlossenheit einiger weniger zu verdanken, dass es die Sorte bis heute gibt. Es sei „ein unnützes Getränk" und reize „nur zu mehrerem Trinken", wetterten die bayerischen Herrscher im 16. Jahrhundert, weil ihre Untertanen sich nicht an das Weizenbierverbot hielten. Damals war es ein beherztes Adelsgeschlecht, das sich im Nordosten Bayerns eine Lizenz zum Brauen erstritt und das Weißbier ins nächste Jahrhundert rettete. Dann wurde Weißbiertrinken wieder legal.

Doch allmählich kamen andere Sorten in Mode. Das Fürstenhaus, das sich zwischendurch das Weißbiermonopol gesichert hatte, gab seine Weißen Bräuhäuser auf. Für München erwarb 1872 glücklicherweise der Pächter die Lizenz zum Weißbrauen: Georg Schneider. Der neue Weißbier-Herrscher war allerdings fast ohne Gefolgschaft. Umso größer ist das Verdienst von ihm und seiner Dynastie (die Nachkommen nennen sich „Georg II." usw.), das Brauen mit Weizenmalz ins 20. Jahrhundert hineingerettet zu haben.

Das Bier, mit dem er damals antrat, heißt heute „Tap 7 – Unser Original" und ist immer noch so bernsteindunkel wie 1872. Auch am traditionellen Brauverfahren wird im Hause Schneider nicht gerüttelt: Von den offenen Gärbottichen schöpfen die Brauer bis heute die Kräusen ab, um mit dem Schaum harsche Geschmäcke aus dem Bier zu entfernen. Die anschließende Flaschengärung bringt moussierende Textur ins Bier. „Fantasie schlägt die Krise", sagt heute Georg VI. Schneider. Seine Urgroßmutter hat 1907 den Weizenbock erfunden („Aventinus", 8,2 Vol.-%). Sein Vater hat in den achtziger Jahren eine junge, städtische Klientel über die neuartige „Leichte Weiße" (3,3 Vol.-%) an das Hauptprodukt herangeführt.

SCHNEIDER HAT SCHON MUNTER MIT CRAFT-BIER EXPERIMENTIERT, ALS DIE FANTASIE ANDERER BRAUER HÖCHSTENS BIER-LIMONADE-BASTARDE GEBAR.

Georg VI. und sein Braumeister Hans-Peter Drexler haben schon munter mit Craft-Bier experimentiert, als die Fantasie anderer Brauer höchstens Bier-Limonade-Bastarde gebar. 2007 machten sie sich an den ersten deutschen Gemeinschaftssud mit einem amerikanischen Craft-Brauer, Garrett Oliver von Brooklyn Brewery, und erschufen die kaltgehopfte „Hopfenweiße" (8,2 Vol.-%). Die Traditionalisten waren entsetzt, viel Hopfen beim Weißbrauen gilt als Stilbruch, doch Schneider nahm das Bier ins Standardsortiment auf – inzwischen hat die „Hopfenweiße" etliche Nachahmer gefunden und ist zum Begründer eines neuen Stils geworden.

„Mut zum eigenen Geschmack" ist eine weitere Devise, mit welcher der Gründer-Urururenkel seinen Betrieb im 21. Jahrhundert führt. In der Reihe „Tap X" versucht sich Schneider jedes Jahr an einer neuen Kreation. Etwa der ebenfalls kaltgehopften „Sommerweiße" (5,4 Vol.-%); die heimlich verwendete Saison-Hefe macht das Bier herrlich prickelnd und trocken. Die „Porter-Weiße" ist eine gelungene Symbiose zweier Stile. Und aus dem Ausbau von „Aventinus" und „Aventinus Eisbock" in verschiedenen Weinfässern ist eine würzig-fruchtige Cuvée hervorgegangen, die geschmacklich an flämisches Oud Bruin erinnert.

All dies gehört dank der Kunst von Hans-Peter Drexler zum Besten, was deutsche Brauer hervorbringen. Doch so innovativ die Biere sind, eines bleibt beim Alten: Sie reizen „zu mehrerem Trinken".

KÖSTLICHE KOMBINATIONEN

Wofür braucht man einen Begleiter beim Essen? Er soll das Gelungene und Schöne elegant betonen, Schrilles sanft umhüllen, Flaues pointiert würzen. Dissonanzen weiß er in Wohlklang aufzulösen, und die Pausen der Speisenfolge füllt er mit anregender Unterhaltung. Er vermag sich zurückzunehmen, wenn das Gericht die volle Aufmerksamkeit verlangt, und er sorgt mit seinem Esprit für zunehmende Gelöstheit.

Bier ist der versierte Begleiter zum Essen. Wer die Vielfalt ausschöpft, findet zu jeder Speise, für jeden Gang das ideale Getränk. In der Bierwelt gibt es alle geschmacklichen Intensitäten – von delikat bis robust, vom kaum alkoholischen belgischen Tafelbier bis zum ultrastarken fassgereiften Eisbock. Bier kann mit Süße aus dem Malz aufwarten. Aus dem Hopfen kommen Bittere und Aromen von Zitrus, exotischen Früchten, Kräutern oder erdige Noten. Bier kann sauer sein wie Lambik oder röstaromatisch mit salzigen, lakritzartigen Anklängen wie ein Imperial Stout. Und dann die Kohlensäure: Ihre Bläschen reinigen die Zunge – sehr wohltuend bei cremigen, deftigen oder pikanten Speisen. Spritzig, feinperlig samtig oder moussierend, trägt die Karbonisierung auch zur Textur bei und schmeichelt dem Gaumen.

Die wichtigste Paarungsregel für eine gelungene Bier-und-Speisen-Kombination: Die Geschmacksintensität muss stimmen. Es wäre schade, ein mildes Witbier mit einem gegrillten Pfeffersteak zu übertrumpfen. Ebenso wenig Freude bereitet ein Blanquette de veau, wenn es von einem India Pale Ale überdeckt wird. Tauscht man dagegen diese Kombinationen gegeneinander aus, wird etwas Köstliches draus.

Stout zu Austern, Schwarzbier zu sauer Eingelegtem, Pils zu Blattsalaten mit Ziegenfrischkäse und Kräutervinaigrette, India Pale Ale zu pikanten Currys – es gibt unter Kennern einige Klassiker, die man blind kombinieren kann. Küchenchef Christopher Müller aus Berlin hat zusammen mit den Herausgebern dieses Buches verschiedene Bierstile verkostet. Beim Entwickeln seiner Rezepte hat er die bekannten Pfade verlassen. Er baute aromatische Brücken wie zwischen dem heugegarten Kalbsrücken und dem hopfigen Pils, setzte Akzente mit der Textur wie mit dem Tripel zum Tatar und fand zum überraschenden, großen Wurf mit seinem Karpfen blau zum Rauchbier. Seine köstlichen Kombinationen stellen wir Ihnen auf den folgenden Seiten vor.

PETERSILIENWURZELSCHAUMSUPPE
SERVIERT ZU
MILK STOUT

→ CAMBA MILK STOUT, 6,4 VOL.-%
CHARAKTER: RÖSTAROMATISCH
UND INTENSIV-HARMONISCH

Schwarz-weiß, cremig-kross: Die erdige Süße der
Petersilienwurzel findet in der samtigen
Röstaromatik des Stouts ihren Partner.
Das zarte, gebratene Fleisch der Miesmuscheln
knüpft mit karamellisierten Nuancen an. Den
köstlichen Kontrast dazu liefern die knusprig
gebackenen, blumig-pfeffrigen Kapern.

2

FLAMMKUCHEN
MIT GRÜNEM SPARGEL
SERVIERT ZU
FLÄMISCHEM ROTBIER

→ RODENBACH GRAND CRU, 6 VOL.-%
CHARAKTER: SAUER UND
VIELSCHICHTIG-FORDERND

Säure vom Apfel und Pikantes vom Käse treffen
auf ihresgleichen in dem fruchtig-würzigen
rotbraunen Bier. Die nussigen Nuancen des Rucola
und der herbe Spargel setzen einen interessanten
Kontrapunkt.

3

DREIERLEI VON DER ENTE
SERVIERT ZU
BARLEY WINE

→ FULLER'S GOLDEN PRIDE, 8,5 VOL.-%
CHARAKTER: MALZBETONT UND
INTENSIV-HARMONISCH

Eindringliche Noten von Vanille, Sahne, Brandy bringt der Barley Wine ins Glas. Dabei nimmt er es spielerisch mit dem kräftigen Entenfleisch auf. Das Bier wird zum geschmacklichen roten Faden und verleiht den würzigen Brikteigtaschen und der satten Stopfleber-mousse sogar angenehme Leichtigkeit.

④

GEWOLFTES RINDERFILET
MIT KAPERN, SARDELLEN & ROSA PFEFFER
SERVIERT ZU
TRIPEL

→ WESTMALLE TRIPEL, 9,5 VOL.-%
CHARAKTER: HEFEAROMATISCH UND
INTENSIV-HARMONISCH

Die moussierende Textur des Tripels umspielt das feiste
Tatar und hebt die Aromen der Beigaben. Die Säure aus den
Kapern, die Schärfe der Sardellen und die phenolischen
Noten aus dem Pfeffer finden ihr Pendant im
reichen Biergeschmack.

5

ROSENKOHLGEMÜSE MIT JAKOBSMUSCHEL & SCHWARZEN WALNÜSSEN
SERVIERT ZU
SAISON

→ URTHEL SAISONNIÈRE, 6 VOL.-%
CHARAKTER: HEFEAROMATISCH UND
VIELSCHICHTIG-FORDERND

Kräftig und raffiniert: Zum deftigen Speckgemüse bildet das trocken ausgebaute Bier einen frischen Gegensatz. Seine dezente Säurenote tanzt mit der leichten Süße der Speise – akzentuiert von eingelegten Walnüssen und gehäuteten Tomaten, umschmeichelt vom fruchtigen, festen Fleisch der Jakobsmuschel.

6

KARPFEN BLAU
MIT LAUWARMEM LINSENSALAT
& TOMATENMARMELADE
SERVIERT ZU
RAUCHMÄRZEN

→ AECHT SCHLENKERLA MÄRZEN, 5,1 VOL.-%
CHARAKTER: MALZBETONT UND
VIELSCHICHTIG-FORDERND

Ungewöhnlich gut: Kein anderes Getränk ergänzt das
Gericht so bodenständig wie das Rauchmärzen.
Die knackig-sämigen Linsen und das derbe Fisch-
fleisch passen zum kräftigen Malzkörper. Toast- und
Karamellnuancen flirten mit der Tomatenmarmelade.
Das Moderige aus dem Karpfenteich geht mit dem
Rauch der Malzdarre eine erwachsene Liaison ein.

KALBSRÜCKEN IN HEU GEGART MIT VANILLEKAROTTEN & KARTOFFELTALERN *SERVIERT ZU* PILSENER

→ SCHÖNRAMER PILS, 4,9 VOL.-%
CHARAKTER: HOPFENBETONT
UND ERFRISCHEND

Zum Hauptgang darf es etwas Erfrischendes sein: Zartes Kalbfleisch trifft auf schlanken Malzkörper. Hier finden Heu- und Hopfenaromatik zueinander, und die süßlich-blumigen Möhren locken versteckte Biskuitnoten aus dem Bier hervor.

(8)

PAPRIKA-FRISCHKÄSE-TERRINE
MIT BABYLEAFSALAT & KRESSE
SERVIERT ZU
EXTRA SPECIAL BITTER

→ FULLER'S ESB, 5,9 VOL.-%
CHARAKTER: HOPFENBETONT UND ERFRISCHEND

Die pfeffrige Kresse und die pikant-fruchtige
Paprika korrespondieren mit den Hopfenaromen
des Extra Special Bitter. Der toastartige,
karamellige Charakter im Antrunk öffnet
den Vorhang für das Spiel der Aromen.

9

PFLAUMENDATSCHI
MIT WEISSBIER-ZABAIONE
SERVIERT ZU
WEISSBIER

→ MAHRS BAMBERGER FESTTAGSWEISSE, 5,5 VOL.-%
CHARAKTER: HEFEBETONT UND ERFRISCHEND

Die fruchtigen Hefenoten des Weißbiers und der leicht
karamellige Malzkörper komplementieren den Obstkuchen.
Die schaumige Zabaione macht den Geschmack
zu einem Erlebnis.

10

APFELKUCHEN IM GLAS
MIT HEFESCHAUM & CRUMBLE
SERVIERT ZU
WITBIER

→ DU BOCQ BLANCHE DE NAMUR, 4,5 VOL.-%
CHARAKTER: HEFEBETONT UND ERFRISCHEND

Heute back ich, morgen brau ich:
Apfelmostnoten von der Hefe, feine Würze vom
Koriander und zitrusfruchtige Bitterkeit von der
Orangenschale im Witbier korrespondieren
mit dem Dessert und ergänzen es um ein spritzig-
moussierendes Mundgefühl – belebend!

(1)

PETERSILIENWURZELSCHAUMSUPPE
SERVIERT ZU → MILK STOUT

500 G PETERSILIENWURZEL
2 GROSSE ZWIEBELN
100 ML WEISSWEIN
750 ML GEMÜSEBRÜHE
175 ML SAHNE
300 G MIESMUSCHELN
2 EL KAPERN
SALZ, PFEFFER
ZITRONENSAFT

FÜR 4 PERSONEN / ZUBEREITUNGSZEIT: 40 MINUTEN

1
Petersilienwurzel und Zwiebeln schälen und in grobe Würfel schneiden
2
Beides ohne Farbe anschwitzen
3
Mit Weißwein ablöschen und anschließend mit Gemüsebrühe aufgießen
4
Alles so lange kochen, bis das Gemüse weich ist
5
Mit Sahne aufgießen und noch mal kurz aufkochen lassen
6
Die Suppe mixen, durch ein Sieb passieren und
mit Salz, Pfeffer und Zitronensaft abschmecken
7
Zum Garnieren die Miesmuscheln anbraten
und die Kapern frittieren

②

FLAMMKUCHEN MIT GRÜNEM SPARGEL
SERVIERT ZU → FLÄMISCHEM ROTBIER

20 G HEFE
400 G MEHL
250 ML LAUWARMES WASSER
3 EL ÖL
500 G SCHMAND
1 BUND GRÜNER SPARGEL
2 ÄPFEL
200 G GORGONZOLA
2 BUND RUCOLA
SALZ

FÜR 4 PERSONEN / ZUBEREITUNGSZEIT: 45 MINUTEN

1

Für den Teig die Hefe mit etwas lauwarmem Wasser verrühren
und 10 Minuten stehen lassen

2

Das Mehl in eine Schüssel sieben

3

Den Vorteig (Hefemasse), das übrige Wasser, das Öl und eine Prise Salz
hinzufügen und alles zu einem glatten Teig verkneten

4

Zugedeckt für 30 Minuten an einem warmen Ort gehen lassen

5

Den aufgegangenen Teig vierteln

6

Jedes Teigstück am besten auf einem großen Stück Backpapier
zu einer hauchdünnen rechteckigen Platte ausrollen

7

Die Teigplatten mit Schmand bestreichen und mit geschnittenem Spargel,
Apfelwürfel, Gorgonzola und Rucola nach Belieben belegen

8

Die Flammkuchen bei 220°C etwa 12 Minuten goldgelb backen

9

Zum Servieren die Flammkuchen mit frischem Rucola garnieren

3

DREIERLEI VON DER ENTE
SERVIERT ZU → BARLEY WINE

ENTENBRUST MIT PREISELBEEREN

**2 ENTENBRÜSTE
(BARBARIE-ENTENBRUST)
SALZ, PFEFFER
PREISELBEEREN IM GLAS**

FÜR 4 PERSONEN / ZUBEREITUNGSZEIT: 180 MINUTEN FÜR ALLES

1

Die Entenbrust von Silberhaut und Adern befreien

2

Fett abschneiden und die Haut mit einem Messer
rautenförmig einschneiden

3

Mit Salz und Pfeffer würzen, auf der Haut anbraten
und bei 170°C etwa 10–15 Minuten im Ofen garen

4

Entenbrust aus dem Ofen nehmen und 5 Minuten an einem
warmen Ort ruhen lassen

5

Die Entenbrust in Tranchen schneiden und mit
Preiselbeeren anrichten

ENTENKEULENCONFIT

4 ENTENKEULEN
500 G WURZELGEMÜSE
40 G TOMATENMARK
400 ML ROTWEIN
2 L GEFLÜGELFOND
2 KAROTTEN
2 STANGEN STAUDENSELLERIE
1 EIGELB
10 BLATT BRIKTEIG (FILOTEIG)
SALZ, PFEFFER
LORBEERBLÄTTER
WACHOLDERBEEREN

1

Entenkeulen mit Salz und Pfeffer würzen,
anbraten und in eine feuerfeste Form legen

2

Wurzelgemüse würfeln, anbraten und mit Tomatenmark
rubinrot anrösten

3

Mit Rotwein ablöschen, Gewürzbeutel mit
Lorbeerblättern und Wacholderbeeren dazugeben

4

Mit Geflügelfond aufgießen, ca. 30 Minuten reduzieren

5

Entenkeulen mit Fond bedecken und bei 140°C
für 2–3 Stunden im Ofen weich garen

6

Keulen aus dem Fond nehmen und abkühlen lassen

7

Den Fond zur Sauce einkochen lassen und
durch ein Sieb passieren

8

Fleisch vom Knochen lösen und kleinschneiden

9

Sauce und klein geschnittenes Entenfleisch
miteinander vermengen und kalt stellen

10

Karotten und Staudensellerie in kleine Würfel bzw.
Scheiben schneiden und zur Confitmasse geben

11

Eigelb mit Wasser verrühren und den Brikteig
(Filoteig) damit bepinseln

12

Etwas Entenconfit in die Mitte des Brikteigs geben und zu
einem Bonbon oder Säckchen packen

13

Etwa 15 Minuten bei 175°C goldgelb backen

ENTENLEBERMOUSSE

250 G ENTENLEBER
1 ZWIEBEL
50 G APFEL
50 G BUTTER
5 EL APFELSAFT
100 ML WEISSWEIN
2 TL ZITRONENSAFT
1 GROSSES BLATT GELATINE
100 G SAHNE
150 G CROSTINI
SALZ, PFEFFER
5 CL RUM

1

Entenleber, Zwiebel und Apfel in kleine
Würfel schneiden

2

In Butter anbraten, mit der Hälfte an Apfelsaft und
Weißwein aufgießen, bei geringer Hitze langsam garen

3

Zitronensaft hinzufügen

4

Die Masse abkühlen lassen und pürieren

5

Mit Salz, Pfeffer und Rum abschmecken

6

Gelatine einweichen und im restlichen erwärmten Apfelsaft
auflösen, langsam zur Masse hinzugeben

7

Sahne schlagen und unter die kalte Masse heben

8

Alles in einer Schüssel für etwa 4 Stunden kalt stellen

9

Nach Bedarf mit einen Löffel zu Nocken ausstechen

10

Zum Servieren die Entenlebermousse auf
Crostini anrichten

④

GEWOLFTES RINDERFILET
MIT KAPERN, SARDELLEN UND ROSA PFEFFER
SERVIERT ZU → TRIPEL

400 G RINDERFILET
4 EIGELBE
16 SARDELLENFILETS
16 KAPERNÄPFEL
200 G FRISCHE PFIFFERLINGE
SALZ, PEFFER
ESSIG
ROSA PFEFFERBEEREN
FRISCHE, GEHACKTE PETERSILIE

FÜR 4 PERSONEN / ZUBEREITUNGSZEIT: 20 MINUTEN

1

Das Rinderfilet durch die feine Scheibe des Fleischwolfs
drehen lassen oder in sehr feine Würfel schneiden

2

Das so entstandene Tatar in einem Ring anrichten

3

In die Mitte eine kleine Vertiefung für das Eigelb
drücken und darin vorsichtig ein Eigelb hineinsetzen

4

Pilze anbraten und mit Essig, Salz, Pfeffer, Pfefferbeeren und
frisch gehackter Petersilie abschmecken

5

Zum Anrichten den Teller mit Sardellenfilets
und Kapernäpfeln garnieren

6

Nach Belieben mit Ciabatta oder wie im Bild mit Olivenbrötchen begleiten

⑤

ROSENKOHLGEMÜSE MIT JAKOBSMUSCHEL
UND SCHWARZEN WALNÜSSEN
SERVIERT ZU → SAISON

1 KG FRISCHER ROSENKOHL
300 G SPECK
1 GROSSE ZWIEBEL
12 JAKOBSMUSCHELN
1 GLAS EINGELEGTE SCHWARZE WALNÜSSE
2 ENTHÄUTETE TOMATEN
SALZ, PFEFFER

FÜR 4 PERSONEN / ZUBEREITUNGSZEIT: 30 MINUTEN

1

Den Rosenkohl putzen, halbieren und für 3 Minuten
in kochendem Wasser blanchieren

2

Anschließend in Eiswasser abschrecken

3

Den Speck in Streifen und die Zwiebel in Würfel schneiden

4

Beides gemeinsam in einer Pfanne anschwitzen,
den Rosenkohl hinzugeben und alles goldgelb anbraten

5

Die Jakobsmuscheln mit Salz und Pfeffer würzen
und in einer Grillpfanne glasig grillen

6

Die schwarzen Walnüsse über einen feinen Hobel
hauchdünn hobeln

7

Zum Anrichten die enthäuteten Tomaten in kleine Segel
schneiden und damit garnieren

⑥

KARPFEN BLAU
SERVIERT ZU → RAUCHMÄRZEN

KARPFEN BLAU

1 KARPFEN
1 GROSSE ZWIEBEL
200G SELLERIE
300ML WEISSWEIN
SALZ, 10CL ESSIG
LORBEERBLÄTTER
PFEFFERKÖRNER

FÜR 4 PERSONEN
ZUBEREITUNGSZEIT: 90 MINUTEN FÜR ALLES

1
Den frischen Karpfen nicht trocken tupfen,
denn für Karpfen blau muss die Schleimhaut
erhalten bleiben

2
Zwiebel, Sellerie, Weißwein, Essig
und Gewürze zu etwa 500 ml Wasser geben
und daraus einen Sud herstellen

3
Den Karpfen für etwa 20 Minuten in den heißen Sud geben
und langsam garen (nicht kochen)

4
Mit Beilagen nach Wunsch anrichten

TOMATENMARMELADE

4 TOMATEN
200G GETROCKNETE TOMATEN
1 KLEINE ZWIEBEL
SALZ, PFEFFER
ZUCKER
THYMIAN
HONIG

1
Den Strunk von den Tomaten entfernen

2
Die Tomaten anschließend über Kreuz einritzen
und blanchieren

3
Tomaten enthäuten und das Kerngehäuse entfernen

4
Getrocknete Tomaten mit heißem Wasser überbrühen und
20 Minuten ziehen lassen

5
Tomaten und Zwiebel fein würfeln und
in einer Pfanne anschwitzen

6
Anschließend mit Salz, Pfeffer, Zucker, Thymian
und Honig abschmecken

7
Die heiße Marmelade in ein Glas füllen
und nach Belieben benutzen

LAUWARMER LINSENSALAT

500 G SCHWARZE LINSEN
1 KAROTTE
100 G SELLERIE
150 G LAUCH
50 G BUTTER
SALZ, PFEFFER
ESSIG, ZUCKER, ÖL
FRISCHE, GEHACKTE PETERSILIE
UND SCHNITTLAUCH

1
Linsen nach Gebrauchsanweisung kochen
und abschrecken

2
Die Karotte und den Sellerie in feine Würfel sowie den
Lauch in feine Streifen schneiden

3
Das Gemüse in Butter anschwitzen
und anschließend die Linsen hinzugeben

4
Mit Salz, Pfeffer, Essig, Zucker und Öl abschmecken

5
Zum Anrichten mit den frischen Kräutern garnieren

WEISSWEINSAUCE

1 ZWIEBEL
200 ML WEISSWEIN
100 ML GEMÜSEFOND
150 ML MILCH
100 ML SAHNE
SALZ, PFEFFER

1
Die Zwiebel würfeln und anschwitzen

2
Mit Weißwein ablöschen und reduzieren

3
Anschließend mit Gemüsefond, Milch und Sahne aufgießen
und ein weiteres Mal auf etwa ein Drittel reduzieren

4
Mit Salz und Pfeffer abschmecken

5
Zum Anrichten die Sauce mit einem
Mixstab aufschäumen

(7)

KALBSRÜCKEN IN HEU
SERVIERT ZU → PILSENER

KALBSRÜCKEN IN HEU

2 KG KALBSRÜCKEN
150 G HEU
100 G KAROTTEN
100 G SELLERIE
100 G ZWIEBEL
20 G TOMATENMARK
500 ML ROTWEIN
SALZ, PFEFFER

FÜR 4 PERSONEN
ZUBEREITUNGSZEIT: 80 MINUTEN FÜR ALLES

1
Den Kalbsrücken parieren, die Fleischabschnitte zur Seite stellen, den Kalbsrücken
mit Salz und Pfeffer würzen und in einer Pfanne scharf anbraten

2
Den Braten mit Heu bedecken und im Ofen bei 150°C etwa 25 Minuten garen

3
Die Fleischabschnitte vom Kalbsrücken in einer weiteren Pfanne scharf anbraten

4
Karotten, Sellerie und Zwiebeln in 1 cm große Würfel schneiden
und dazugeben

5
Das Tomatenmark hinzufügen und alles rösten, bis eine
schöne rubinrote Farbe entsteht

6
Mit Rotwein ablöschen, reduzieren und dieses Prozedere zweimal wiederholen

7
Mit Wasser auffüllen und zu einer Sauce einkochen

KARTOFFELTALER

600G GEKOCHTE KARTOFFELN
60G SPECK
60G MEHL (TYP 405)
2 EIER (GRÖSSE M)
SALZ, PFEFFER, MUSKAT
FRISCHE, GEHACKTE PETERSILIE

1

Die gekochten Kartoffeln pressen

2

Speck würfeln, anbraten und zur
Kartoffelmasse hinzugeben

3

Die restlichen Zutaten ebenfalls zu den Kartoffeln
hinzugeben und zu einer geschmeidigen
Masse vermengen

4

Taler in gewünschter Größe formen und bei
geringer Hitze langsam goldgelb in Öl anbraten

VANILLEKAROTTEN

500G KAROTTEN
1 GROSSE ZWIEBEL
50G BUTTER
VANILLESCHOTE
SALZ, PFEFFER
ZUCKER
FRISCHE, GEHACKTE PETERSILIE

1

Karotten schälen, in Scheiben schneiden
und blanchieren

2

Zwiebel würfeln und gemeinsam mit den Karotten
in Butter kurz anschwitzen

3

Vanilleschote längs aufschneiden
und das Vanillemark auskratzen

4

Vanillemark sowie die aufgeschnittene Vanilleschote zu den
Karotten geben und alles bissfest garen

5

Mit Salz, Pfeffer und einer Prise Zucker abschmecken

6

Zum Anrichten mit gehackter Petersilie bestreuen

8

PAPRIKA-FRISCHKÄSE-TERRINE MIT BABYLEAFSALAT UND KRESSE
SERVIERT ZU → EXTRA SPECIAL BITTER

2 ROTE PAPRIKA
400 G FRISCHKÄSE
10 G ZITRONENTHYMIAN
3 BLATT GELATINE
200 G KRÄUTERSEITLINGE
250 G BABYLEAFSALAT
100 ML VINAIGRETTE
SALZ, PFEFFER
KRESSE

FÜR 4 PERSONEN
ZUBEREITUNGSZEIT: 60 MINUTEN

1
Paprika halbieren und vom Kerngehäuse befreien,
dann im Ofen bei 250 °C grillen, bis die Haut sich löst

2
Anschließend die Haut abziehen und die Paprika in kleine Würfel schneiden

3
Frischkäse mit Salz und Pfeffer würzen und
die Paprikawürfel unterheben

4
Zitronenthymian hacken und in die Masse geben

5
Die eingeweichte Gelatine auflösen und vorsichtig unter die Masse rühren

6
Bei Bedarf nochmals mit Pfeffer und Salz abschmecken,
in einen Anrichtering füllen und für etwa 4 Stunden kalt stellen

7
Kräuterseitlinge in Scheiben schneiden und anbraten, mit Salz und Pfeffer würzen

8
Zum Anrichten den Babyleafsalat mit einer Vinaigrette
marinieren und mit Kresse garnieren

9

PFLAUMENDATSCHI MIT WEISSBIER-ZABAIONE
SERVIERT ZU → WEISSBIER

PFLAUMENDATSCHI

450 G MEHL
3 GESTRICHENE TL BACKPULVER
½ TL ABGERIEBENE ZITRONENSCHALE
125 G ZUCKER
2 EIER
2 EL MILCH
200 G BUTTER
2 KG PFLAUMEN

ZUBEREITUNGSZEIT: 80 MINUTEN FÜR ALLES

1

Mehl mit Backpulver mischen und in eine Schüssel sieben

2

In die Mitte eine Vertiefung drücken und Zucker,
Zitronenschale, Eier und Milch hineingeben

3

Alles zu einem ersten Teig verkneten

4

Anschließend einzelne Butterflocken auf der
Masse verteilen und noch mal kräftig durchkneten

5

Den Teig für 30 Minuten kalt stellen

6

Pflaumen waschen, halbieren, entsteinen und
schuppenförmig auf dem ausgerollten Teig verteilen

7

Den Pflaumendatschi mit Streuseln bedecken und
bei 180°C für 40 Minuten backen

8

Anschließend nach Belieben mit Zucker bestreuen

STREUSEL

200 G MEHL
150 G BUTTER
125 G ZUCKER

1

Alle Zutaten miteinander verkneten
und zu Streuseln verarbeiten

WEISSBIER-ZABAIONE

4 EIGELBE
200 ML WEISSBIER
200 G ZUCKER

1

Die Eigelbe mit Weißbier und Zucker über dem Wasserbad
schaumig schlagen, bis es eindickt

(10)

APFELKUCHEN IM GLAS
SERVIERT ZU → WITBIER

BISKUITBODEN

3 EIER
65 G ZUCKER
40 G MEHL (TYP 405)
25 G STÄRKE
½ EL BACKPULVER
1 VANILLESCHOTE
½ EL ESSIG

FÜR 4 PERSONEN
ZUBEREITUNGSZEIT: 60 MINUTEN FÜR ALLES

1
Eier trennen und das Eiweiß steif schlagen

2
Zucker mit Eigelb schaumig schlagen

3
Mehl, Stärke und Backpulver miteinander vermengen und
nach und nach zur Eigelbmasse dazugeben

4
Vanillemark aus der Vanilleschote und Essig hinzufügen

5
Das steife Eiweiß vorsichtig unter die Masse heben

6
Alles auf einem Backblech verteilen und bei 160°C für
etwa 20 Minuten goldgelb backen

STREUSEL

50 G BUTTER
50 G MEHL
50 G ZUCKER

1
Alles miteinander vermengen

2
Als Streusel auf einem Backblech verteilen
und im Ofen bei 170°C abbacken

APFELKOMPOTT

200 G GESCHÄLTE ÄPFEL
50 G ZUCKER
100 ML APFELSAFT
1 VANILLESCHOTE
1 ZIMTSTANGE
15 G BUTTER
SCHALE VON EINER ZITRONE
KARDAMOM

1

Äpfel entkernen und in große Würfel schneiden

2

Den Zucker in einer heißen Pfanne karamellisieren
und mit Apfelsaft ablöschen

3

Vanillemark aus der Vanilleschote, Zimtstange, Butter,
Zitronenschale und Kardamon
hinzufügen und alles einkochen lassen

4

Anschließend die Äpfel hinzugeben und
im Karamell weich garen

5

Die Masse auf einem Backblech verteilen
und abkühlen lassen

HEFESCHAUM

100 ML MILCH
100 ML SAHNE
20 G ZUCKER
12 G FRISCHE HEFE
1 BLATT GELATINE

1

Milch, Sahne und Zucker aufkochen

2

Gelatine einweichen und in die warme Masse
(nicht heiß!) langsam einrühren

3

Die frische Hefe dazugeben und zu einer
glatten Masse verrühren

4

Alles in eine kleine Espumaflasche (Sahnesiphon) füllen

5

Den Biskuit in kleine Teile zupfen und
damit den Glasboden bedecken

6

Anschließend die Apfelmasse und die Hefe-Espuma
darauf verteilen

7

Die Masse mit den gebackenen Streuseln bedecken
und mit einem Minzeblatt garnieren

INDEX

ADRESSEN

DEUTSCHLAND

BERLIN BEER ACADEMY
Berlin, Biergenussschule

Für Amateure und Profis: Tastings, Biermenüs, Seminare, Vorträge, Kunden- und Team-Events.

www.berlinbeeracademy.de

BERLIN BIER SHOP
Berlin, Biershop

Für Kenner und solche, die es werden wollen: internationale Craft-Biere und Stoff von deutschen Mikrobrauereien.

www.berlinbiershop.com

BIERFABRIK BERLIN
Berlin, Mikrobrauerei

Drei Braustudenten aus Wedding brauen nach eigenem Gusto und aus „beer4wedding" wird die „Bierfabrik Berlin".

www.bierfabrik.de

BIERKOMPASS
Online-Biershop

Bierspezialitätenshop von Sebastian Sauer (Freigeist Bierkultur). Viele Besonderheiten und Raritäten aus aller Welt.

www.bierkompass.de

BIERLAND HAMBURG
Hamburg, Biershop

Deutsche und internationale Flaschenbiere, Bierverkostung und Bierschule.

bierland-hamburg.de

BIERPOST
Online-Biershop

Neben nationalen Craft-Bieren auch eine Auswahl an internationalen Bieren.

www.bierpost.de

CAMBA BAVARIA
Truchtlaching, Gasthausbrauerei

Biere aus eigener Produktion, dazu bayerische Bierküche.

www.cambabavaria.de

CHICAGO WILLIAMS BBQ
Berlin, Restaurant

Fleisch, Fleisch, Fleisch auf der Karte und einige interessante Biere.

www.chicagowilliamsbbq.de

ESCHENBRÄU
Berlin, Brenn- und Braugaststätte

Martin Eschenbrenner brennt Schnaps und braut Bier. Etwa zweimal monatlich zapft er Saisonales an.

www.eschenbraeu.de

FOERSTERS FEINE BIERE
Berlin, Biergastronomie

Große Auswahl deutscher Biere

foerstersfeinebiere.de

GALOPPER DES JAHRES
Hamburg, Bier-Bar

Vorwiegend deutsche Biere im Offenausschank, ergänzend ein Paar internationale Flaschenbiere.

www.dreiundsiebzig.de/galopper-des-jahres

HOPFEN & MALZ
Berlin, Biershop

Große Auswahl an deutschen Bieren und einige internationale Spezialitäten.

hopfenmalz.de

HOPFENREICH
Berlin, Bar

Erste Berliner Craft-Bier-Bar mit 14 wechselnden Bieren vom Fass und einer großen Flaschenauswahl.

facebook.com/hopfenreichberlin

HOPS & BARLEY
Berlin, Braugaststätte

Kiez-Bräu mit Hellem und Dunklem sowie verschiedenen Spezialbieren.

www.hopsandbarley-berlin.de

DAS MEISTERSTÜCK
Berlin, Gastro-Pub

Gute Auswahl an deutschen und internationalen Bieren.

www.dasmeisterstueck.de

PFEFFERBRÄU
Berlin, Biergastronomie

Hausgebrautes von Thorsten Schoppe mit guter Kost und in angenehmer Atmosphäre. Mit angeschlossenem Theater und großem Biergarten.

www.pfefferbraeu.de

TAP-HOUSE
München, Biergastronomie

Über 200 Craft-Biere aus Fass und Flasche, dazu wird gutbürgerliche Küche serviert.

www.tap-house-munich.de

USA

BLIND TIGER
New York, Bar

Legendäre Craft-Bier-Bar.

www.blindtigeralehouse.com

BLUE MONK
Buffalo, Bierpub / Restaurant

Bier & Food-Pairings, kochen mit Bier.

www.bluemonkbflo.com

BLUE PALMS BREWHOUSE
Los Angeles, Restaurant

Gute Auswahl an Craft-Bier von der Westküste und vielfältige Bierküche.

www.bluepalmsbrewhouse.com

BROOKLYN BREW SHOP
Online-Braushop

Heimbrauutensilien und „Beer Making Kits" mit Anleitung zum Selberbrauen.

brooklynbrewshop.com

CITY BEER STORE
San Francisco, Shop / Bar

Internationale Biere im Ausschank und in der Flasche, dazu werden regionale Snacks serviert.

citybeerstore.com

DUSEK'S
Chicago, Restaurant

Internationale Biere im Ausschank, dazu bietet die Küche auserlesene Gerichte.

dusekschicago.com

EBENEZER'S PUB & RESTAURANT
Lovell, Restaurant / Pub

Eine der besten Bierbars der USA.

www.ebenezerspub.net

ELEVEN MADISON PARK
New York, Restaurant

Feinste Küche mit ausgesuchten Bieren.

elevenmadisonpark.com

FALLING ROCK
Denver, Bier-Bar

Über 80 Biere im Ausschank, 130 Flaschenbiere und frisch zubereitete Gerichte.

fallingrocktaphouse.com

MIKKELLER BAR

San Francisco, Gastro-Pub

42 Biere im Ausschank und eine internationale Auswahl an Flaschenbieren.

www.mikkellerbar.com

ROAST

Detroit, Restaurant

Chef Michael Symon hat eine besondere Passion für Bier.

www.roastdetroit.com

STONE WORLD BISTRO & GARDENS

Escondido, Bistro

Bio-Küche mit Zutaten aus der Region und aus dem eigenen Anbau, Biermenüs.

www.stoneworldbistro.com

GROSSBRITANNIEN

THE RAKE

London, Bier-Bar

Eine große Auswahl an Flaschenbieren, zudem werden die zehn Zapfhahne konstant mit neuen Sorten bestückt

www.utobeer.co.uk

THE WHITE HORSE

London, Bier-Pub

Beer & Food-Pairing

www.whitehorsesw6.com

NIEDERLANDE

BEER TEMPLE

Amsterdam, Bar

30 Biere im Ausschank und 60 amerikanische Craft-Flaschenbiere.

www.beertemple.nl

IN DE WILDE MAN

Amsterdam, Bar

Eine Institution: internationale Klassiker, viele Sondereditionen, 18 Biere vom Fass, 250 aus der Flasche.

www.indewildeman.nl

BELGIEN

MOEDER LAMBIC

Brüssel, Craft-Bier-Bar

Eine der besten Bars mit belgischen und internationalen Bieren, gleich zweimal in Brüssel.

www.moederlambic.com

DE HEEREN VAN LIEDEKERCKE

Denderleeuw, Restaurant

Zur regionalen Küche wird eine Auswahl von 400 Bieren angeboten.

www.heerenvanliedekercke.be

SCHWEIZ

FORK & BOTTLE

Zürich, Gastro-Pub

Heimische- und italienische Craft-Biere, dazu bodenständige Küche.

www.forkandbottle.ch

ITALIEN

OPEN BALADIN ROMA

Rom, Gastro-Pub

40 italienische Craft-Biere im Ausschank und weitere hundert Flaschenbiere.

www.openbaladinroma.it

SPANIEN

THE DRUNK MONK

Mataró, Bar

Mehr als 300 verschiedene Biersorten und 15 im Ausschank, dazu wird Käse gereicht.

www.cervezabelga.com

DÄNEMARK

ØLBUTIKKEN

Kopenhagen, Biershop

Große Auswahl an internationalen Craft-Bieren

www.olbutikken.dk

NORWEGEN

HÅNDVERKERSTUENE

Oslo, Restaurant

Restaurant mit einer der umfangreichsten Bierkarten in Norwegen – Biere aus ganz Skandinavien und Belgien, Biermenüs.

www.hvks.no

TÜRKEI

BOSPHORUS BREWING COMPANY

Istanbul, Brewpub

Diverse nationale und internationale Craft-Biere im Ausschank.

www.bosphorus-brewing.com

ISRAEL

PORTER & SONS

Tel Aviv, Gastro-Pub

Internationale Biere im Ausschank, nationale Küche.

www.porter.co.il

AUSTRALIEN

SLOWBEER

Melbourne, Biershop / Bar

Vier wechselnde Biere vom Fass und internationales Flaschenbier.

www.slowbeer.com.au

KANADA

ALIBI ROOM

Vancouver, Bar

50 lokale und importierte Biere im Offenausschank.

www.alibi.ca

JAPAN

BEER CLUB POPEYE

Tokio, Bar

70 verschiedene Biere im Ausschank.

www.40beersontap.com

CHINA

GREAT LEAP BREWING

Peking, Brewpub

Direkter Ausschank und kleine, bodenständige Speisekarte.

www.greatleapbrewing.com

DAS CRAFT-BIER-BUCH

DIE NEUE BRAUKULTUR

KONZEPTION UND REDAKTION VON GESTALTEN.

- → HERAUSGEGEBEN VON
  SYLVIA KOPP, SVEN EHMANN
  UND ROBERT KLANTEN

- → TEXTE: SYLVIA KOPP
  UND KOYKA STOYANOVA*

- → REDAKTIONELLE ASSISTENZ:
  VANESSA OBRECHT

- → REZEPTENTWICKLUNG:
  CHRISTOPHER MÜLLER

- → LAYOUT DESIGN:
  STUDIO MAVEN / LISA BORGES
  UND LUCIE SCHIBEL

- → COVER DESIGN: STUDIO MAVEN /
  LISA BORGES UND LUCIE
  SCHIBEL; FLOYD SCHULZE

- → FOTOGRAFIEN FÜR STILKUNDE,
  BIER & SPEISEN: SILVIO
  KNEZEVIC FÜR GESTALTEN

- → ILLUSTRATIONEN FÜR
  BRAUKUNDE: BENEDIKT RUGAR
  FÜR GESTALTEN

- → SCHRIFTEN: CATALOG VON
  MIKA MISCHLER UND NIK
  THOENEN, SEQUENCIA VON
  MATT BURVILL, FOUNDRY:
  WWW.GESTALTENFONTS.COM

- → KORREKTORAT: ANNE BEYER

- → DRUCK: OPTIMAL MEDIA
  GMBH, RÖBEL / MÜRITZ

- → MADE IN GERMANY

- → ERSCHIENEN BEI
  GESTALTEN, BERLIN 2014
  ISBN 978-3-89955-534-9

  ENGLISCHE AUSGABE:
  ISBN 978-3-89955-533-2

  (c) DIE GESTALTEN VERLAG
  GMBH & CO. KG, BERLIN 2014

*Seiten: 78, 82, 90, 102, 110, 114, 120, 122, 124, 126, 128, 130, 134, 138, 144, 148, 150, 156, 162, 166, 168, 172, 174, 200, 202

Weitere Informationen unter www.gestalten.com.

Bibliografische Information der Deutschen Nationalbibliothek: Die Deutsche Nationalbibliothek verzeichnet diese Publikation in der Deutschen Nationalbibliografie; detaillierte bibliografische Daten sind im Internet über http://dnb.d-nb.de abrufbar.

Alle in dieser Publikation vorgestellten und porträtierten Unternehmen, Projekte und Individuen wurden auf Basis ästhetischer und inhaltlicher Kriterien ausgewählt und in keinem Fall aufgrund von Zahlungen oder kommerziellen Zuwendungen.

Dieses Buch wurde auf FSC®-zertifiziertem Papier gedruckt.

MIX
Aus verantwortungsvollen Quellen
FSC® C108521
FSC www.fsc.org

Die Firma Gestalten ist klimaneutral. Wir arbeiten mit der Non-Profit-Stiftung myclimate (www.myclimate.org) zusammen, die zu den weltweit führenden Anbietern von freiwilligen Kompensationsmaßnahmen gehört. Wir investieren in emissionsreduzierende myclimate-Klimaschutzprojekte, um dieselbe Menge an klimawirksamen Emissionen wieder einzusparen, die durch unsere weltweiten Geschäftsaktivitäten anfallen (www.gestalten.com/myclimate).

myclimate
Protect our planet

Sylvia Kopp gehört zur Top 5 der weltbesten Bier-Sommeliers. Ihre Ausbildung zur Diplom-Bier-Sommelière absolvierte die gelernte Journalistin 2006. Seitdem arbeitet sie unabhängig, hält Vorträge und Seminare, moderiert Tastings und Biermenüs und schreibt für Publikums- und Fachzeitschriften über Brauer und Biere. Sie ist Jurymitglied in internationalen Bierwettbewerben wie dem alle zwei Jahre in den USA ausgetragenen World Beer Cup und dem jährlich in München stattfindenden European Beer Star.
2013 eröffnete sie mit Olav Vier Strawe die Berlin Beer Academy, eine Biergenussschule für Amateure und Profis aus dem Handel und der Gastronomie.

Danke an meine Mitherausgeber Robert Klanten und Sven Ehmann, die das Thema mit viel Enthusiasmus angepackt und professionell umgesetzt haben. Sie ließen mir für meine Inhalte den Freiraum, den ich benötigte. Im Verlag hat mich Vanessa Obrecht immer schnell mit Material versorgt. Pauleena Chbib war mein Dreh- und Angelpunkt – dank ihrer Struktur, Übersicht und Führung hat sie das Gelingen ermöglicht. Küchenchef Christopher Müller zauberte feinste Küche zu den Bieren: Die Kombinationen waren erfrischend unkonventionell und allesamt köstlich. Das Team der Berlin Beer Academy hat meine Extratour tatkräftig unterstützt: Danke Olav Vier Strawe für Deinen Langmut, danke Felix vom Endt fürs Back-up und Deine immerwährende Einsatzbereitschaft. Koyka Stoyanova kennt sich aus mit Bier, Brauern und Sensorik – und sie schreibt wunderbare Texte: Danke, Koyka, Du kamst zur rechten Zeit! Carl Kins, belgischer Astronaut im Bierkosmos: Deine Tipps waren genau richtig. Klare Sicht, scharfsinnige Korrekturen und viel Liebe für reelle Inhalte – danke an Sebastian Schulin für das Gute, Wahre und vor allem Schöne, das Du ins Leben bringst.